MARKETING JURÍDICO DE A a Z

ABA - COMISSÃO NACIONAL DE MARKETING JURÍDICO

ALEXANDRE MOTTA
COORDENADOR

ALEXANDRE MOTTA
ALICE CASTANHEIRA
ANDRÉA LIA AMAZONAS
CARLOS FELICIANO
DENILSON FERREIRA
EDUARDO BRENNA
ÉRIKA SIQUEIRA
FERNANDO MAGALHÃES
GUSTAVO ROCHA
JULIANA PACHECO
KARELINE STAUT
LISANDRA THOMÉ
MARIELLEN ROMERO
RAPHAELLA GIRÃO
SILVIA VALVERDE
STANLEY FRASÃO
WILSON FURTADO

CIP-BRASIL. CATALOGAÇÃO NA PUBLICAÇÃO
SINDICATO NACIONAL DOS EDITORES DE LIVROS, RJ

M297

Marketing jurídico de A a Z / coordenação Alexandre Motta. - 1. ed. - Mauá [SP] : Letras Jurídicas, 2023.

356 p. ; 23 cm.

Inclui bibliografia
"Contém cases jurídicos"
ISBN 9786589565390

1. Marketing jurídico. 2. Escritórios de advocacia. 3. Serviços jurídicos. I. Motta, Alexandre.

23-82539 CDU: 347.965.4:658.8

Meri Gleice Rodrigues de Souza - Bibliotecária - CRB-7/6439

13/02/2023 15/02/2023

ALEXANDRE MOTTA
Coordenador

AUTORES

ALEXANDRE MOTTA
ALICE CASTANHEIRA
ANDRÉA LIA AMAZONAS
CARLOS FELICIANO
EDUARDO BRENNA
ÉRIKA SIQUEIRA
FERNANDO MAGALHÃES
GUSTAVO ROCHA
JULIANA PACHECO
KARELINE STAUT
LIDENILSON FERREIRA
MARIELLEN ROMERO
RAPHAELLA GIRÃO
SANDRA THOMÉ
SILVIA VALVERDE
STANLEY FRASÃO
WILSON FURTADO

MARKETING JURÍDICO DE A a Z

1ª Edição – 2023 – São Paulo – SP

LETRAS Jurídicas

Capa:
Alexandre Motta

Diagramação e Montagem de Capa:
@armenioalmeidadesigner

Revisão:
Alexandre Motta

Editor:
Cláudio P. Freire

1ª Edição – 2022 – São Paulo – SP

LETRAS Jurídicas

LETRAS JURÍDICAS EDITORA
Rua Eduardo Prado, 28, Casa 1 – Vila Bocaina
CEP 09310-500 – MAUÁ – SP
Telefone/Fax (11) 3107-6501 – Celular (11) 9-9352-5354
Site: www.letrasjuridicas.com.br
E-mail: vendas@letrasjuridicas.com.br

Impresso no Brasil

Dedico este livro a todos que entendem a verdadeira
essência do marketing jurídico real e ético, onde estudo,
empenho, experiência e resiliência são fatores
essenciais para o sucesso.

Agradecimentos

Agradeço do fundo do coração, aos meus "amigos da gestão" que acreditaram em nossa Comissão Nacional de Marketing Jurídico como forma de ajudar o advogado e que trouxeram, a esta obra, sua visão peculiar, sempre com o intuito de realmente levar informação ao mercado de forma genuína, prática e direta. Obrigado pela contribuição, Érika Siqueira, nossa vice-presidente, Mariellen Romero, nossa secretária-geral e aos membros (em ordem alfabética) Alice Castanheira, Andréa Lia Amazonas, Carlos Feliciano, Denilson Ferreira, Eduardo Brenna, Fernando Magalhães, Gabriela Fornells, Gustavo Rocha, Juliana Pacheco, Kareline Staut, Lisandra Thomé, Raphaella Girão, Silvia Valverde, Stanley Frasão e Wilson Furtado. Sem vocês esta obra não seria nada. Vamos em frente!

Apresentação

Nestes mais de 20 anos de atuação em gestão e marketing jurídico, uma das coisas que mais me motivou foi a possibilidade de levar informação a um mercado sempre carente de caminhos verdadeiros e atualizados de promoção ética. Se por um lado existem – e sempre existirão – os que usam o desconhecimento do advogado nas questões pertinentes ao marketing jurídico para benefício próprio, vendendo cursos, mentiras e soluções mágicas irreais que nada mais fazem do que sujar o nome do marketing jurídico competente, com certeza existe o outro lado, que são aqueles que estudam, empenham-se e se dedicam a trazer conteúdos sempre atualizados, reais e – mais importante – sem promessas falsas.

Quando me tornei presidente da Comissão Nacional de Marketing Jurídico da ABA (Associação Brasileira de Advogados), vi mais uma oportunidade de combater os "picaretas" do marketing jurídico, moldando e trazendo à vida um grupo seleto de consultores e advogados que tem em sua bagagem atuação real no marketing ético para advogados e que, assim como eu, encontram prazer em ajudar a advocacia a ter vantagens diferenciadas por meio do marketing jurídico. E é este time que trago aqui nesta obra. Pessoas escolhidas a dedo pela sua atuação significativa em prol da advocacia, e que conseguem, cada um à sua maneira, explorar os mais variados ângulos que podem efetivamente ajudar na carreira de advogados que buscam conhecimento.

Esta obra, portanto, tem dois objetivos: consagrar e tornar-se um marco e ponto de orgulho de atuação do grupo que compõe a Comissão Nacional de Marketing Jurídico e também se transformar em um guia de opiniões, dicas e possibilidades reais ao advogado moderno.

Desejo boa leitura, sempre na esperança que a Comissão Nacional de Marketing Jurídico tenha ajudado em sua evolução.

Alexandre Motta
Presidente da Comissão Nacional de Marketing Jurídico da ABA
Sócio-fundador do Grupo Inrise

Prefácio

Nestes muitos anos de dedicação ao Direito e à Advocacia Brasileira por meio de minha carreira e da criação da ABA – Associação Brasileira dos Advogados, muitos foram os pilares erguidos que vi surgir, crescer, aflorar e que efetivamente se consolidaram em ajudar o advogado a prosperar e traçar um caminho mais conciso e moderno em sua trajetória. E um desses pilares foi o marketing jurídico.

Diante disso, foi com muita honra e com grande responsabilidade que recebi o convite do amigo Alexandre Motta, presidente de nossa Comissão Nacional de Marketing Jurídico, para escrever o prefácio da obra que, além de direcionar e elucidar diversas temáticas referentes ao tema abordado, concatena o conteúdo e a qualidade de seus membros, referências em suas devidas searas de atuação.

A obra "Marketing Jurídico de A a Z", com sua proposta de acender uma luz nas possibilidades mercadológicas, das mais básicas até as mais avançadas nos dias de hoje, torna-se, portanto, um livro essencial para todos os advogados, do menos experiente até o mais engajado, que querem adotar o tema marketing jurídico como balizador de suas carreiras e forte aliado na conquista ética de mercado.

Tenho orgulho por ter em nossas fileiras uma Comissão tão engajada e que, assim como a própria ABA, é consciente do papel informativo que tem no cenário jurídico atual.

Por fim, vale a lembrança de que nunca se dispensa a leitura atenta do Estatuto da Advocacia e do nosso Código de Ética, pois, a observância dos seus limites e das brilhantes dicas colocadas nesta obra, certamente fará qualquer colega brilhar em sua profissão.

Boa leitura.

Brasília, janeiro de 2023.

Dr. Esdras Dantas de Souza é presidente, idealizador e fundador da ABA – Associação Brasileira de Advogados. É professor de Direito Constitucional e de Processo Civil. É advogado militante nos tribunais de 1.ª e de 2.ª instâncias sediados na capital da República e perante os Tribunais Superiores desde 1979. É formado pela Faculdade de Direito do Distrito Federal – CEUB, pós-graduado em Direito Público Interno e doutorando em Direito. Atuou durante muitos anos na advocacia pública federal e do Distrito Federal. Exerceu os cargos de desembargador do Tribunal Regional Eleitoral do Distrito Federal (TRE-DF); de conselheiro do Conselho Nacional do Ministério Público (CNMP); de presidente da OAB/DF, por dois mandatos consecutivos; de conselheiro federal da OAB por quatro mandatos e de diretor da OAB Nacional. Participou, como examinador titular, de inúmeras bancas de concurso público para ingresso nas carreiras da magistratura (federal e do Distrito Federal); da magistratura do Trabalho; do Ministério Público do Distrito Federal e dos Territórios e da Defensoria Pública da União.

Sumário

Começando a Jornada: Introdução às Ferramentas de Marketing Jurídico

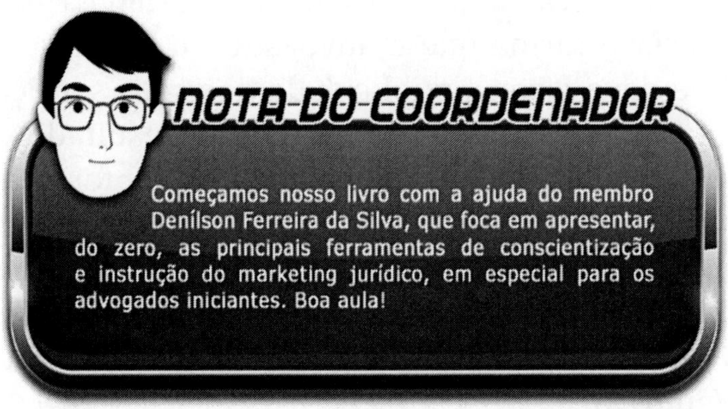

Vamos falar sobre Marketing para Advogados?

Existe um mito que advogados não podem fazer marketing, não podem fazer publicidade ou qualquer atividade para mostrar seus serviços e produtos, e isso é uma grande mentira.

Por isso, antes de qualquer coisa, iremos trabalhar um pouco a formatação do que você tem dentro da sua cabeça quanto ao assunto e tirar a crença que advogados não podem fazer divulgação dos seus serviços e produtos. É certo que isso não pode ser feito com objetivo claro de mercantilização da profissão, devendo as ações seguirem rigorosamente os diplomas legais que regulamentam a profissão em todos seus aspectos.

Precisamos ajustar seu Mindset

Se desmembrarmos a palavra inglesa em duas, teremos o termo "*mind*", que significa mente, e o termo "*set*", que pode ter inúmeras traduções, mas a que mais se encaixa neste contexto é configuração ou mudança de pensamento. Isso mesmo, temos que jogar fora totalmente o que passaram na graduação para conhecer a forma que o advogado ou profissional jurídico pode e deve fazer a publicidade dos seus serviços. Sem marketing é praticamente impossível obter resultados, ao menos os que possam lhe conceder uma vida confortável. Logo, ao pé da letra, podemos dizer que *mindset* nada mais é do que a configuração da mente. Convido você para fazer uma nova configuração da sua mente com relação ao tema "Marketing para Advogados" e espero que você esteja pronto para as mudanças. Vamos lá?

O que diz a OAB quanto ao Marketing e Publicidade na Advocacia

Atualmente a OAB regulamenta a publicidade e o marketing no Código de Ética e Disciplina, porém, o diploma legal deve sofrer constantemente mudanças, tendo em vista o dinamismo existente e incluído com as redes sociais e as ferramentas de publicidade na internet.

Basicamente existem dois importantes artigos que regulamentam a nossa publicidade. São eles:

- Art. 39. A publicidade profissional do advogado tem caráter meramente informativo e deve primar pela discrição e sobriedade, não podendo configurar captação de clientela ou mercantilização da profissão.

- Art. 44. Na publicidade profissional que promover ou nos cartões e material de escritório de que se utilizar, o advogado fará constar seu nome ou o da sociedade de advogados, o número ou os números de inscrição na OAB.

Além disso, existe o Provimento n.º 205/2021 que dispõe sobre a publicidade e a informação da advocacia e que cabe a cada um ter a atenção para ler em sua totalidade, sendo dispensado neste capítulo para não comprometer o conteúdo do referido artigo.

Como podemos observar, o próprio Código de Ética e Disciplina da OAB indica a possibilidade da realização da publicidade, porém, importante deixar bem claro que aqui vamos tratar de "Marketing" e não de "Publicidade", que se configura apenas como um dos componentes utilizáveis no desenvolvimento de suas estratégias de marketing.

O que é Marketing?

Existem várias definições de marketing. Muitas falam sobre seu conceito, suas aplicações, sua ligação com outras áreas dos negócios e como podemos aproveitar suas ramificações entre elas, mas escolhemos uma definição simples, capaz de traduzir o que é marketing, trazendo um entendimento claro dessa ferramenta que não faz parte do nosso dia a dia e que, mesmo nos cinco anos que passamos na graduação, ninguém ajudou a entender.

Marketing é um conjunto de atividades que visa entender e atender às necessidades do cliente. Na área de marketing jurídico, prefere-se o termo "cliente" aos termos "consumidor, comprador ou usuário".

Importante saber o Ponto Atual

Para que possamos traçar qualquer projeto, é importante saber qual o ponto em que nos encontramos, quais as ferramentas estão disponíveis atualmente e quais iremos precisar para chegar ao nosso objetivo, pois essa é a grande função do marketing: viabilizar a condução entre o ponto atual e o resultado que uma empresa ou produto precisa, utilizando as técnicas disponíveis. Sendo assim, você precisa saber seu posicionamento: qual é sua posição? Onde está você no mercado? Qual o seu número na fila?

Posicionamento de Mercado é a posição relativa que ocupam marcas, produtos e serviços nas mentes dos seus respectivos consumidores. Ocupar os melhores posicionamentos de mercado é uma das tarefas fundamentais em qualquer esforço de marketing, assim como fixar seu produto ou serviço, fazendo com que seus consumidores ou clientes possam lembrar sempre que precisam dos mesmos. Sendo assim, temos que utilizar a informação para fomentar esse resultado.

Posicionamento é a ação de se colocar representativamente em relação a algo, ou seja, tomar uma atitude e assumir um partido sobre determinado assunto. Quando uma pessoa toma um posicionamento em relação a algo, significa que formou uma opinião sobre este assunto e assumiu uma posição na discussão de uma temática.

Usando as palavras de Philip Kotler, posicionamento de mercado é "a ação de projetar o produto e a imagem da organização com o fim de ocupar uma posição diferenciada na escolha de seu público-alvo". Quando levamos isso para a praticidade, o posicionamento pode ser obtido com a aplicação da diferenciação que você irá utilizar no ramo que pretende trabalhar. Qual o diferencial do seu produto ou serviço? Por que as pessoas vão deixar de contratar outros serviços para contratar o seu? Isso tudo é extremamente necessário à pesquisa para que o plano de marketing funcione e, por mais que pareça complexo, existem colegas que com apenas o simples fato de atenderem o cliente em domicílio, já têm um posicionamento real, uma diferenciação de mercado.

Vamos iniciar a Preparação do Ambiente?

Para que nossas ações tenham resultados, precisamos de um conjunto básico de ferramentas e requisitos. Mas calma, nada caro ou difícil de fazer, porém, de extrema necessidade.

Vamos começar pela cara do seu negócio jurídico. Importante que a apresentação seja agradável e que você tenha uma marca, um símbolo com tipografia ou fonte diferente. Estamos falando de logotipo ou logomarca, como é mais conhecido, algo que possa expressar o seu sentimento, sua ideia de negócio, que represente você independentemente de estar presente ou não. O mais indicado é contratar um profissional que possa desenvolver esse serviço para você, um especialista que possa escutá-lo e perceber o que você quer passar por meio de sua logomarca, algo que já facilite o trabalho de apresentação do seu negócio.

Para você entender a importância desta etapa, basta olhar uma série de marcas que existem e que não sabemos nem quem são os donos, mas conhecemos a tipografia em qualquer lugar do mundo. Essa é a ideia! A criação da identificação do seu negócio é algo que deve ser levado muito a sério.

Não indico pegar logomarcas prontas em sites de buscas ou correr para a velha balança ou a Deusa da Justiça. Esses símbolos representam o atraso, ficaram para trás e se você optar por isso, será possível identificar a sua falta de criatividade, sua falta de originalidade, logo de cara. Isso já é um ponto a menos nessa corrida disputada que é o mercado jurídico. Então reserve dinheiro para fazer sua logo. Na internet existem vários sites que oferecem a criação personalizada por um preço muito competitivo que cabe em seu bolso. Sendo assim e levando em consideração a situação de boa parte dos advogados no país, precisamos ter uma preocupação latente quanto à apresentação de planos que caibam nos bolsos de nossos colegas. Iremos apresentar, portanto, soluções possíveis e que poderão ser escalonadas em conformidade com a condição de cada um.

Criando a marca, você deve agora fixá-la em algum lugar. Não estou falando em fazer um banner e colocar atrás de sua estação de trabalho. Você deve dar prioridade à confecção do cartão de visita e da pasta de apresentação. O cartão de visita, por mais que esteja caindo em desuso, ainda é requerido por uma geração que paga nossos serviços e que não está totalmente digitalizada. São pessoas de gerações que ainda utilizam essa ferramenta, e, sendo assim, ainda o cartão de visita é indispensável.

Ferramentas Off-line ou Ferramentas do Mundo Físico

Vamos iniciar este capítulo com as ferramentas disponíveis para você montar sua estratégia de marketing. Mas o que é uma estratégia de marketing, como montar a minha e como executá-la? Teremos um capítulo neste livro que trataremos como, na prática, podemos fazer nossa estratégia acontecer, porém, agora quero conceituar estratégia. Existem vários autores e várias definições para tal atividade, no entanto, acredito que a forma mais sensata é comentar que estratégia de marketing é um conjunto de atividades que precisam ser realizadas para um determinado resultado na captação de clientes, vendas de produtos ou serviços. Você deverá estudar o cenário, fazer testes, verificar seu público-alvo e sua *persona* para poder definir o que vai fazer para atrair essas pessoas e fazer com que elas comprem o que você tem a lhes oferecer. Sendo assim, não existe nenhum impedimento nos diplomas legais da OAB que possa impedi-lo de executar seu plano.

Formação de Network

Considerada como uma das ferramentas mais eficazes para atração de cliente, o *Network* (Rede de Contatos) tem uma função de extrema importância, principalmente para os jovens advogados, pois grande parte não tem recursos para fazer qualquer atividade voltada para conquista dos seus primeiros clientes.

A formação de um *network* robusto pode trazer frutos para sua atividade advocatícia durante toda sua existência. Até hoje recebo indicação de clientes que me contrataram há dez anos e ainda faço questão de mantê-los em minha rede. Hoje com os mecanismos on-line disponíveis, está mais fácil fazer tal função: a inclusão de e-mails, mensagens instantâneas, redes sociais e cartão de visita virtuais, fazem com que as máquinas trabalhem para sua carreira, enquanto você foca no trabalho humano.

A formação do seu *network* deve ser um ato proposital com a clara intenção de prospectar clientes. Porém, vai precisar primeiro saber o que você vai vender. Você pode, neste momento, responder que pretende vender "serviços jurídicos". Mas quais serviços? Contencioso? Consultivo? Extrajudicial? Você vai definir uma área específica para atuar no Direito? Ou até mesmo uma ação ou um procedimento judicial específico? Pois, para cada ação, será necessária a formação de um *network* específico.

Seu primeiro *network* está no lugar mais óbvio. Você pode iniciar sua rede por seus familiares, porém se faz necessário, antes de mais nada, comentar pontos sobre algumas ferramentas que você vai precisar obter para iniciar sua escalada na formação da sua *network*.

O que vou indicar aqui é uma estrutura mínima para você começar o seu trabalho. Entendo a falta de recursos, entendo que no início tudo é difícil, mas essas ferramentas listadas aqui são de extrema importância para que você inicie sua atividade no garimpo que é esse mercado, pois você inicialmente vai precisar impressionar. Isso vai lhe custar algum recurso, alguns reais para poder ter essa estrutura mínima, mas sabendo da condição de quem inicia a carreira, procurei fazer um estudo detalhado fundamentado principalmente em custo-benefício, para que você possa ter essas ferramentas e potencializar seus resultados.

Identificando seu Negócio

Para começar sua trajetória de sucesso, você vai precisar personificar ou trazer para o papel a expressão do trabalho que você deseja oferecer, precisando assim de uma marca ou um logotipo, algo que represente sua advocacia. Se você vai fazer uma sociedade, seria interessante trabalhar com as iniciais do nome escolhido por cada um dos sócios, e se você vai trabalhar sozinho, precisará de algo que represente sua advocacia e possa fixar sua marca na cabeça de seus clientes de forma rápida e segura.

Atualmente existem vários sites que oferecem o serviço de criação de logotipo de forma profissional e com preços compatíveis, em que você pode contratar tudo on-line e onde os profissionais enviam para você a criação, faltando apenas você aprovar ou não o material enviado. Sendo aprovado, você pagará a outra parcela do trabalho, pois em sua grande maioria eles trabalham com 50% na entrada e 50% no final dos trabalhos. Não vou fazer nenhuma indicação aqui, pois com uma simples busca no Google é possível encontrar vários sites que aceitam essas demandas. Porém, é importante você fazer uma pesquisa quanto ao grau de aceitação e qualidade do trabalho desenvolvido pelo fornecedor. Sendo assim, escolha bem os profissionais que vão criar todas as ferramentas necessárias para que você possa desempenhar sua advocacia com qualidade.

Após a criação da marca, você poderá criar todo material de identificação para fazer suas estratégias de marketing: cartão de visita, papel timbrado, assinatura de e-mail, capa para página do Facebook, postagens para todas as suas redes sociais etc. Caso você tenha condições de contratar um profissional para fazer essas tarefas, ótimo, caso contrário, você mesmo vai ter que colocar a mão na massa para fazer. Você só não pode deixar de ter, pois eles serão essenciais para criar diferenciais de atendimento e facilitará a sua identificação na hora de prospectar clientes, sem levar em consideração que demonstram zelo, organização e respeito pelo cliente.

Exemplo de marca de escritório de advocacia:

DF

DENILSON FERREIRA

&ADVOGADOS ASSOCIADOS

Ainda falando dos cartões, você pode optar por fazer um cartão de visita digital, mas se tiver condições de fazer o físico será de grande valia, pois ainda temos pessoas que não estão totalmente digitalizadas. Por via das dúvidas e para atender a qualquer demanda que surja, faça nos dois formatos.

O cartão de visita do advogado deve ter informações em conformidade com nosso estatuto de ética e disciplina. Ele deve ter o nome do advogado acompanhado do número da OAB e sua respectiva seccional, endereço físico ou virtual e todos os meios de contato. Não deixe de mencionar nenhum contato, seja ele físico ou digital, e nada de slogan do tipo "aqui o Direito é mais rápido" ou "aqui seu Direito é garantido", essas frases conotam captação de clientes, o que é proibido. Seja sóbrio, assertivo, direto e se tiver uma especialidade, não deixe de colocá-la no seu cartão. Isso ajuda na construção da sua autoridade.

Ter um site na internet é bem interessante e essencial. Hoje existem ferramentas de construções de site gratuitas, que podem servir para você neste momento de início. Produza fotos interessantes para colocá-las no site e nas redes sociais. Nada de fotos de formatura, pois isso conota que você é principiante e pode dificultar sua inclusão no mercado de trabalho.

Ferramentas On-line ou Ferramentas Digitais

Depois de passar pelas principais ferramentas do mundo físico, do mundo tangível, vamos agora para o mundo digital, este mundo que cresce com as maiores possibilidades. Por este motivo, você vai precisar de algumas ferramentas digitais para poder dar um salto maior em sua advocacia. As possibilidades físicas antes ofertadas não deixam de ser importantes, porém, devido à evidenciada notoriedade das ferramentas digitais, elas também devem compor suas estratégias de captação de clientes, ainda mais levando-se em conta que os recursos necessários para utilizá-las são bem menores e podem se adaptar conforme sua necessidade e condição. Acredito que esse poder de democratização e flexibilização do mundo digital é o que o torna mais fascinante.

E-book (Livro Digital)

O e-book ou livro digital é uma das formas mais viáveis para poder divulgar seus serviços. Por ter um baixo custo, tanto para sua produção como para sua divulgação, certamente é a forma mais coerente de chegar rapidamente ao seu cliente. Com essa ferramenta, você poderá fazer com que as pessoas saibam da sua existência como profissional competente e antenado. Posteriormente vamos falar como utilizar essa ferramenta em uma estratégia simples de marketing para prospectar clientes para sua advocacia.

Lives nas Redes Sociais

Sem sombra de dúvida, essa ferramenta é algo que você precisa incluir em suas estratégias de marketing, pois, com o aumento do número de internautas crescentes a cada ano, mês e dia, você precisa mostrar um pouco de vida real e conteúdo para seus seguidores. Inicialmente você deverá fazer um trabalho para conquistar seguidores de forma constante, para que, no futuro, esses seguidores se transformem em possíveis clientes. Isso acontecerá se o seu conteúdo for relevante, então, incluir vídeos ao vivo em sua programação é dar um tiro certeiro.

Minha indicação é que você faça uma série, como uma jornada de quatro ou cinco lives para passar uma determinada informação. Vamos para a prática: inicialmente você deve escolher a rede social adequada para fazer o evento, baseado em qual público você deseja atingir. Por que isso é importante? Para que você não fique falando para pessoas que não têm condições de consumir o seu produto ou serviço. Precisamos sempre minimizar nosso tempo e maximizar os resultados, e, sendo assim, inicialmente faça um levantamento para saber onde seu público se encontra. Essa informação é de grande relevância para que você tenha audiência em suas lives.

Redes Sociais

As redes sociais são atualmente a maior fonte de busca e prospecção de clientes na internet, simplesmente por misturar vida social com vida profissional da maneira adequada. Você deve cuidar de suas redes sociais no mesmo nível que você cuida do seu carro, de sua roupa e de todas as ferramentas que são utilizadas para obter resultados na sua advocacia.

Facebook

Quem pensa que o Facebook morreu, está completamente enganado, atualmente a rede social é a que concentra o maior número de usuários no Brasil, com milhões de pessoas conectadas, onde mais que a metade da população do país utiliza a rede social para se conectar, fazer negócios e participar de grupos, entre outras funcionalidades disponíveis na plataforma.

A rede social mais popular no Brasil tem um poder imensurável para nossas campanhas de marketing. Além de concentrar uma grande quantidade de pessoas passíveis de adquirir seus serviços, a mesma divide seu poder na possibilidade de você utilizá-la de forma orgânica (sem investimento de publicidade) e não orgânica (utilizando a publicidade paga). Esta segunda modalidade é detentora de um poder imenso, capaz de atingir públicos específicos para suas ações de marketing e que será abordada por outros autores aqui nesta obra.

Instagram

A rede social que mais cresce no Brasil é um celeiro de oportunidades para nossa classe, onde, atualmente, o país é o terceiro em número de pessoas que utilizam a rede, perdendo apenas para a Índia e os Estados Unidos. Sendo assim, a inclusão do Instagram em suas estratégias de marketing é quase que inevitável. Como a ferramenta será explorada mais à frente nesta obra, não me estenderei, deixando aqui apenas a ideia de que Facebook e Instagram devem ser analisados dentro da sua construção de marketing.

Eu espero, de coração, que este capítulo tenha chegado em suas mãos e que você faça proveito dele, pois é o resultado de um MBA de marketing e anos de advocacia, começando do zero e achando que as coisas iriam acontecer naturalmente, o que é uma grande mentira. Se você quiser ser diferente e obter resultados melhores que a maioria dos seus amigos de faculdade, vai ter que criar boas estratégias de marketing, constantemente. Espero que você faça isso. Muito obrigado.

Denílson Ferreira é advogado com pós-graduação em Direito Público e Direito de Família, possui MBA em Marketing e é criador da Comunidade Jurídica PautAberta, comunidade que consiste em um aplicativo que proporciona compartilhamento de audiências entre advogados e estudantes de Direito. Escritor do sucesso de vendas "Marketing que funciona para advogados". Escritor de vários artigos, produtor de vários podcasts sobre marketing jurídico, empreendedorismo e outros assuntos que não aprendemos na faculdade de Direito, e, por este motivo, seu objetivo e proposito é se especializar cada vez mais para poder oferecer seu conhecimento a todos que possam ter acesso a sua obra.

Denílson também é Membro da Comissão Nacional de Marketing Jurídico da ABA (Associação Brasileira de Advogados) em sua gestão 2022-2023 e, assim como a própria comissão, tem o objetivo de ajudar o advogado em sua evolução e questionamentos sobre marketing jurídico. Tem uma dúvida para o membro? Envie um e-mail para denilson@dfeadvogados.adv.br e aproveite este canal direto de apoio ao advogado que quer crescer eticamente.

O Planejamento no Marketing Jurídico

NOTA DO COORDENADOR

Seguimos nossa jornada com um ponto extremamente importante na condução de um marketing efetivo: o planejamento do que fazer. O membro Juliana Pacheco assume as tratativas do assunto e mostra o passo a passo para entendimento. Boa aula!

Teremos, neste capítulo, um momento para tratarmos de planejamento, já que muitos advogados costumam negligenciar esta etapa quando se fala em marketing jurídico.

Segundo Brian Tracy (2005), um canadense de 78 anos, especialista em desenvolvimento de pessoas e organizações, com mais de 20 obras publicadas sobre o tema, "cada minuto gasto no planejamento economiza dez minutos de execução. Cada minuto que você gastar planejando permitirá que economize dinheiro, tempo e energia na consecução dos resultados que almeja".

Sob o mesmo foco, no livro Marketing Jurídico – A Estratégia da DIFERENCIAÇÃO, minha amiga Katia Macedo (2022), treinadora em marketing jurídico e estrategista de negócios para advogados, diz que "Caminhar sem um planejamento estratégico bem-feito, entretanto, pode fazer você perder tempo, dinheiro e energia. Se precisar, não hesite em buscar ajuda externa para chegar mais longe e mais rápido".

Refletindo sobre estas afirmações e considerando experiências próprias em projetos de marketing com menos ou mais planejamento, não fica difícil concluir que os esforços nesta fase inicial são um investimento e não uma burocracia desnecessária, ou uma etapa que deve ser cumprida apenas para efeitos estéticos.

Planejar é realmente preciso! É mais que indicado só iniciar a execução das ações de marketing após uma análise minuciosa de alguns pontos, que poderá definir mudanças de rota cruciais para o sucesso de um projeto de marketing jurídico.

Então, como fazer um plano de marketing jurídico?

Antes de mais nada, devemos entender que o plano de marketing deve compor um planejamento muito maior, que envolve várias outras áreas do negócio jurídico e que ele é uma parte essencial, que auxiliará o escritório de advocacia a conquistar seus objetivos.

Sendo assim, é importante compreendermos que o planejamento estratégico do escritório, ou do advogado individual, inicia-se com uma análise aprofundada do mercado e de si próprio.

É verdade que temos exemplos de escritórios que cresceram sem planejamento e posteriormente se organizaram para se manterem em posição confortável de destaque. Mas é fato que aqueles que iniciam uma jornada planejada, mesmo que precisando corrigir a sua rota ao longo do tempo, alcançam um sucesso mais consistente e menos estressante. Além disso, é fato também, que aqueles que não planejam antes, encontram muito retrabalho e dúvidas depois.

Portanto, **economize dinheiro, tempo e energia** e, independentemente do momento que esteja em sua jornada rumo ao seu sucesso, reflita sobre os itens a seguir e **planeje-se** para seguir em frente.

ANÁLISE EXTERNA

Ao analisar o mercado, você deve identificar:

- Oportunidades
- Parceiros
- Ameaças
- Concorrentes
- O que PODERIA oferecer?

Oportunidades

- Quais são as portas abertas para o meu negócio?
- Em que área, região, tema devo investir meus esforços?
- Onde ainda tem espaço para novos prestadores de serviço ou prestadores diferentes?

- Existe demanda para os serviços identificados na minha análise de oportunidades?

Perceber o mercado, ser capaz de encontrar lacunas que possam ser preenchidas com um novo tipo de serviço ou uma nova forma de prestá-los, ou ainda descobrir espaços para serem preenchidos com mais do mesmo, caso existam clientes dispostos a consumir, fazem parte dos diagnósticos que precisam ser realizados no primeiro momento do estudo do mercado que será ou que já está sendo atendido por um advogado.

Portanto, cabe-nos compreender que analisar o mercado e identificar suas oportunidades não é uma atividade pontual, mas sim um processo constante de observação, curiosidade e disposição para averiguar, estudar e compreender se aquilo que em um primeiro momento se mostrou como uma perspectiva, é realmente uma oportunidade ou um alarme falso.

Parceiros

Em um mundo de negócios tão interdisciplinar como o que vivemos hoje, é praticamente impossível alcançar o sucesso completamente sozinhos. Por isso, analisar as possíveis "parcerias" também precisa fazer parte do exame detalhado do mercado.

Sabemos que os serviços jurídicos não podem ser vinculados a outros serviços, tampouco divulgados em conjunto. Não é deste tipo de parceria que estamos falando, ok?

Aqui me refiro a maneiras mais sutis e intelectuais de parceria e de parcerias entre profissionais do direito, que se complementam e se ajudam, quando têm em mãos uma demanda com escopo mais amplo do que deseja ou consegue atuar.

Sendo assim, identificar escritórios e advogados com atuações complementares e outros serviços ou produtos do mercado que possam ter algum tipo de relação, além de ter um bom *networking* com as pessoas que estão à frente destes negócios, pode tornar o horizonte analisado ainda mais amplo e repleto de possibilidades.

As parcerias que envolvem *benchmarking* (análise estratégica das melhores práticas usadas por empresas do mesmo setor que o seu), troca de conhecimento e apoio multidisciplinar são muito valiosas na prestação dos serviços jurídicos e na construção de uma marca e de um escritório forte.

Ameaças

Não se deixe enganar pela empolgação da descoberta de oportunidades, pois as ameaças fazem parte do pacote, basta procurar que irá encontrá-las.

Considere todos os possíveis cenários e fatos que possam impactar negativamente seu negócio e conclua se os impactos são suportáveis ou não, reversíveis ou não e se é possível evitá-los, contorná-los ou até mesmo encará-los de frente, se necessário.

Como já dito pelo amigo Sérgio Fadel (2022), consultor em gestão estratégica, marketing, comunicação e novos negócios jurídicos: "No planejamento e na especificação da visão empresarial, projetar o futuro significa preparar a organização para qualquer cenário".

Por vezes, descobrimos ameaças tão ou mais relevantes que as próprias oportunidades. Devemos avaliar se elas podem ser superadas ou se inviabilizam o projeto.

Caso as ameaças impossibilitem seguir com os planos, não desanime. O mercado está repleto de brechas e, com um pouco de esforço, encontrará aquelas que fazem sentido atender com o seu negócio.

Concorrentes

Identifique e compreenda quem são seus concorrentes na medida que as pesquisas mercadológicas avançarem.

- O que ofertam?
- O que entregam?
- O que fazem que dá certo?
- O que fazem que eu não quero fazer?
- Onde nos aproximamos, onde nos distanciamos?
- No meu ponto de vista, eles possuem sucesso? Por quê?

Entender a concorrência, sua trajetória e seus resultados, é uma maneira de validar algumas ideias e concluir sobre alguns posicionamentos que gostaria de ter ou que gostaria que não fossem vinculados a você e sua marca.

Nem todos que inicialmente aparentam ser concorrentes, realmente o são.

Se a proposta de valor, as entregas e os possíveis clientes forem distintos, então é uma concorrência indireta, que provavelmente não irá competir com você, mas que ainda assim pode valer a pena acompanhar como coleta de material para *benchmarking*.

Outro ponto importante para pensar é que um concorrente pode também ser um parceiro e não tem nada de errado nisso. A complementariedade e a união podem ser muito mais vantajosas, caso haja espaço no mercado, do que uma competição com pessoas que admira e respeita.

O que PODERIA oferecer?

Para fechar o diagnóstico externo, responda à pergunta: "o que o mercado analisado deseja?"

Este encerramento expõe a proposta de valor e, em alto nível, os serviços que o mercado demanda.

ANÁLISE INTERNA

Agora é hora de voltar-se para si e investigar quais são:

- Forças
- Fraquezas
- Recursos-chave
- Propósito e Visão
- Proposta de valor
- O que PODE oferecer?

Forças

- Quais competências e habilidades relevantes para o negócio jurídico que eu e outros membros do meu escritório já possuímos?
- Qual é o nível de conhecimento teórico e prático nos temas relativos aos serviços ofertados?
- As instalações, a localização, quais são os atributos do escritório que o privilegiam?

Alguns questionamentos básicos sobre comportamento e conhecimento dos colaboradores do negócio precisam ser respondidos, a fim de que tenhamos uma visão holística sobre o ativo mais valioso do escritório: as pessoas.

O que cada um tem de melhor, quem está mais apto a fazer o quê, precisam ser informações claras após as averiguações internas.

Além disso, as forças do negócio podem estar em outros bens, que não sejam as pessoas: estrutura, tecnologia, parcerias, clientes, relacionamentos. Tudo precisa ser posto à mesa quando buscamos realçar o que temos de melhor.

Fraquezas

O contraponto das forças são as fraquezas. Nossas fragilidades também precisam ser evidenciadas.

Entender os pontos fracos das pessoas, dos times e da estrutura irá permitir que faça melhorias ou os fortaleça.

Para cada fraqueza devemos definir ações que as neutralizem ou as modifiquem para que sejam, no futuro, consideradas como forças.

Qual será o esforço para trabalhar com cada uma das fraquezas? Quanto tempo levaremos para mudar seu status? Enfim, planeje uma evolução gradativa e estratégica. A oportunidade de crescimento após este tipo de diagnóstico é magnífica.

Recursos-chave

Após identificar suas forças e fraquezas, terá elementos para concluir quais são os recursos mais importantes para o seu negócio prosperar.

Priorize o desenvolvimento do que é mais relevante. Lembre-se de que tempo e dinheiro precisam ser bem investidos para que tenha um negócio robusto e lucrativo.

Se no seu rol de peças-chave forem listadas pessoas, lembre-se de tratá-las como tal. Identifique-as e constate se elas pretendem seguir caminho na sua organização, a fim de que possa investir em seu crescimento ou concluir se deverá buscar uma substituição gradativa deste ativo.

Propósito e Visão (objetivos)

Quanto mais o propósito do negócio se confunde com os propósitos individuais das pessoas que o integram, melhor será a sinergia na caminhada. O propósito tem relação com o comportamento, com o intuito filosófico de impacto na execução do trabalho, enquanto a visão é o objetivo maior da jornada, aonde quer chegar, como quer ser reconhecido.

Na análise interna do negócio, alcançar uma noção clara de como e para onde ir, aproxima os atores de objetivos comuns que devem ser compartilhados e trabalhados para o sucesso do negócio.

Por isso, ainda em momento de planejamento, é essencial estressar o tema e definir em conjunto o propósito e a visão que nortearão o detalhamento dos objetivos e a postura do escritório e seus colaboradores.

Proposta de valor

O empreendedor Mike Ajnsztajn, cofundador da aceleradora ACE e investidor-anjo, em uma palestra na Conferência Nacional Anjos do Brasil em 2017, instigou a plateia com a pergunta "Você entrega valor ou vapor?" e explicou que muitas empresas acreditam entregar valor, porém, na realidade, estão no caminho contrário a esse movimento e acrescentou: "Esse é o grande dilema pelo qual o empreendedor passa. Ele não olha para o mercado, não pesquisa, valida a ideia e acha que o consumidor está achando tudo lindo. É preciso puxar dados, analisar, conversar com clientes e saber qual é a expectativa deles".

E você? Já validou com o mercado se realmente entrega valor para ele?

Se não, não perca mais tempo e certifique-se de que sua proposta de valor é quente e que o mercado reconhece isso. O valor entregue está proporcionalmente atrelado à possibilidade de cobrança de honorários mais altos e este é um bom argumento para a busca em adicionar mais e mais valor aos seus serviços.

Acrescento que no meio jurídico, ser único e ter um diferencial que o destaque na imensidão de quase um milhão e trezentos mil advogados ativos no Brasil, é uma necessidade cada vez mais patente para ser trabalhada e, citando novamente a amiga Katia Macedo (2022), "Tornar-se uma referência no universo jurídico não é diferente. É preciso determinação, diligência e uma grande quantidade de estratégia e planejamento". Ou seja, nada é por acaso, tudo deve ser planejado!

O que PODE oferecer?

Agora, além das conclusões anteriores sobre o que o mercado deseja, após a análise interna e plano de ação para que as fraquezas sejam anuladas e as forças exaltadas, é hora de concluir se você pode oferecer o que tem valor para o seu público.

Lembre-se: **no final das contas, é o valor percebido do seu serviço que garantirá o sucesso do seu negócio!**

CLIENTE

Por último, mas não menos importante, é hora de conhecer a fundo o seu futuro cliente.

Descubra quem são e vivencie suas dores, localize os meios de comunicação consumidos por ele, encontre os temas que os interessam e conclua quais são seus desejos.

Toda estratégia de comunicação, seja na publicidade de seus serviços, na divulgação de conteúdos ou numa reunião com um possível cliente, precisa ser pautada nas preferências do seu público-alvo, pois só assim conseguirá atingi-lo como deseja.

A escolha dos assuntos para o seu marketing de conteúdo, os formatos que usará para trabalhar com ele, a linguagem que usará e os meios on-line e off-line de que se valerá, fazem parte do seu planejamento.

Mantenha sempre o cliente no centro de suas análises. É ele quem decide se seu trabalho tem valor agregado ou não, é ele quem precisa ter os desejos atendidos, é ele quem irá contratá-lo e poderá voltar mais vezes e indicá-lo a conhecidos!

Por fim, para concluir minha breve participação nesta obra coletiva, desejo profundamente que minha abordagem sirva de alerta e de roteiro para as ponderações que deve realizar recorrentemente em seu negócio e vida profissional.

Segure os cintos e desfrute dos capítulos que virão a seguir!

Juliana Pacheco: advogada; sócia-fundadora da JP Gestão Legal; consultora em Gestão Legal há 21 anos; autora do livro: Marketing Estratégico para Advogados (2019 e 2021); coordenadora do livro: Marketing Jurídico – A Estratégia da DIFERENCIAÇÃO (2022); fundadora do BuscaJur - O Primeiro Buscador de Softwares e Serviços para a Área Jurídica do Brasil; membro julgadora do TEDMG 2022 – 2024; membro da Comissão Nacional de Coaching Jurídico da ABA – 2022 a 2023; colaboradora do livro: Advocacia do Futuro – Capítulo: Como a Tecnologia pode Otimizar a Eficiência da sua Advocacia (2019). Colaboradora do livro: Gestão, Empreendedorismo e Inovação na Advocacia – Capítulo: Marketing Jurídico – A Estratégia em Prol de Bons Resultados (2021). Colaboradora do livro: Advocacia 4.0 – Vol. 1 Empreendedorismo e Marketing Jurídico – Capítulo: Marketing Jurídico Estratégico – Planejar É Preciso! (2022).

Juliana também é membro da Comissão Nacional de Marketing Jurídico da ABA (Associação Brasileira de Advogados) em sua gestão 2022-2023 e, assim como a própria comissão, tem o objetivo de ajudar o advogado em sua evolução e questionamentos sobre marketing jurídico. Tem uma dúvida para o membro? Envie um e-mail para juliana.pacheco@jpgl.com.br ou juliana.pacheco@buscajur.com.br e aproveite este canal direto de apoio ao advogado que quer crescer eticamente.

Como Preparar o seu Escritório para Receber o Marketing Jurídico de Forma Realmente Efetiva?

NOTA DO COORDENADOR

O membro Carlos Feliciano ataca, na continuidade, um erro clássico dos advogados e ensina como preparar o escritório para receber e acomodar um marketing efetivo, antes de sua operação real. Originalmente esse capítulo se chamaria "Mãos à obra: uma receita infalível para arrumar a casa" que é exatamente o que o autor fez em seu escritório, não hipoteticamente, mas na prática. E é essa experiência "pré-marketing" que ele traz hoje aqui. Boa aula!

Tenho uma missão! Informar na primeira linha deste artigo que não sou um especialista em marketing. Fui convidado pelo meu grande amigo Alexandre Motta a escrever sobre a minha experiência em "arrumar a casa" para receber um convidado ilustre, capaz de transformar definitivamente a vida das pessoas que ali estão, trazendo em sua bagagem protagonismo, fortalecimento, reconhecimento e, principalmente, notoriedade. Este convidado é o Marketing Jurídico!

De acordo com o dicionário, ARRUMAR, verbo transitivo direto, tem como significado: pôr em ordem, arranjar, preparar, compor. Logicamente, quando utilizei esta expressão, não estava me referindo àquela ajeitadinha nas almofadas do sofá, nem a uma varrida rápida no chão, mas, sim, no sentido de "organizar" e "planejar" a implementação de um projeto de marketing, sob o olhar interno do escritório.

Embora não exista uma fórmula pronta, um projeto de marketing quando direcionado por especialistas, tem como primeiro desafio descobrir internamente qual será o encaminhamento dado para conseguir o engajamento de todos. E neste ponto, quando falamos "todos", realmente não pensamos em nenhuma exceção. Viver o marketing jurídico é pensar da pessoa encarregada pela recepção, passando pela responsável pelo cafezinho, até o sócio-fundador que leva seu nome na placa do escritório.

É justamente sob este olhar interno que fui convidado a passar um pouco da minha experiência como um incentivador de um grande projeto de implementação do marketing jurídico, enfrentando diversos tipos de resistências, caras feias e descrenças, afinal de contas, os advogados ainda são muito focados no embate jurídico, esquecendo ou desconhecendo a importância de se mostrarem como efetivos especialistas ao público em geral.

Comunicação: peça-chave para o desenvolvimento de qualquer projeto

A comunicação é o principal caminho para o sucesso de qualquer projeto, interligando três elementos fundamentais: a pessoa que fala, o conteúdo que se busca transmitir e o receptor que escuta. Este processo triangular tem como principal objetivo transmitir um conteúdo pela fonte emissora, visando partilhar uma mensagem com o receptor. Este compartilhamento busca repartir ideias, experiências, valores e sentimentos, não apenas de forma escrita ou sonora, mas também por meio de imagens, gestos e atos propriamente ditos.

Quando falamos de comunicação dentro de um projeto de implementação do marketing jurídico num escritório de advocacia, estamos estabelecendo dois círculos distintos. O primeiro voltado ao planejamento interno, onde o membro da equipe designado a coordenar a implementação desta nova cultura, precisará desenvolver esta habilidade com o foco em agregar todo entendimento necessário ao grupo que produzirá o conteúdo do marketing. Em segundo momento, a própria equipe designada precisará estudar a melhor forma de linguagem e conteúdo ao receptor que for apontando como alvo e potencial novo interessado pelo serviço jurídico prestado.

Assim, podemos entender que o papel dos emissores é de fundamental importância ao codificar a mensagem que pretendem passar, seja interna seja externamente, de modo que os receptores consigam descodificar o conteúdo repassado. Este procedimento será realmente eficaz sempre que os destinatários tiverem claridade e compreensão na linguagem utilizada, seja ela escrita, falada ou reproduzida por expressões e movimentos. Neste ponto, é importante frisar que a comunicação não é propriamente o marketing, mas, sim, uma das principais ações que o integram.

O papel e desafios do coordenador interno de marketing

Após a acertada decisão de iniciar um projeto de marketing dentro de um escritório de advocacia, alguns papéis precisarão ser definidos de imediato, principalmente a pessoa que fará o elo entre a observância do planejamento estratégico definido pela alta diretoria e o efetivo desenvolvimento da criação de um modelo de marketing jurídico que será realizado em nome da sociedade.

Essa pessoa, que aqui podemos definir como coordenadora do projeto, precisa obrigatoriamente ter o pré-requisito de conhecer profundamente o negócio desenvolvido pela sociedade, ter o domínio do serviço jurídico prestado e, principalmente, conhecer profundamente o perfil do seu cliente. Combinar estes três pontos é fundamental para um bom avanço do projeto, uma vez que este olhar sistêmico da sociedade fará com que o planejamento seja visto e pensado por todos os lados envolvidos.

Certamente este coordenador foi escolhido para assumir esta função por dominar os três pontos anteriormente destacados, mas precisamos lembrar de dois detalhes importantes: o primeiro voltado à sua formação, onde dificilmente conseguiria navegar sob o olhar global do negócio, se não estivesse diretamente ligado ao campo jurídico. Neste ponto, seria extremamente relevante que, embora não possua plena habilitação em marketing, tenha pelo menos um razoável conhecimento de certos mecanismos; o segundo ponto está voltado ao acúmulo de funções, pois como já integrava a equipe, muito provável que possua tarefas próprias, o que demandará certo desdobramento de funções ou até mesmo uma mudança radical de atuação e área.

Superada a fase de alinhamento do profissional que ficará responsável pela coordenação do projeto, devemos partir para a criação de um grupo específico, preferencialmente um membro de cada área de atuação do escritório, com a finalidade de juntos pensarem em estratégias, conteúdos, formas, canais e todas as demais questões que se relacionarem com a imagem institucional do escritório.

Como estruturar um núcleo específico de criação?

Não resta dúvida que o marketing jurídico se tornou imprescindível para qualquer escritório de advocacia, independentemente do seu tamanho. Mesmo para os advogados que exercem suas atividades individualmente, o planejamento e a estratégia de marketing são peças fundamentais para o sucesso.

Já para os escritórios de maior porte, a estruturação de um comitê específico para estudo e aperfeiçoamento das estratégias de marketing, mostra-se como ferramenta ideal para planejamento, estruturação e implementação do marketing jurídico.

Assim como qualquer comitê de gestão, sua finalidade principal é manter o integral alinhamento ao planejamento estratégico do escritório, contribuindo especificamente nas discussões e definições dos caminhos que serão adotados para consolidação da marca institucional.

Sua formação deve ser composta por pessoas que efetivamente conheçam de forma sistêmica o funcionamento do escritório, mas, principalmente, que tenham pleno conhecimento das necessidades dos seus clientes.

O trabalho deste comitê deve ser constante, com encontros regulares, sempre com o objetivo de levantarem informações relevantes que possam ser convertidas em conteúdo práticos, gerando valor aos atuais e aos futuros clientes, sempre sob o olhar direto do líder que concentra a responsabilidade de coordenar as ações, impulsionando as atividades que serão realizadas.

Público-alvo: a importância da segmentação para marketing

Quando pensamos em marketing, o primeiro ponto que precisamos ter em mente é quem e onde queremos atingir. A definição do público-alvo para a prestação de serviço jurídico realizada é uma decisão estratégica do negócio, principalmente por dois fatores: pela atratividade dos potenciais clientes e pela eficiência da prestação de serviço oferecida. Esta análise é diretamente visualizada com o estudo dos pontos fortes, juntamente com as oportunidades e condições que conseguirão atender o mercado.

Dentro das abordagens clássicas do marketing (massa – variedade de produtos – segmentação), podemos concluir que o estabelecimento preciso de um determinado segmento é o ponto-chave para o direcionamento do marketing jurídico.

O sucesso de uma prospecção bem direcionada levará em conta dois critérios objetivos: conhecer profundamente o seu produto enquanto prestador de serviço jurídico e conhecer plenamente o seu público-alvo.

Para conseguir agregar valor ao futuro cliente por meio da produção de um conteúdo efetivamente relevante, o primeiro desafio é estabelecer quem pode se beneficiar com o serviço prestado pelo seu escritório, entender profundamente quais são as dores e necessidades de determinado grupo e qual solução você pode entregar como remédio.

O exercício de dividir um grande grupo de pessoas por localização, profissão, gênero, atividade, entre outros, e com estas informações conseguir identificar produtos e serviços de interesse comum, estará automaticamente segmentando seu campo de atuação e consequentemente conhecendo o seu real público-alvo, por reconhecerem em você a capacidade de solução de uma determinada demanda.

Além disso, outros pontos são de grande relevância para o desenvolvimento de um projeto coeso de marketing, principalmente se o seu escritório conhecer e entender os possíveis critérios utilizados pelo seu público-alvo para a escolha de um advogado. Assim, segmentar seu nicho de atuação facilitará a criação de conteúdo personalizado ao interesse do público escolhido, gerando a possibilidade de criação de publicações de maior relevância, que atraia a construção de um relacionamento concreto e contínuo.

O dia a dia: como produzir conteúdo de divulgação sem impactar a rotina jurídica da equipe?

Audiências, atendimentos, consultas, pareceres, prazos... este é o corriqueiro dia a dia dos advogados. As mesmas facilidades trazidas pela tecnologia na ajuda ao cumprimento destas obrigações também contribuem para o aumento deste volume simultâneo de tarefas.

Com estruturas cada vez mais enxutas, os escritórios precisam se desdobrar para atender à integralidade das demandas, mantendo total atenção à qualidade e, logicamente, à quantidade de atividades. E o marketing? Onde encaixar esta rotina?

A geração de conteúdo informativo sobre temas estratégicos que atraia a atenção do público-alvo é o grande ponto a ser alcançado. Como qualquer objetivo, metas devem ser atingidas como verdadeiros degraus para obtenção do resultado esperado.

O primeiro ponto de grande relevância é buscar integrar toda a equipe dentro do planejamento estratégico desenhado para o marketing, conscientizando que o sucesso do projeto trará automaticamente benefícios a todo grupo, seja pela conquista de novos clientes, pelo fortalecimento da marca, pelo destaque no segmento de atuação ou minimamente pelo pleno desenvolvimento do nome do advogado que assina tal conteúdo.

No segundo momento, uma simples listagem sequencial poderá definir a ordem e quantidade de artigos estabelecidos no plano de marketing. Vamos considerar uma equipe com cinco advogados, onde o planejamento estabeleceu a produção de um artigo a cada dez dias. Se considerarmos que o advogado "a" entregou seu artigo hoje, ele terá 50 dias corridos para produzir um próximo artigo, ou seja, terá o total de sete semanas para diluir a próxima missão.

Logicamente, a ideia de trazer este exemplo é apenas para demonstrar que a organização e o prévio agendamento são peças fundamentais para evitar a sobrecarga em determinado membro da equipe, bem como, para apontar a necessidade de um planejamento estruturado capaz de manter a constante regularidade na produção de conteúdo.

Reuniões periódicas de alinhamento

Certamente já ficou clara a importância imprescindível da boa e constante comunicação para efetivação do projeto de marketing, tanto pelo olhar do grupo encarregado em pensar o desenvolvimento do projeto, quanto em manter a integralidade da equipe informada e, principalmente, a direção da sociedade em constante sintonia com o projeto.

É sempre importante reiterar ao grupo que aquela simples decisão corriqueira, mesmo que negativa à pretensão do cliente, pode ser transformada em conteúdo. Logicamente, dentro de todo o respeito aos preceitos éticos disciplinados pelas normativas da Ordem dos Advogados do Brasil.

Além das ideias que nascerão espontaneamente do comitê específico de marketing, é de suma importância que exista um canal permanente e de fácil acesso ao demais membros da sociedade. Isso democratizará a participação de todos, mesmo que todas as novas ideias sejam submetidas à aprovação.

Assim como todo projeto, é importante que toda documentação seja devidamente mantida em arquivo de fácil consulta, seja para acesso às atas de reuniões, seja qualquer outra informação produzida pelo grupo, em especial as ideias sugeridas, aprovadas ou não, como forma de manter um total controle das justificativas de não aceitação.

A equipe e os canais de comunicação

Os diversos canais de comunicação devem ser explorados pelo planejamento de marketing, sempre com o olhar do melhor acesso pelo público-alvo. Logicamente, não existe uma ferramenta totalmente voltada e exclusiva para cada cenário e grupo, mas entender qual é o melhor canal e o segmento que pretende atingir é muito importante.

Para o meio jurídico, ainda podemos dizer que a comunicação escrita é a mais usual, principalmente pela facilidade de pesquisa e armazenamento, em especial quando conjugada com os meios de comunicação derivados da internet, e em consonância com toda tecnologia da informática e da telecomunicação.

Mais recentemente, com a explosão das redes sociais, a comunicação oral passou a ter grande destaque no meio jurídico, principalmente quando o conteúdo se mostra mais reduzido e pontual. De modo geral, estes três cenários de comunicação apresentam pontos positivos e negativos, os quais precisam cada vez mais ser analisados pelo grupo de desenvolvimento de conteúdo, visando estabelecer caminhos mais próximos aos meios de comunicação preferenciais dos nichos escolhidos.

Mudanças de rotas

Como qualquer projeto, o constante acompanhamento é primordial para que haja certeza de que permanece na rota escolhida. Não existe nenhum problema que sejam realizadas mudanças de estratégias, pelo contrário, o problema seria permanecer explorando mecanismos que já se mostraram ineficazes para atingir os objetivos esperados.

Por este motivo, a execução dos projetos de marketing deve ser gerenciada conforme definição do escopo inicial, visando manter o sucesso do planejamento e assim obter os resultados esperados, em especial aqueles que possuem plena conotação estratégica com o negócio, que só conseguem ser atingidos se efetivamente realizados nos moldes planejados.

Será sempre um grande desafio estabelecer mecanismos de manutenção dos projetos que dependem da capacidade de organização das partes envolvidas e, principalmente, quando direcionados a corrigir desvios ocasionados pela ausência de efetivo retorno do material elaborado, seja pela ausência de interesse pelo assunto tratado, seja por feedback diretamente negativo.

É plenamente razoável que ocorram mudanças no projeto, nos mais diversos momentos, principalmente quando bem gerido e acompanhado. As alterações necessárias são aquelas provenientes da observação dos encarregados pelo marketing jurídico, sempre que identificam que campanhas, conteúdos e interações obtiveram resultados abaixo do esperado, cabendo modificações pontuais para melhoria geral do projeto. Existem também as mudanças solicitadas pelo próprio grupo, seja pela visualização de uma nova demanda de destaque, seja por eventual alteração de entendimento jurídico.

Inclusão e substituição de membros

Da mesma forma que se mostrou razoável aplicar constantes alterações de caminho do projeto de marketing, igualmente se faz quando observamos a necessidade de ajustes na equipe responsável pelo desenvolvimento do controle do projeto. Independentemente da causa, seja por questões técnicas, recomposição de equipe, ou até mesmo para aumentar o tamanho do grupo, alguns pontos devem ser observados.

Sempre que o coordenador do grupo se volta ao momento de identificar novas pessoas do escritório para integrar a equipe, deve considerar primeiramente o aspecto de interesse em ingressar na equipe estratégica de marketing. Não adianta buscar agregar ao grupo pessoas que não consideram minimamente interessante o desafio de pensar em prol do todo, em busca de desenvolver conteúdos relevantes ao segmento escolhido.

Importante destacar que a participação no comitê específico de criação e desenvolvimento do projeto de marketing pode e deve abranger todos os níveis da organização, visto que a missão deste grupo é pensar no que deve ser feito e não necessariamente serem os executores das propostas, pois estas devem ser diluídas ao máximo em toda a equipe do escritório.

Como implementar um planejamento global de envolvimento do projeto?

Os projetos bem-sucedidos são aqueles realizados sob a combinação direta de boas estratégias, decisões acertadas e ações relevantes, sempre realizadas pela visão do todo, pois é praticamente impossível pensar numa boa atuação dentro de um planejamento de marketing jurídico, ser realizada por uma única pessoa.

Quando visamos ao sucesso de uma organização, precisamos olhá-la de uma forma una, mas sob a execução de uma equipe bem orquestrada, que exerce os mais variados papéis e, principalmente, assumam responsabilidades para o desenvolvimento do todo.

É justamente na confiança repassada e assumida pela equipe, independentemente do grau de experiência, que o sucesso do projeto se despontará, sempre ouvindo as ideias e opiniões de todos, sem deixar de lado o papel de manter toda equipe informada e alinhada com os próximos passos do projeto.

Assim, independentemente da participação direta como membro do comitê específico de marketing, é de suma importância a existência de um canal interno de comunicação, visando integrar todas as pessoas da organização ao plano de marketing, assegurando que todas as informações relacionadas ao projeto sejam compartilhadas, gerando entusiasmo e constante expectativa sobre os resultados.

Esta forma de envolver toda a equipe é a maneira mais simples de colocá-la definitivamente alinhada à missão, visão e valores da sociedade, e sob o entendimento geral do planejamento organizacional, ao compreender que o plano de marketing está diretamente alinhado ao planejamento estratégico da sociedade, tendo como um segundo nível o planejamento tático propriamente vinculado ao comitê de desenvolvimento do projeto, e o nível operacional direcionado ao planejamento de pesquisa, produção, comunicação e atendimento.

Estratégias e táticas direcionadas ao marketing

A estratégia é basicamente a forma como pretendemos obter um resultado. Quando olhamos para um escritório de advocacia e principalmente para um país que já passou de 1 milhão e 300 mil advogados, conforme dados oficiais do Conselho Federal da Ordem dos Advogados do Brasil, precisamos estar alinhados às ações dos concorrentes.

É fundamental que dentro da estruturação do projeto de marketing seja definido o constante acompanhamento sobre as movimentações dos concorrentes, sempre com o olhar de nos impulsionarmos cada vez mais, e, assim, mantermos o nosso planejamento em constante aprimoramento.

Quando falamos da área jurídica, a estratégia de diferenciação é a forma mais adequada para se distanciar da concorrência, sempre mostrando que nosso serviço possui diferenciais palpáveis que afetaram diretamente a escolha do novo cliente.

Além disso, quando o assunto é estratégia voltada a superar a concorrência, precisamos nos lembrar da possibilidade de posicionamento ou reposicionamento da marca. Este tipo de estratégia precisa levar em consideração que o possível cliente não está contratando uma mera prestação de serviço, mas, sim, pactuando a solução de um problema. E esta definição parte do olhar que se direciona a partir do conteúdo produzido, destacando-o como um verdadeiro especialista e com *know-how* necessário para solucionar o problema existente.

Assessoria de imprensa

Sabemos que o marketing jurídico é uma importante ferramenta de comunicação que amplia o alcance da organização dentro do mercado jurídico. A elaboração de conteúdos verdadeiramente relevantes são os principais desafios enfrentados dentro do projeto. No entanto, a dificuldade muitas vezes não está apenas na elaboração deste conteúdo, mas também em como levar esta informação ao público desejado.

Embora não seja uma regra, nem mesmo uma ferramenta indispensável, podemos considerar a contratação de um auxílio externo especializado para esta missão. Logicamente, a contratação de uma assessoria de imprensa dependerá primeiramente de um orçamento específico, sendo este um ponto exclusivamente de análise do planejamento estratégico da sociedade, que balanceará o custo em relação à expectativa futura de retorno.

É importante destacar que mesmo com o auxílio de uma assessoria de imprensa, o resultado pretendido jamais será de imediato, até mesmo por não se tratar de algo simples, pois se assim fosse, esta ferramenta especializada seria até mesmo dispensável.

O benefício trazido com a contratação de uma assessoria de imprensa está principalmente no olhar jornalístico dado ao conteúdo produzido e o ajuste realizado para o direcionamento ao público-alvo, em especial sobre a melhor forma de escrita a ser utilizada. Além de compreender a maneira que o receptor descodificará a mensagem, outro importante fator está na característica de trabalhar o conteúdo para efetiva formação de opinião sobre determinado assunto.

Assim, se em algum momento a dúvida for sobre a contratação ou não de uma assessoria de imprensa, considere positivamente pela simples facilidade que esta ferramenta terá em reunir diversos veículos de comunicação para impulsionamento da sua marca.

Métricas: como podemos identificar os efetivos resultados do marketing?

Acredito que este seja o ponto mais sensível em relação à implementação de um projeto de marketing em seu escritório. Como saber se o projeto está andando bem? Como avaliar se o retorno esperado está realmente ocorrendo? Estas são apenas algumas questões que poderão ser respondidas com a avaliação de métricas.

Importante destacar que as métricas são infinitas, podendo ser avaliadas individualmente ou por meio de cruzamentos entre elas. De modo geral, o objetivo principal é a obtenção de informações, seja para potencializar uma campanha, seja optar pela sua alteração ou encerramento. Em resumo, a métrica visa trazer números para o efetivo controle do projeto.

A primeira métrica que gera maior interesse ao projeto é voltada ao custo efetivo. Para isso podemos quantificar: o custo das fases x o custo estimado do projeto; o custo geral das pessoas envolvidas x o orçamento destinado à equipe; o custo total de consultorias externas x o custo de ampliação de equipe para assumir internamente algumas operações; o custo aplicado a mídias patrocinadas x o custo efetivo por engajamento, entre outros tantos critérios que poderão ser criados para esta avaliação.

Além das métricas voltadas ao custo do projeto, outros pontos também devem ser constantemente analisados: métricas de duração; esforço; qualidade; quantidade; retornos; lides; contratos efetivamente fechados; satisfação do cliente; aumento de receita, e muitas outras, sempre dentro das próprias necessidades de aferição.

Considerações finais

O marketing jurídico é um caminho sem volta! Impossível imaginar o sucesso de uma banca jurídica sem a preocupação pelo correto desenvolvimento de sua imagem institucional, tanto com o olhar de fortalecimento de uma marca já consolidada pelo tempo, quanto pelo impulsionamento de uma sociedade recém-criada.

Como qualquer planejamento, o primeiro passo é ter a plena consciência do todo, direcionando o olhar tanto da porta para dentro, quanto de dentro para fora. Principalmente fazendo o exercício de se imaginar aonde pretende chegar. O planejamento é isso, imaginar o futuro, como se presente fosse.

Em nenhum momento foi considerado que o marketing jurídico seja algo de fácil implementação, mas em todo tempo foi demonstrada a importância em diversos benefícios trazidos. Muitos desafios precisarão ser aceitos para se chegar ao efetivo sucesso, mas o principal é a união de todos os envolvidos.

Não é fácil convencer um advogado que ele precisa se mostrar de forma mais efetiva ao mercado, principalmente tirar qualquer ideia de que ele esteja sendo tratado como um vendedor e que a prestação do serviço jurídico não pode ser "vendida". Neste ponto, a primeira explicação é que diariamente vendemos nossas teses e ideias aos juízes, pois partimos da necessidade plena do convencimento. Um vendedor de frutas o convence que aquele produto é bom e saudável. O advogado também precisa convencer o julgador que o seu cliente tem aquele direito.

É neste mesmo olhar que o advogado precisa seguir, mostrar-se como um verdadeiro especialista ao mercado, capaz de trazer as soluções esperadas ao seu público-alvo. Em conjunto, todos os membros de uma sociedade se desenvolvem por meio da criação de conteúdos, gerando evidente retorno pessoal, profissional e, logicamente, financeiro.

O olhar de vendedor deve ser mantido, justamente para impulsionar a criação de verdadeiros produtos. É muito mais simples você conseguir "vender" algo mais próximo do palpável, do que apenas uma ideia. Este produto deve fazer parte integral da prestação do serviço jurídico oferecido, podendo para este canalizar as mais diversas formas de conteúdo que o abranja.

Por fim, uma coisa é certa! O desenvolvimento de um bom projeto de marketing independe do tamanho de sua estrutura, pois ele precisa justamente estar alinhado com suas possibilidades, tanto no olhar financeiro de investimento, quanto em sua capacidade técnica de desempenhar sua atividade com total qualidade, mas o ponto-chave é: sem ter uma casa verdadeiramente arrumada, os resultados possivelmente não chegarão!

Carlos Eduardo Mendonça Feliciano: advogado, especialista em Direito Constitucional pela Escola Superior de Direito Constitucional, MBA em Gestão Estratégica na Advocacia pela Escola Paulista de Direito, especialista em Planejamento Estratégico para Escritórios de Advocacia pela Fundação Getúlio Vargas, pós-graduando em Gestão de Projetos pela Universidade de São Paulo.

Carlos também é membro da Comissão Nacional de Marketing Jurídico da ABA (Associação Brasileira de Advogados) em sua gestão 2022-2023 e, assim como a própria comissão, tem o objetivo de ajudar o advogado em sua evolução e questionamentos sobre marketing jurídico. Tem uma dúvida para o membro? Envie um e-mail para carlos@inacioepereira.com.br e aproveite este canal direto de apoio ao advogado que quer crescer eticamente.

A Importância do Cliente para o Sucesso das Estratégias de Marketing

NOTA DO COORDENADOR

Nada mais importante do que entender seu cliente. E é sobre isso que o membro Lisandra Thomé disserta, aconselha e aponta o passo a passo para importantes questionamentos visando compreender cada vez mais esse foco do marketing jurídico. Boa aula!

O segredo do sucesso na advocacia é entender que o CLIENTE é o seu principal ativo. Antes de se preocupar em vender os seus serviços jurídicos, é importante que entenda para QUEM deseja vender os seus serviços e o PORQUÊ.

Neste artigo vamos tratar sobre o CLIENTE e tentar mostrar a você como tê-lo no centro do seu escritório faz total diferença para atingir melhores resultados na advocacia.

Costumo dizer que marketing nada mais é do que lançar mão de uma série de ações estrategicamente pensadas para construir relacionamentos de confiança com pessoas, sejam clientes, potenciais clientes, parceiros e o próprio mercado jurídico.

Sendo assim, em meus cursos e treinamentos sobre marketing e vendas costumo dizer a meus alunos e clientes que Marketing e Vendas andam de mãos dadas. Sem marketing o advogado não gera vendas e sem vendas ele não tem um escritório próspero. Porém, suas estratégias de marketing só terão um resultado realmente eficaz se focar no CLIENTE como o centro das suas estratégias.

Defina o seu propósito

Qual é o seu PROPÓSITO como advogado(a)?

Todos os advogados sabem o que fazem, mas poucos se preocupam em entender por que fazem o que fazem. E o propósito é você entender por que deseja atuar em determinada área. Por que deseja resolver determinados problemas para determinados tipos de clientes. Ou seja, entender o seu propósito é ter clareza sobre o impacto positivo que deseja causar na vida dos seus clientes e isso vai trazer a você uma mudança na forma de se posicionar para o mercado e de atender os seus clientes.

Para que você possa refletir sobre o seu propósito, vou buscar ajudá-lo com a seguinte reflexão: tenho uma verdade não muito agradável para lhe dizer, mas é a mais pura verdade e quanto antes você entender, melhor. Ninguém quer ter que contratar um advogado. Ninguém fica feliz em precisar de um advogado. O que o cliente na verdade precisa e quer é como ele vai se sentir ao conseguir o resultado que você o ajuda a alcançar com a sua expertise e o seu trabalho.

Veja bem. O cliente chegou ao seu escritório com medo ou com raiva de uma determinada situação. Qual é o estado emocional desejado por ele? Ele quer passar do medo para a segurança? Da raiva para a tranquilidade?

Entender quais são os sonhos e medos dos seus clientes vai dar a você uma grande vantagem sobre ele na hora de vender os seus serviços. Venda é sobre emoções. As pessoas decidem comprar ou contratar um serviço buscando satisfazer uma emoção e justificam sua decisão pela razão. Quando você entende isso, passa a ser um advogado que vende emoções e não *commodities*.

Pare agora e se pergunte: qual impacto emocional o meu trabalho traz à vida do meu cliente?

Vou trazer o meu exemplo. Eu tenho como propósito ajudar advogados a serem prósperos na advocacia e se sentirem realizados profissionalmente. Como eu faço isso? Ensinando-os a prospectar clientes por meio de estratégias de marketing e vendas. Quer contratar uma mentoria ou comprar um curso meu? Acredito que ficou claro para você o meu propósito e talvez eu tenha conseguido gerar em você a curiosidade de saber mais sobre o meu trabalho.

Essa é a importância de se ter clareza sobre o seu propósito. Ter essa clareza vai ajudá-lo a definir os seus serviços, o seu público-alvo e a sua proposta de valor. O cliente não quer pagar pelo serviço que você presta, mas ele paga pelo valor que você gera na vida dele. Passe a vender VALOR e não serviços.

Após definir o seu propósito e a sua proposta de valor, vamos entender o mercado em que você atua e definir o seu público-alvo e a sua *persona*. Tudo isso vai ser fundamental para ajudar você a planejar as suas estratégias de marketing e obter resultados mais eficazes.

Segmentando a sua área de atuação

Antes de dar início às suas estratégias de marketing e querer vender os seus serviços jurídicos para todo mundo, é importante que segmente o seu nicho de atuação. Você não irá perder oportunidades de negócios ao "nichar" a sua advocacia; muito pelo contrário, ao "nichar" a sua área de atuação e segmentar o seu público-alvo, você terá mais tempo para estudar e conhecer a fundo o seu cliente, direcionar as ações de marketing, além de focar em se tornar especialista numa determinada área de atuação. Isso irá torná-lo uma referência com o tempo, dará a você mais autoconfiança e, sim, mais clientes em médio e longo prazo.

Quem fala para todo mundo, não fala para ninguém!

Aqui é importante fazer uma diferenciação entre nicho, público-alvo e *persona*.

O que é Nicho? Nicho é a fatia do mercado onde você atua, mas em que há mais especificidade em termos de dores, desejos e interesses dos clientes.

O que é Público-Alvo? Público-alvo é o grupo de pessoas com quem você deseja se relacionar e para quem você deseja vender os seus serviços.

Ex.: revisão de aposentadoria para servidores públicos.

O que é *Persona*? Persona é o perfil fictício e mais detalhado que você extrai do seu público-alvo e que seria o seu cliente ideal.

Ex.: Maria, 60 anos, servidora pública aposentada, trabalhou durante anos no serviço público, tinha um padrão de vida e hoje não vive com uma pensão insatisfatória.

Entendendo o mercado

Para solucionar a dor de um determinado grupo de clientes, você vai precisar estudá-lo e se tornar *expert* sobre ele. Saber o que pensam, como agem, quais são suas dores e suas alegrias.

Você terá que entrar na cabeça dos potenciais clientes.

A DOR do seu cliente pode se expressar de várias formas: pode ser uma dor funcional, social ou emocional. Vamos entender o que significa cada uma delas.

Dores funcionais: são aquelas que dizem respeito a algo que não funciona, como um produto que não traz os benefícios esperados. Se você trabalha com relações de consumo, o seu propósito deve ser amenizar ou resolver essas dores.

Dores sociais: são aquelas ligadas à maneira como o cliente se relaciona, como se mostra ao outro ou como afeta sua personalidade. Aqui, por exemplo, pode se tratar de relações de inclusão social, relações de trabalho, ações de *bullying*, ações de cancelamento etc.

Dores emocionais: são aquelas conectadas a sentimentos, desejos e como eles são demonstrados em determinada situação. Aqui entram dores relacionadas a ações familiares, problemas entre sócios etc.

Faça o exercício e veja se consegue identificar qual tipo de DOR está mais ligado ao seu público-alvo.

Segmentos de mercado

Se você tentar vender os seus serviços para todo mundo, corre o risco de fazer muito esforço para pouco resultado. Existem diversos tipos de pessoas no mundo, cada grupo possui diferentes tipos de necessidades, realidades e condições. E por mais que vários grupos de pessoas sintam a dor que o seu serviço promete resolver, nem todos esses grupos estarão dispostos a pagar pelo que você tem a oferecer.

Foque nos grupos de pessoas que estejam dispostas a pagar pelos seus serviços. Identifique as necessidades que ainda não foram atendidas e ofereça uma proposta de valor clara para elas.

Talvez você identifique um grupo de pessoas para quem deseja oferecer seus serviços, talvez você identifique mais de um que possa se beneficiar do que tem a oferecer. Segmente os mercados e divida-os em grupos de pessoas com características parecidas e específicas.

Você deve considerar diferentes critérios para fazer essa segmentação, tais como:

1. Critérios Demográficos

- Idade
- Sexo

- Tamanho da família
- Renda
- Ocupação

2. Critérios Psicográficos
- Estilos de vida
- Valores
- Atitudes
- Opiniões

3. Critérios Geográficos
- Região
- Tamanho do município
- Concentração
- Clima

4. Critérios Comportamentais
- Atitudes em relação aos serviços
- Ocasião de compra
- Benefícios
- Utilização

Estudo de clientes

Acredito que por tudo o que já falamos até aqui, você já percebeu como é importante entender quais são as dores e as necessidades do seu cliente e comunicar-se com a confiança de quem tem conhecimento e aptidão para atender as demandas, certo? Isso vai torná-lo, na visão do cliente, um especialista. Quando você passa a entender o seu cliente, você consegue entregar a ele o que ele deseja e este relacionamento favorece a fidelização.

Por isso, é importante que você estude o seu cliente.

Para ajudar você nessa etapa do estudo do cliente, segue abaixo um passo a passo para guiá-lo. Sugiro que reserve um tempo, depois de ler este artigo, para fazer sozinho ou com seus sócios.

> 1º PASSO: quais são as características gerais do seu cliente ideal?
>
> Se você atende Pessoa Física, responda a estas perguntas:
>
> - Qual a faixa etária?
> - Na maioria são homens ou mulheres?
> - Tem família grande ou pequena?
> - Qual é o seu trabalho?
> - Quanto ganham?
> - Qual a sua escolaridade?
> - Onde moram?

Se você atende Pessoa Jurídica, responda a estas perguntas:

- Em que segmento atuam?
- Qual tipo de produto ou serviços vendem?
- Quantos empregados possuem?
- Há quanto tempo estão no mercado?
- Possuem filial? Onde?
- Qual é a sua capacidade de pagamento?
- Possuem uma boa imagem no mercado?

2º PASSO: identificar os interesses e os comportamentos dos clientes.

- Com que frequência contratam serviços de advocacia?
- Que tipos de escritórios costumam contratar?
- Que preço costumam pagar por serviços de advocacia similares ao meu?

3º PASSO: identificar o que leva esses clientes a decidirem contratar serviços de advocacia.

- Preço?
- Qualidade do serviço?
- Marca?
- Prazo de entrega das soluções?
- Forma de pagamento?
- Atendimento do escritório?

- Forma de atendimento? (on-line ou presencial)

4º PASSO: identificar onde estão seus clientes.

- Em qual espaço geográfico eles estão? Somente na minha cidade? Bairro? Em outros Estados? No Brasil ou também no exterior?
- Em quais canais de comunicação eu posso encontrá-los?
- Em qual rede social ele prefere se relacionar comigo?

Entendendo o seu cliente ideal

Por que é importante conhecer o perfil do seu cliente ideal? Quando você entende quem é o seu cliente ideal, você passa a:

1. Entender quais são as necessidades dele e quais são os melhores serviços a oferecer.
2. Entender o que você precisa mostrar a ele na hora de uma reunião para fechar a contratação.
3. Comunicar-se com ele de forma efetiva, seja por meio de conteúdos, seja numa reunião ou num encontro de *networking*.
4. Traçar estratégias de marketing direcionadas para ele.
5. Construir relacionamentos e confiabilidade.

DICA: uma excelente forma de conhecer o seu cliente ideal é por meio de pesquisas de satisfação com os seus atuais clientes ou por meio de pesquisas enviadas para o segmento que deseja conhecer. O Google Docs disponibiliza um formulário onde você pode criar qualquer tipo de pesquisa e enviar o link via e-mail ou mesmo por WhatsApp.

Para encontrar o seu cliente ideal, faça uma lista de todos os segmentos que poderiam se beneficiar da sua solução (serviços).

Quanto mais direcionado e específico você conseguir ser em relação ao seu segmento, mais claro ficará para você os caminhos para encontrá-lo. Ex.: seu serviço visa resolver problemas de família para mulheres e homens com idade acima de 40 anos no Brasil. Onde você encontra essas pessoas? Em quais canais de comunicação deve concentrar suas estratégias de marketing? Como vai chegar até essas pessoas?

Veja que a segmentação acima é muito ampla e acaba dificultando as suas estratégias de marketing e de posicionamento.

Agora vamos a um outro exemplo: digamos que você continua querendo atuar na área de família, no entanto, deseja resolver problemas de alimentos e de guarda para mulheres com idade entre 35 e 50 anos, no Brasil.

Veja como essa segunda segmentação já é mais direcionada e específica. Isso torna mais fácil encontrar as respostas às perguntas que fiz a você no primeiro exemplo.

Definindo a sua persona

O que é *persona*? *Persona* é um personagem fictício que representa o cliente ideal da sua advocacia. A *persona* é criada para garantir que você conhece as características do seu cliente e permitir que as estratégias de marketing e vendas estejam alinhadas e direcionadas para esse tipo de pessoa.

A *persona* precisa ser baseada em dados reais sobre comportamentos, características demográficas, motivações, objetivos, preocupações, entre outros atributos que ajude na criação de conteúdos e até no marketing digital.

Como definir a sua persona?

Como disse acima, a *persona* configura a personificação detalhada do seu cliente ideal.

Veja a seguir perguntas que podem guiá-lo na criação da sua *persona*.

- Qual é o nome da *persona*? (Dê um nome fictício à sua *persona*)
- Idade?
- Sexo?
- Estado civil?
- Qual é a sua ocupação? Estuda? Trabalha?
- Se trabalha, qual cargo ocupa?
- Quais são seus sonhos e objetivos?
- Quais são seus medos e frustrações?

- Qual é a sua rotina? *Hobbies*?
- Por quais assuntos se interessa?
- De onde consome informações?
- Quais redes sociais utiliza?
- Por quais canais prefere ser contatada?
- Qual linguagem deve ser utilizada nesse contato?

LEMBRETE: se na sua advocacia você atender mais de um público-alvo, então deve definir também mais de uma *persona*.

Outro ponto importante a se considerar quando você está definindo a sua *persona*, é identificar qual papel ela exerce dentro da seguinte classificação:

Cliente: é quem se beneficia com os serviços que você oferece.

Influenciador: está ligado a quem (e como) pode ajudar ou atrapalhar sua prospecção influenciando diretamente na decisão de contratação do seu cliente.

Decisor: é quem, de fato, "bate o martelo" na hora da contratação.

Dependendo de quem é o seu cliente ideal, você pode ter o cliente e o decisor na mesma *persona*. Às vezes você tem que lidar com os três personagens nas suas estratégias de vendas e isso geralmente ocorre quando a sua advocacia é corporativa. Neste caso, o seu cliente é a empresa e você pode ter um decisor (geralmente um Diretor Jurídico) e um influenciador (alguém que pode influenciar positiva ou negativamente o Diretor Jurídico nessa decisão de contratação).

Canais de atração de clientes

Estamos chegando ao final deste artigo e espero que você tenha aprendido bastante coisa sobre o seu cliente até aqui.

Depois de definir o seu cliente e identificar os serviços que poderá oferecer para atender às suas necessidades, você vai começar a traçar as suas estratégias de marketing e escolher quais serão os canais de comunicação que vai usar para se relacionar com o seu cliente ideal.

Para escolher os canais, é preciso que você entenda qual é o canal de preferência do seu cliente ideal para se relacionar com você.

Quais são os canais de comunicação ou de atração que você poderá usar?

- Anúncios patrocinados
- Assessoria de imprensa
- Artigos em blogs
- Frequência a clubes/associações
- Site
- E-mail marketing
- Frequência a eventos
- Frequência a feiras
- Ministração de palestras
- Parceiros estratégicos
- Networking
- Redes sociais (qual rede social?)

- Google Ads

Entenda, a escolha do canal deve passar novamente por uma análise de quem é o seu cliente ideal e qual é o canal de preferência dele para se relacionar com você (diga-se, buscar advogados).

São muitos canais para atrair clientes. Todos eles demandam investimento de tempo e financeiro e os resultados podem não vir na velocidade que você deseja. Por isso, escolha aqueles que você entende que fazem mais sentido para o seu tipo de cliente, para o seu escritório e priorize.

Conclusão

O marketing jurídico não tem nada a ver com propaganda ou com postagens em redes sociais. Marketing é construção de relacionamentos de confiança.

Tenha o seu cliente como o centro das suas estratégias de marketing.

Desejo a você muito sucesso e boa sorte!

Lisandra Thomé é advogada formada pela PUC-Rio. Trabalhou durante anos na área de Direito Empresarial, com foco em contratos, como associada em escritórios de advocacia. Há mais de seis anos dedica-se a ensinar advogados a empreender na advocacia. É consultora e professora especializada em marketing jurídico e gestão estratégica focada em quatro pilares: Gestão, Marketing, Vendas e Liderança. Possui formação em coaching pessoal e profissional pela Sociedade Brasileira de Coaching. Especializou-se em Business Coaching e Business High Performance pela Febracis. Possui certificação Empretec pelo Sebrae/RJ. É membro da Comissão de Coaching Jurídico da OAB/RJ. Foi a primeira Coordenadora de Desenvolvimento Profissional do Advogado da ESA/RJ. É sócia-fundadora da Innova Juris – Soluções para o Mercado Jurídico onde dá palestras, cursos, treinamentos e mentorias para advogados e escritórios de advocacia. Ocupou o cargo de Head de Inovação na Aleve Legaltech Ventures e se apaixonou por inovação e tecnologia no Direito.

Lisandra também é membro da Comissão Nacional de Marketing Jurídico da ABA (Associação Brasileira de Advogados) em sua gestão 2022-2023 e, assim como a própria comissão, tem o objetivo de ajudar o advogado em sua evolução e questionamentos sobre marketing jurídico. Tem uma dúvida para o membro? Envie um e-mail para lisandra.thome@innovajuris.com.br e aproveite este canal direto de apoio ao advogado que quer crescer eticamente.

Reputação Digital na Advocacia

NOTA DO COORDENADOR

Com o subtítulo "conectando pessoas, histórias e propósito de forma diferenciada para a construção de um legado virtual verdadeiro" o membro Andréa Lia Amazonas dá sequência em nossos ensinamentos, mostrando como seu legado digital pode e deve ser estruturado no mais moderno dos ambientes hoje: o mundo digital. Boa aula!

Neste capítulo nós vamos falar, não apenas do conceito de Reputação Digital, mas também dos meandros da construção de uma reputação em um mundo que hoje é fortemente digital, além de estabelecer um posicionamento que influencia diretamente na credibilidade que é construída em torno de cada profissional, falaremos, com ênfase, sobre a importância de se construir uma reputação baseada em um legado, seu valor forte percebido e transmitido para a sociedade.

Em síntese, a reputação digital é a percepção que as pessoas têm sobre a imagem de alguém na internet. Mas não é tão simples quanto parece. É fundamental pensar e ampliar a nossa ideia de reputação digital, pois quando fazemos isso estamos trabalhando em um dos ativos mais importantes do mundo virtual: a credibilidade.

Quando cuidamos da nossa credibilidade, deixamos o processo de decisão de contratação bem mais simples para clientes novos, afinal, "vender" uma boa imagem é uma excelente forma de atrair novos clientes e se manter forte no mercado.

Aqui nós precisamos fazer um adendo para pensar sobre os principais ativos que carregam grande valor hoje no mundo digital: tempo, conhecimento, reputação e credibilidade.

A tecnologia é hoje uma das maiores aliadas de diversas áreas de trabalho, e no campo jurídico este cenário não poderia ser diferente. Hoje o uso de ferramentas digitais auxilia o trabalho e fortalece posicionamentos de mercado. As redes sociais são hoje meios de comunicação simples, rápidos e eficazes, permitindo que os advogados divulguem os seus trabalhos e os seus conhecimentos, sempre respeitando o Código de Ética profissional.

Entretanto, nem sempre a tecnologia esteve como facilitadora deste processo. Precisamos compreender o cenário em que estamos inseridos para então saber como participar ativamente da fundação de uma reputação inabalável no mercado.

É de fundamental importância, antes de qualquer elucubração sobre a Reputação Digital, localizarmo-nos em meados da década de 90, do século passado, quando a internet começou a se tornar mais acessível e passava a sair dos principais quartéis militares, dos norte-americanos e até mesmo dos nacionais. Nesta época já era possível acessar de maneira discada, isto é, por meio de linhas telefônicas, essa revolucionária maneira de se comunicar e de adquirir conhecimento.

Partindo deste pressuposto, a internet ainda era completamente vertical, ou melhor, não havia intensas trocas de mensagens, o primordial era a absorção de informações para pesquisas escolares, pessoais, universitárias etc. A troca de e-mails ainda era a única forma de troca de informações ou de comunicação. Com a chegada dos primeiros *chats* (bate-papos), a internet começou, de uma forma ainda bem precária, a tomar a forma que conhecemos atualmente.

A próxima revolução dentro da internet ocorreu com o surgimento das primeiras redes sociais, que, no começo, ainda não possuíam o caráter que têm atualmente, ainda eram encaradas com teores infantilizados.

Atualmente, vivemos uma horizontalização nunca antes vista nas formas de se comunicar mundialmente. Cada pessoa tem como extensão do próprio corpo alguma máquina para se comunicar com quem quer que seja e em qualquer lugar. É como se vivêssemos numa gigantesca área mundial de conversações.

Neste âmbito, a reputação digital de todos os rastros e lastros deixados por cada um de nós é registrada eternamente na internet. Tornamo-nos parte de um grande circuito digital e, por isso, tudo o que compartilhamos precisa ser extremamente avaliado se pretendemos manter uma reputação capaz de demonstrar, da melhor maneira possível e positivamente, a personalidade de cada um de nós.

Somos um produto a tal ponto que quando alguém hoje quer saber quem somos, o que vai fazer? Vai buscar informações na internet! Assim como o usuário contemporâneo e até as crianças usam as ferramentas de busca para comprar produtos variados ou pesquisar lojas, buscam também por serviços e profissionais capacitados e com boa reputação.

Mas o que é ter uma boa reputação? Simplificando, reputação é aquilo que os outros percebem de você nos diferentes ambientes e canais de comunicação. A reputação de cada um de nós está constantemente sendo construída ou destruída.

Só que para entender todos os aspectos do conceito de Reputação Digital, é preciso saber que não é criando um monte de *cards* bonitinhos nas suas redes sociais que você constrói essa reputação. É fundamental começar pelo primeiro passo, que muitas vezes é negligenciado: trabalhar para ser encontrado organicamente no mundo digital. Para isso acontecer, antes de pensar em táticas de amplificação nas redes sociais, você precisa construir patrimônio digital.

Saber se comunicar é uma característica natural do ser humano, mas saber se comunicar bem é um trabalho detalhado que deve ser bem construído.

O cenário de virada: a pandemia, o mercado e a adaptação para o digital

Um pouco antes da explosão mundial causada pela pandemia da Covid-19, causada pelo Coronavírus, no final de 2019, já vivíamos num universo centralizado pelo poder das redes sociais, que como definiu muito bem Gil Giardelli, que é um dos maiores palestrantes e escritores do Brasil quando o assunto é o mundo digital, no decorrer do livro "Você é o que você compartilha", neste período histórico precisamos avaliar os nossos compartilhamentos nas nossas redes. Ele diz "Estamos começando a viver a era da participação do compartilhamento, em que o que é trocado por pessoas de todo o planeta levará a aldeia global a outro patamar. É o momento de repensar as relações humanas e de realinhar a nós mesmos, os 'indivíduos digitais'".

Assim sendo, o nosso passado, presente e o nosso futuro se fundiram em algo único. Tudo está registrado nas redes sociais. Como pensamos, como nos alimentamos, como reagimos a determinadas situações do cotidiano, culturais, políticas etc.

Porém, isto tudo era a realidade do período histórico registrado antes, como já foi dito, antes da pandemia da Covid-19. Para evitarmos a infecção causada pelo Coronavírus, precisávamos evitar quaisquer formas de aproximações com pessoas que fossem desconhecidas por nós, ou melhor, era de extrema importância o não sair de casa.

Tudo o que pudesse ser realizado virtualmente era considerado a melhor maneira de evitar a doença e até mesmo a morte. Desta forma, tudo passou a ser feito pelo computador ou pelo celular, isto é, por meio da internet.

Os empresários começaram a perceber o quanto era econômico manter os seus empregados em casa (home office). O entretenimento ficou completamente centralizado no universo do streaming - audiovisual, de um modo em geral. Até mesmo algo que é intrínseco de todos os seres humanos, a alimentação, passou a ser feita de maneira digital. Houve a ascensão do mercado do delivery, os restaurantes de todos os portes precisaram ingressar e comercializar neste universo digital, como também os grandes mercados de alimentos sentiram essa necessidade. As compras dos produtos alimentícios passaram a ser feitas por meio dos celulares, nos aplicativos criados para facilitar a vida dos consumidores.

As informações políticas, sociais, culturais e de todas as áreas foram lidas por portais de comunicação pequenos, médios ou grandes, isto é, de acordo com as necessidades de cada pessoa.

Qualquer assunto ou técnica de qualquer área poderia ser transmitido pelos canais de vídeo de streaming. A partir deste momento, qualquer indivíduo, independentemente de posicionamento político, religioso ou intelectual poderia ser um comunicador e ter uma audiência representativa.

Outro aspecto importante e resultante deste período pandêmico foi a explosão do consumo mais intimista, era muito mais interessante saber a fonte e a origem dos produtos que seriam comprados ou consumidos, porque o quanto menos ele fosse originário de uma fonte proporcionalmente grande (shoppings, grandes mercados varejistas etc.), a possibilidade de se consumir um produto infectado era muito menor.

O interessante era comprar o que quer que fosse do seu próximo mais próximo. Isto passou a ser um método comum e tornou-se comum para a maioria das pessoas. Saber a forma de higienização do que era comprado era fundamental.

Estes pontos representam resumidamente a época do auge da pandemia da Covid-19 em boa parte do mundo: o apogeu do mundo digital e, principalmente, a grande importância da necessidade da manutenção da reputação digital.

Dentro desta perspectiva, alguns pontos surgem de forma intrínseca dentro deste contexto digital como comento a seguir.

Branding pessoal: a construção de um novo eu no cenário digital

Os rastros deixados digitalmente acabam sendo absorvidos de todas as maneiras possíveis. Praticamente e tecnicamente pelos cookies dos sites; porém, inconscientemente as buscas moldam as personalidades, pois como o já citado "Você é o que você compartilha", você é realmente o que você compartilha para os seus contatos e para o seu universo digital.

As causas que resultam nesta formatação de uma reputação digital podem ser várias, resultantes do seu histórico e que podem ser conferidas no histórico das suas buscas na internet.

Neste contexto, as *personas* vão sendo criadas, que nada mais são do que criações para formação dos clientes ideais para determinadas e específicas empresas. Isto é, dentro dos rastros e lastros deixados há como resultados as elaborações para a criação de um cliente ideal e que vão sendo montadas com o passar do tempo.

Desta maneira, ficará praticamente impossível não conseguir vender um produto específico para um público determinado. Toda esta caminhada foi sendo montada no decorrer do período pandêmico.

Atualmente, como no conto de ficção *Minority Report* (lançado em 1956), escrito por Philip K. Dick (autor norte-americano de livros de ficção baseados em teorias da teologia com aspectos presentes na cibernética), já é praticamente possível se comunicar de maneira completamente digital e via satélite e as identificações pessoais já podem ser realizadas da mesma maneira, como pode ser conferido no começo do sexto capítulo do conto:

Texto original: *Between noon and one o'clock the rubbish-littered streets swarmed with people. He chose that time, the busiest part of the day, to make his call. Selecting a phonebooth in a patron-teeming super drugstore, he dialled the familiar police number and stood holding the cold receiver to his ear.*

Deliberately, he had selected the aud, not the vid line: in spite of his second-hand clothing and seedy, unshaven appearance, he might be recognized.

The receptionist was new to him. Cautiously, he gave Page's extension. If Witwer were removing the regular staff and putting in his satellites, he might find himself talking to a total stranger. "Hello" Page's gruff voice came.

Relieved, Anderton glanced around. Nobody was paying any attention to him. The shoppers wandered among the merchandise, going about their daily routines. "Can you talk?" he asked. "Or are you tied up?" There was a moment of silence. He could picture Page's mild face torn with uncertainty as he wildly tried to decide what to do. At last came the halting words. "Why — are you calling here?" Ignoring the question, Anderton said, "I didn't recognize the receptionist. New personnel?" "Brand-new" Page agreed, in a thin, strangled voice. "Big turnovers, these days."

Tradução: *Entre meio-dia e uma hora, as ruas cheias de lixo fervilhavam de pessoas. Ele escolheu aquele horário, a parte mais movimentada do dia, para fazer sua ligação. Selecionando uma cabine telefônica em uma superdrogaria repleta de clientes, ele discou o número familiar da polícia e ficou segurando o fone frio no ouvido. Deliberadamente, ele havia escolhido a linha auditiva, não a linha de vídeo: apesar de sua roupa de segunda mão e aparência surrada e barbada, ele poderia ser reconhecido.*

A recepcionista era nova para ele. Cautelosamente, ele deu a extensão de Page. Se Witwer estivesse removendo a equipe regular e colocando seus satélites, ele poderia se ver conversando com um completo estranho. "Olá" a voz rouca de Page veio.

Aliviado, Anderton olhou ao redor. Ninguém estava prestando atenção nele. Os compradores vagavam entre as mercadorias, seguindo suas rotinas diárias. "Você pode falar? " ele perguntou. — "Ou você está amarrado?" Houve um momento de silêncio. Ele podia imaginar o rosto suave de Page dilacerado pela incerteza enquanto tentava descontroladamente decidir o que fazer. Finalmente vieram as palavras hesitantes. "Por que - você está ligando aqui?" Ignorando a pergunta, Anderton disse: "Não reconheci a recepcionista. Novo pessoal?" "Novo em folha" Page concordou, em uma voz fina e estrangulada. "Grandes vendas, hoje em dia."

Estes trechos correspondem aos parágrafos iniciais do capítulo VI, do livro *Minority Report*, nos quais já era possível entender que seria possível a comunicação intensa via satélite, como também a possibilidade de escolher a maneira de realizar este diálogo: em áudio ou em vídeo.

Assim, conseguimos imediatamente passar para o tópico seguinte, dentro do que se costuma entender por Branding Pessoal, que é uma estratégia usada para criar um "produto" baseado em reconhecimento, autoridade, presença, e influenciar por meio do seu conhecimento e visão de mundo. Todo este caminho serve para evitar ao máximo quaisquer tipos de desperdícios de tempo. O produto é direcionado diretamente para o seu consumidor ideal, para a sua *persona*.

Dentro desta perspectiva minuciosa são apresentados os pontos principais de como as pegadas deixadas no decorrer de qualquer trajetória na internet resultará numa troca de informações, ou de vendas, mais direta. Sem atropelos ou danos. Construir um "produto" profissional e marcar presença no on-line é mais que uma tendência, é uma necessidade de mercado, e manter-se atento ao rastro de informações que deixamos diariamente na internet é fundamental para a construção de um diferencial que falaremos mais adiante: o legado.

Como se posicionar - Um manual para construir um nome de sucesso nas redes

Segundo o que já foi apresentado, tudo que ocorre no mundo digital acaba não sendo em vão, isto é, as buscas, as pesquisas, o que é visto, a permanência em determinado assunto tem como objetivo o consumo de um produto específico, sem obstáculos.

Por isso é de suma importância saber como se posicionar. Conhecer todas estas condições que ocorrem para a indução de um assunto ou para o consumo de um produto, que o indivíduo inserido na internet possa não apenas ser induzido à determinada área específica, mas consiga ter uma grande independência sobre estas situações específicas.

Precisamos pensar sobre o comportamento de todos nós, usuários de internet. Quando temos uma dúvida ou queremos comprar algo, qual é o primeiro passo que tomamos? Vamos aos buscadores (Google, Yahoo etc.) e às redes sociais!

Esses buscadores não são tão utilizados à toa, eles nos proporcionam, de uma vez só, dois ativos valiosos: economia de tempo e acréscimo de conhecimento, informação.

Tenho uma filha que hoje tem nove anos, e quando ela não sabe algo, pergunta ao celular. "Minha amiga Google", ela diz. O que ela aprendeu? Que na internet existem informações valiosas e confiáveis.

Em todas as áreas profissionais, no mercado como um todo, essa evolução se concretizou fortemente com o advento da pandemia. Hoje não basta ter presença digital, mas é preciso aprofundar e repensar a estratégia de uso destas ferramentas e plataformas a fim de usá-las a favor da construção da nossa Reputação Digital.

Mas como trabalhar todo o universo de estratégias digitais para construir uma boa reputação? Como saber se posicionar? Construindo autoridade a partir da sua reputação digital, orientando e moldando a percepção das pessoas em relação ao seu legado.

Saber conduzir essa construção torna o profissional um elemento ativo, e não apenas detentor de uma passividade. Este lado mais ativo é fundamental para a abertura de novos caminhos na sua jornada digital. Quando isso ocorre, o leque de informações é ampliado de forma contundente. Outros universos ficam mais translúcidos e assim outros tipos de produtos e serviços passam a ser servidos e oferecidos.

"Falar em termos dos interesses da outra pessoa traz benefícios para ambas as partes", é o quinto princípio citado por Dale Carnegie em seu livro indispensável "Como fazer amigos e influenciar pessoas".

Saber ter uma personalidade única no universo proporcionado na internet vai além de manipular um personagem, na verdade estamos falando de uma real construção de uma rede de pessoas que se identificam com a sua verdade. É saber pensar sobre algo pouco dito na internet, a nossa integridade. Nós precisamos saber comunicar da forma certa quem somos, o nosso discurso, nosso propósito, as causas que abraçamos e juntar as peças corretamente para construir o nosso patrimônio, a nossa história concreta no digital.

Aqui, muito mais do que quem somos, temos a oportunidade de construir nossa reputação por meio de algo muito maior, que fala do nosso legado pessoal ou profissional, fala do que queremos deixar para o mundo!

Este é um ponto muito valioso pois, além de reconhecimento, ele gera empatia, identificação, confiança e credibilidade.

Saber construir uma comunicação que fale de valores é praticamente uma "pedra angular" que diferencia uma comunicação comum de uma comunicação bem estruturada, e que está em um patamar acima da concorrência. É onde seu diferencial fica tão autêntico que ninguém consegue copiar.

Por isso, manter um posicionamento único acaba sendo uma recomendação de extrema importância, visto que quem não consegue transportar sua personalidade do off-line para o digital acaba com uma presença virtual fragilizada.

O posicionamento construído sob o pilar de uma causa autêntica faz base para que surjam outras formas de comunicação mais pessoais e voltadas para um público mais específico, mais próximo da sua linha profissional.

Definir o seu legado nas plataformas digitais faz toda a diferença, pois é baseado nele que o seu cliente vai decidir se você é mais um profissional comum ou se é aquele que vai brigar por ele até o último segundo. E na área da advocacia nós sabemos que isso é um ponto fundamental.

Segundo o trecho denominado como "Análise" do livro "Poder e Manipulação", considerado como uma versão moderna do clássico "O Príncipe", de Maquiavel: *"Quando você acredita em si, quando está convencido de que pode fazer coisas que criarão um impacto positivo na sociedade ou mesmo na sua vida pessoal, essa convicção, de certa maneira, se manifestará clara-*

mente em suas palavras, ações e atitudes e irão contagiar todos a sua volta, porque eles pensarão que você tem razões para acreditar em si. Ao ver que os outros acreditam em você, sua autoconfiança cresce ainda mais e se solidifica. A partir deste momento, cada vez mais, você desenvolve esse reforço interior de que não há limites para aquilo que você pode conseguir. Esse sentimento irradia poder e autoridade. As portas começam a se abrir. Limites e barreiras desaparecem e o caminho para as suas conquistas surge à sua frente. Grandes líderes e empreendedores ao longo da história, passaram por esse processo. Eles se convenceram de seu poder e autoridade, que, aos poucos, tornaram-se reais em suas vidas. Se você busca aumentar o seu poder e prestígio, se pretende se tornar um líder influente, mesmo que ainda não possua grande poder, passe a agir como se o tivesse. Logo você será tratado como se já possuísse tremendo poder."

Algumas estratégias para construir sua reputação de legado

Agora que já entendemos o conceito, é preciso visualizar de uma forma prática como absorver e implementar uma fórmula onde poucos costumam investir. Esta não é uma fórmula mágica, pois na comunicação o que funciona é avaliar, personalizar e testar, mas é um conjunto de metodologias que pode trazer ótimos resultados a quem o implementa.

Veja que todo o tempo é preciso voltar à sua *persona* e analisar o seu público, conectar a sua mensagem à causa que liga você a ele, à solução de suas dores e às mensagens que os conectam.

Assessoria de Imprensa, de Comunicação ou de Relações Públicas

Utilizar-se deste recurso junto a profissionais de Assessoria de Imprensa, de Comunicação ou das Relações Públicas, tem como meta auxiliar os profissionais do Direito sobre as melhores formas de dialogar com os redatores dos meios de comunicação.

Precisamos pensar que é uma forma pouco utilizada de construir sua autoridade sendo fonte de informação, o que fortalece efetivamente sua autoridade de maneira espontânea e evitando ao máximo que tudo se transforme numa publicidade da mesma.

Desta maneira, ficará bem mais fácil atrair novos clientes: quanto mais menções houver do seu nome ou da sua empresa em diferentes canais de comunicação, mais você estará alcançando novos públicos interessados nos seus serviços e conteúdo.

Marketing e o universo das redes sociais

Hoje não é possível para a sua empresa impor sua reputação no mercado. Esse posicionamento precisa ser conquistado por meio de um trabalho integrado de estratégias de comunicação e marketing que vão construir sua imagem perante o público.

Quem se interessou pelo seu serviço irá procurar a sua empresa no Google e checar os seus perfis no Instagram e Facebook, por exemplo. E é utilizando essas informações construídas em diversos canais que fortalecemos a sua credibilidade e reforçamos o seu branding pessoal e profissional. Tudo deve estar integrado nas diversas plataformas, porém, de maneira personalizada a cada uma delas.

Atualmente é muito comum ver profissionais entrando em modinhas nas redes sociais. Basta entrar no Instagram ou TikTok para visualizar diversos profissionais literalmente suando para se encaixar. Não cabe aqui fazer julgamento de valor. Tudo bem se você não tem problema de se expor fazendo as "dancinhas da moda", porém, se há uma forma mais adequada de marcar seu espaço, sem ter o estresse diário de uma função que naturalmente não é sua - afinal é um profissional de Direito não de mídias -, por que não o fazer?!

Vale avaliar se fazer as dancinhas da moda e usar o seu perfil pessoal para trabalhar também o seu posicionamento profissional vai ajudar ou atrapalhar na sua reputação. Temos sempre que voltar e avaliar para quem estamos falando, se é para nossos clientes ou para nossos amigos e familiares.

A Reputação Digital do advogado, do juiz, ou melhor, de todos os profissionais relacionados com o mundo do Direito tem um valor intrínseco diferenciado e de extrema importância, pois são profissionais que precisam manter uma presença digital marcada pela sobriedade e segurança, especialmente quando falamos de assuntos que são dores de outras pessoas.

Qualquer um que deseja criar um perfil em uma rede social precisa ter consciência que em certos momentos as suas opiniões, ou o que é compartilhado ou publicado, poderá ter alguma repercussão positiva ou, em alguns casos, negativa.

Partindo desta ideia, o profissional da área do Direito tem a necessidade de deter os ímpetos para publicar algo, e até mesmo alguma opinião, de certa maneira, polêmica, porque os efeitos negativos poderão ser catastróficos.

Durante um bom tempo, as redes sociais passaram a ser o definidor do principal formador de opinião. É por elas que muitas pessoas se informam sobre os mais variados assuntos, muitas vezes deixando de considerar os veículos mais tradicionais de informação e sem fazer checagem de veracidade.

Da política à religião, passando por assuntos bem mais delicados, as redes sociais já se tornaram até mesmo possíveis meios de se provar se alguém é inocente ou culpado sobre um determinado caso judicial específico.

Independentemente do meio ou da rede social, o profissional do Direito precisa tomar todos os cuidados possíveis. Assim como os clientes deles, pois tudo poderá se transformar em provas nos processos judiciais.

As redes sociais se transformaram também em fontes de informações para os jornalistas, porque representam o lado mais intimista de quem quer que esteja sendo julgado ou pesquisado pelos meios de comunicação. Um bom acompanhamento para gestão de crise em comunicação é de grande valia.

A partir deste momento surge uma dúvida: de qual rede social devo fazer parte? Como foi dito, cada uma delas tem as suas especificidades. Sabendo utilizá-las, todas têm as suas maneiras de destacar informações.

Site, SEO e Comunidade – uma base forte para a sua casa própria

Os sites foram os primeiros meios de comunicação na era inicial da internet. No começo, para que fossem produzidos, havia a necessidade de um conhecimento específico e complexo para a sua formatação e a interação do público ainda era muito restrita.

Esse ainda era o período da verticalização da internet, no qual a opinião com o leitor, no caso, dos textos dos sites, era praticamente nula e tudo o que era publicado era apenas absorvido.

Já, em um segundo momento histórico da internet, a produção dos sites já ficou mais simplificada e a interação mais possível. Então, opinar era mais fácil e a preocupação com o que responder ficou mais evidente.

Atualmente, como qualquer pessoa interessada na produção destes meios de comunicação digitais já é capaz de alimentar estas fontes de informações, com os mais variados tipos de especificações possíveis, é preciso ter uma grande preocupação com o que é postado.

Na diversidade do mundo *mobile* no qual vivemos, todo mundo é capaz de emitir opiniões sobre quaisquer assuntos. Neste ponto, a necessidade de tomar todos os cuidados possíveis com a credibilidade ficou mais plausível.

Tudo precisa ser milimetricamente analisado com muito cuidado. Qualquer deslize pode ser usado contra quem publicou. Ainda mais quando estamos relacionando tudo isto com o mundo do Direito. Advogados, juízes, promotores, desembargadores, entre outros profissionais da área do Direito necessitam ter este tipo de cuidado redobrado.

Nestes casos, a Reputação Digital representa um fator bastante delicado e que precisa ser valorizado e protegido contra qualquer possibilidade de ataques negativos.

Já ouvi dizerem que as redes sociais são casas alugadas e os sites são nossas casas próprias. Faz todo sentido, pois se as redes caem, o site estará lá. Dessa forma é inteligente pensar em fortalecer a fundação da sua casa com o SEO - *Search Engine Optimization* (otimização para mecanismos de busca).

Essa técnica é especialmente aplicada na produção de conteúdo em sites com o objetivo de potencializar e melhorar o ranqueamento de uma página em resultados orgânicos nos buscadores.

Estas técnicas de SEO precisam de uma observação especial porque por meio delas e de seus resultados obtidos, novos caminhos poderão ser atingidos com um alcance bem maior. O SEO funciona muito bem quando você consegue descobrir sobre o que as pessoas estão pesquisando, quais os seus problemas e, deste ponto, definir sobre o que você vai falar.

Tudo o que já foi apresentado sobre as melhores maneiras de como se portar, sendo você um profissional do mundo do Direito, tanto nas redes sociais quanto na produção de sites, pode ser refletido na comunidade on-line e off-line.

A Reputação Digital acaba sendo refletida em tudo o que for repercutido e publicado na internet. É de fundamental importância procurar e entender o funcionamento destes ambientes. Tudo pode se voltar contra ou a favor, dependendo da situação. Sem contar que os futuros e prováveis clientes analisarão todo o seu percurso pelas redes sociais e entenderão melhor todo o caminho percorrido por você como profissional.

Ter essa conscientização é de suma importância. Evitar qualquer situação constrangedora é algo vital para um advogado, juiz, promotor etc. Esta reputação digital inviolável proporcionará a abertura de novos caminhos profissionais.

Alcance e disseminação da mensagem

A mensagem no mundo on-line tem uma forma peculiar de se espalhar e alcançar diversos tipos de leitores, com as mais variadas formas de compreensão e de interpretação.

É preciso considerar o funcionamento limitante dos algoritmos, que atuam nas *tags* ligando textos e pessoas que possuem o mesmo pensamento que foi publicado. Dessa forma, a mensagem trilhará caminhos bons ou ruins, independentemente das intenções de quem a publicou ou de quem a compartilhou conforme os interesses pessoais envolvidos.

Esta preocupação precisa estar presente em quem tem uma profissão de extrema relevância no mundo do Judicial. Qualquer deslize poderá ser fatal para a Reputação Digital. Sobretudo, para quem tem um posto importante para preservar.

Por isso tudo, é preciso ter muito cuidado no que for publicar digitalmente. A vigilância no mundo da linguagem binária é muito mais intensa e é realizada por anônimos, que são alcançados pelas mensagens por meio da internet. Ficar conectado com estas possibilidades têm que ser algo básico e fundamental para quem quer ter uma condução irrefutável no universo digital.

Por isso é importante saber todas estas técnicas e táticas inseridas neste planejamento estratégico, digitalmente falando, porque servem para evitar possíveis situações constrangedoras.

Produção de conteúdos e micromomentos

Depois da compreensão de todos estes aspectos presentes no alcance e na disseminação das mensagens, como na qualidade do que precisa e deve ser compartilhado para que percalços sejam evitados, o profissional do Direito já terá a capacidade de produzir conteúdos específicos e direcionados para o público e tendo um alcance mais certeiro.

Ter toda esta amplitude de conhecimentos voltados ao âmbito digital, já serve para montar uma estrutura direcionada para produzir e compartilhar assuntos específicos para quem é do mundo judiciário.

Porém, quando falamos de reputação no universo digital precisamos inserir um elemento importante: a pessoalidade. É a partir dela que nossa audiência conseguirá fortalecer a relação conosco, pois é assim que montamos peça a peça um quebra-cabeça, juntando elementos que definirão para o cliente a sua capacidade e personalidade.

Nesta realidade, os micromomentos digitais terão resultados positivos mais constantes. Seu cliente começa a acompanhar e perceber no compartilhamento de seus hábitos quais são os seus valores. Ele monta na própria cabeça como é a sua personalidade como profissional, como pessoa, como mãe ou pai, seus valores familiares etc.

É a partir dos micromomentos que ele vai decidir se relacionar com você, ter proximidade. É comentando sobre uma leitura que você postou, sobre sua homenagem a alguém da família ou sobre uma obra social que você faz nos "bastidores" do trabalho.

Colocar à mostra esses momentos também é uma avaliação constante, pois não é porque estamos nas redes sociais que precisamos efetivamente ter todos os nossos momentos da vida privada expostos, mas é bom considerar esses micromomentos como elementos essenciais para a formatação da sua reputação digital.

Capital social: reputação e a construção de um legado digital

A construção de uma representativa Reputação Digital depende de uma compreensão de todas as técnicas e táticas apresentadas no decorrer deste texto, não como regras absolutas, mas sim como ações que poderão auxiliar em um bom desenvolvimento no âmbito digital.

Para os profissionais do Direito, é de suma importância ter uma reputação digital exemplar, não permitindo lastros e rastros digitais negativos. É fundamental saber o que compartilhar, mas, sobretudo, ter o conhecimento do que, onde e como publicar.

A Reputação Digital bem definida permitirá e auxiliará nas conquistas de novos clientes. Ter essa fluência é de extrema importância, ainda mais quando quase a totalidade da população nacional, de alguma maneira, está conectada à internet. Podemos conquistar, portanto, um capital social chamado "admiração".

Assim, o resultado será um legado digital bem definido sem quaisquer tipos de dificuldades ou momentos que possam ser usados contra o profissional do Direito. O reconhecimento tão necessário passa a ser um bem natural.

Por muitas vezes, é de essencial importância que este trabalho para a concretização desta reputação conte com o apoio direto de um profissional da comunicação, sobretudo, aquele que tenha experiências comprovadas com trabalhos no universo digital. Ele será capaz de montar um planejamento que irá aguçar e afinar certas pontas que ainda podem estar soltas na história digital do profissional do Direito.

Esta preocupação com a Reputação Digital é extremamente necessária e precisa ser avaliada por quem pretende estar no mercado de trabalho com todas as questões e limitações digitais bastante compreendidas e resolvidas, para que algo, profissionalmente falando, possa acontecer. Este pode ser o diferencial mais importante para quem quer ter uma boa quantidade de clientes representativa e, sobretudo, qualitativa, pela força da internet.

Ter todas estas compreensões e entendimentos não é algo apenas do profissional do futuro, mas sim do profissional do presente, que entende que o legado digital é a melhor moeda que ele terá para apresentar para trocar na conquista de novos clientes.

Conclusão

Pensando sobre o que foi exposto neste artigo, podemos simplificar dizendo que reputação é aquilo que os outros percebem de você nos diferentes ambientes e canais de comunicação. A reputação de cada um de nós está constantemente sendo construída ou destruída.

Ela é um ativo dos mais importantes hoje em dia, quando falamos de um posicionamento profissional público – em sua maioria praticado desde o advento da internet –, juntamente com tempo e conhecimento.

Porém, há uma diferença básica entre estar na internet e ser reconhecido na internet, e este diferencial se faz com a construção de uma reputação que considere como você se posiciona, seus serviços oferecidos e seu conhecimento sobre eles, sua capacidade de inovar e liderar, sua confiança e estima, seu *networking*, sua integridade e cidadania, seus valores e caráter, e especialmente como juntar tudo isso para transparecer sua causa de vida e como isso vai ser o seu legado.

Precisamos considerar também que esse alicerce precisa ser firmado não apenas nas redes sociais, mas em diversos meios de comunicação. As redes sociais são casas alugadas; é preciso levantar uma casa própria com sua presença digital e utilizarmos as plataformas citadas como os sites, blogs e também os veículos mais tradicionais de informação como rádio, TVs e jornais impressos.

Claro que, para que essa casa própria tenha sustentação, precisamos de uma boa elaboração estratégica. Reitero que precisamos saber comunicar da forma certa quem somos, o nosso discurso, nosso propósito, as causas que abraçamos; só assim temos a oportunidade de construir nossa reputação por meio de algo muito maior do que um posicionamento profissional, mas de um legado que pode verdadeiramente fazer a diferença não apenas para indivíduos, mas para toda uma sociedade.

Este alicerce é carregado de reconhecimento, empatia, identificação, confiança e credibilidade. Estes fatores são fundamentais para que a Reputação Digital seja formatada e sirva para conectar a história, a reputação e o legado para a construção de uma marca/nome forte na internet.

Quando isso é conquistado, a marca/nome poderá servir como um grande influenciador no mercado, para que outros também sigam o mesmo caminho para desenvolver a Reputação Digital.

Por tudo isso que foi apresentado, é muito importante saber o que publicar, o que compartilhar e como interagir nos caminhos apresentados na internet. Qualquer ato falho poderá ser extremamente prejudicial, sobretudo quando nos referimos ao mercado, ou melhor, ao universo dos profissionais do Direito. Por exemplo, para muitas marcas existe um interesse e uma vontade muito grande em marcar presença em todas as redes sociais. Porém, devemos diminuir esta ansiedade e analisar realmente em qual rede social vale a pena ter a sua marca/nome ou produto para que eles não sejam prejudicados.

Há ainda um outro caminho a se pensar, que vale tanto quanto a reputação percebida por outrem, a reputação percebida pela sua própria consciência à medida que sabe que está construindo o seu legado em cima de valores éticos, reais e solidários, afinal a vida não são só negócios.

Andréa Lia Amazonas é jornalista, publicitária e consultora de marketing digital especialista em reputação digital. Tem pós-graduação em inovação de estratégias empresariais e atua há mais de quinze anos em comunicação institucional e pública. É fundadora da Amazona Digital Comunicação e Marketing (@amazona.digital), agência que atua especialmente nos nichos institucional e político. Andréa já atendeu vários clientes da advocacia, ministrou cursos e palestras para o público jurídico e coordenou a comunicação da Procuradoria-Geral do Estado do Pará antes de fundar sua agência. Já teve turmas de mentoria e grupos de implementação na área jurídica desde 2015, com vários clientes desenvolvendo seus projetos de reputação e alcançando cargos e uma nova clientela.

Andréa também é membro da Comissão Nacional de Marketing Jurídico da ABA (Associação Brasileira de Advogados) em sua gestão 2022-2023 e, assim como a própria comissão, tem o objetivo de ajudar o advogado em sua evolução e questionamentos sobre marketing jurídico. Tem uma dúvida para o membro? Envie um e-mail para andrealia@gmail.com e aproveite este canal direto de apoio ao advogado que quer crescer eticamente.

Marketing Jurídico em Redes Sociais, um Mundo de Possibilidades para a Advocacia

NOTA DO COORDENADOR

E o mundo digital é grande demais para apenas um artigo. Para expandir e acrescentar sobre o tema, trazemos o membro Silvia Valverde que dá continuidade na exposição. Boa aula!

Convido você a iniciar a leitura deste breve e interessante conteúdo direcionado a advogadas, advogados e pessoas do meio jurídico que foi desenvolvido com imenso carinho e cuidado para trazer a necessidade de olhar com mais atenção para assuntos relacionados ao marketing digital na advocacia, e assim explorar todos os recursos e possibilidades do mercado.

Primeiramente, um pedido: ainda que esteja diante de um conteúdo físico ou digital, foi feito todo um esforço para torná-lo o mais prático possível, para que sua aplicabilidade seja fácil. Caso contrário, seria só mais um conteúdo informativo jogado no fundo da gaveta ou salvo em alguma pasta em seu computador, sem que alguma mudança tenha havido. Por esta razão, deixo aqui meu convite para que você aplique o que será ensinado neste material. Tenho certeza de que será de grande valia para sua jornada.

O que você vai encontrar aqui, irá contribuir para a aplicação de algumas das estratégias do marketing jurídico digital em sua advocacia, com ferramentas para ajudá-lo a entender quem é seu cliente ideal no mundo digital, como ser visto por ele, como se posicionar, usar o que o mercado e toda tecnologia disponibilizam para que seja possível gerar o faturamento, autoridade e reconhecimento que deseja na advocacia, com a utilização do marketing de conteúdo, sem ferir o Código de Ética da OAB e Provimento.

Enfim, veremos alguns passos importantes para iniciar sua jornada no mundo digital.

Marketing Jurídico Digital - necessário para a advocacia?

As técnicas e estratégias do marketing digital são muito conhecidas e cada dia mais aplicadas no mercado, de modo geral, utilizadas por empresas, empresários e alguns profissionais para impulsionar seus negócios, ter mais visibilidade e alavancar seus resultados de forma ampla.

Segundo Philip Kotler, "A mídia social elimina barreiras geográficas e demográficas, permitindo às pessoas se conectarem e se comunicarem, e, às empresas, inovar por meio da colaboração".

Barreiras que muitas vezes impossibilitam a ampliação de negócios e visibilidade em razão da distância, foram superadas pelo digital, porém, na advocacia, muitas das estratégias do marketing, digital ou não, ainda são temas pouco conhecidos e, com isso, pouco aplicados, especialmente em escritórios menores, por colegas que estão começando ou que contam com mais experiência, por ser algo muito "distante" da rotina da advocacia e que, na maioria dos casos, não foram abordados na faculdade de Direito. Soma-se a isso a insegurança em razão das regras previstas no Código de Ética da OAB e Provimento que devem ser observadas e respeitadas.

Por este motivo, a prática destas técnicas e estratégias na advocacia, ainda que hoje sejam essenciais, pode não ser algo comum e muito menos tranquila para muitos advogados, o que pode ser agravado pelo desafio do medo da exposição, somando-se, muitas vezes, ao desconhecimento de não saber por onde começar trazendo assim a sensação de estar perdido, em muitos casos.

E qual o resultado disso?

Não é incomum encontrar colegas desanimados com a advocacia que olham o mercado como saturado. Muitos se enxergam como ultrapassados para aprender, encontram dificuldades para iniciar e, com isso, ignoram e jogam pela janela uma ferramenta importantíssima, que é o marketing digital.

O que é marketing jurídico?

Vamos começar pelo começo, literalmente. Talvez você esteja dizendo agora, "entendi a importância do digital, mas o que seria marketing jurídico?" O marketing jurídico é a aplicação de um conjunto de estratégias, técnicas e ferramentas do marketing tradicional direcionados aos profissionais da área jurídica, para que possam entender as necessidades do seu mercado alinhadas ao nicho, área que atuam ou pretendem atuar. Além de ser uma forma de divulgar seu trabalho, atrair, converter e fidelizar antigos e novos clientes, sempre respeitados os preceitos éticos e limitações impostas pelo Estatuto da Advocacia - Código de Ética e Disciplina da Advocacia, assim como o Provimento 205/2021.

Portanto, ao advogado é permitido aplicar as estratégias de marketing jurídico na advocacia, segundo previsão expressa no artigo 1º do Provimento 205/2021 da OAB, desde que se atente e respeite as regras do Código de Ética da OAB. Dentre elas, a vedação da propaganda, captação direta de clientes, mercantilização, divulgação de resultados e ostentação com objetivo de se autopromover.

A cada dia o uso da internet e redes sociais no meio jurídico é mais frequente e necessário. No entanto, por ser um tema relativamente novo, algumas dúvidas são comuns.

Aqui veremos um pouco mais sobre a aplicação do marketing jurídico nas redes sociais, com foco no Instagram e mais à frente você entenderá o motivo.

Uso das redes sociais pelo advogado

Inicialmente, as redes sociais, em especial Facebook e Instagram, foram criadas com objetivo de promover entretenimento, interação e o relacionamento entre as pessoas, buscando meios para reter sua atenção, com objetivo de mantê-los mais tempo nas redes sociais, e isso não mudou muito. Porém, hoje a empresa de Mark Zuckerberg passou a ser mais que uma rede de entretenimento e se tornou a maior empresa de mídia do mundo, com foco em atuar no bem mais valioso atualmente, a atenção.

Porém, hoje, cada vez mais as redes sociais são utilizadas por profissionais, negócios e empresas com foco em fortalecimento da marca e estreitamento de relacionamento com clientes, além de prospecção e fidelização de clientes.

As pessoas não deixaram de buscar o entretenimento nas redes sociais, porém, passaram a utilizar o espaço também com interesse em acompanhar perfis com conteúdo voltado à educação, assim como ter informações sobre algum assunto que tenham interesse, dentre eles o Direito ou assuntos relacionados ao nicho da advocacia em geral.

Portanto, possivelmente, seus antigos, atuais e novos clientes estão nas redes sociais falando ou pesquisando sobre seu mercado de atuação, seu produto ou do seu concorrente. Segundo Cláudio Torres, deixar de se atentar a isso é jogar fora a oportunidade de ser visto, de ampliar seu negócio e traz um exemplo prático da necessidade de não deixar de utilizar todas as possibilidades que as mídias proporcionam.

Como já dito, seu cliente está nas redes sociais, está lendo e falando sobre seu mercado, seus produtos e também sobre os produtos do concorrente, queira você ou não, participe você ou não desse processo. Ficar de fora significa abdicar de um espaço importante na mídia e deixar a comunicação correndo solta. É como se um repórter de uma importante emissora de televisão ligasse para sua empresa e dissesse: "Amanhã vamos fazer um programa sobre seu mercado. Queremos falar das empresas do setor. Podemos entrevistá-lo para colocar no programa?", e você simplesmente dissesse: "Não, obrigado, não queremos estar na mídia". No dia seguinte, você liga a televisão e lá está o programa, falando sobre seu mercado, comparando os produtos, mostrando entrevistas com seus concorrentes. E, independentemente de sua vontade, milhões de consumidores estarão assistindo e comentando sobre o programa.

Segundo pesquisas da *Global Digital Overview 2020*, feita pelo site *We Are Social* em parceria com o *HootSuite*, mais de 4,5 bilhões de pessoas em todo o mundo já usam a internet, das quais 3,8 bilhões estão nas redes sociais. No Brasil a média de tempo despendido em redes sociais é de quase quatro horas por dia.

Atualmente, segundo novas pesquisas da We Are Social em parceria com o HootSuite, o Instagram passou a ocupar o 3º lugar como rede social mais acessada no Brasil, com 122 milhões de usuários, estando abaixo somente do WhatsApp, que ocupa o primeiro lugar, e YouTube, que ocupa o segundo lugar.

Acredite! É muito provável que dentre estes 122 milhões de usuários existam dezenas, centenas e talvez milhares de pessoas que procuram por serviços, por benefícios, soluções que você oferece com sua advocacia, e que simplesmente não sabem que você poderia ajudá-las. Já pensou nisso? Quantas pessoas mais poderiam ser beneficiadas pelo que você sabe fazer? Vale refletir!

Quais os benefícios de usar o marketing jurídico nas minhas redes sociais?

É possível perceber a imensidão de possibilidades profissionais dentro das redes sociais diante do tempo e quantidade de usuários que acessam e que não estão em busca somente de entretenimento. Portanto, muitos advogados e profissionais de outras áreas utilizam de forma estratégica as redes sociais e com isso colhem inúmeros benefícios.

Dentre os muitos benefícios de utilizar as redes sociais de forma estratégica na advocacia, poderíamos citar:

- maior visibilidade para sua advocacia;
- possibilidade de se posicionar de forma estratégica nas redes sociais;
- construção e fortalecimento da sua autoridade dentro do seu nicho;
- ter maior abrangência de prospecção dentro e fora do Brasil;
- ser mais assertivo na comunicação e entrega de conteúdo para sua audiência;
- maior entrega e amplitude de contatos com clientes e parceiros;
- possibilidade de *network*;
- possibilidade de conversão da audiência em clientes;
- dentre tantos outros.

Qual rede social é mais indicada para um advogado iniciar?

Estar na internet já é um ponto favorável para sua advocacia, lembrando que estar nas redes sociais sem um posicionamento estratégico pode ser perda de tempo.

Por este motivo, antes mesmo de escolher a rede social em que vai iniciar, defina seu nicho, conheça seu cliente, faça um estudo do seu avatar. Calma, talvez você pense que é muita informação, e realmente é, porém, logo abaixo irei ajudá-lo nestes primeiros passos.

Sobre em qual rede social começar, será importante, ao desenhar quem é seu avatar, saber em qual rede social ele está. Talvez você diga "Silvia, você não disse que iríamos focar no Instagram?" Sim, possivelmente ele está lá, mas também pode estar em outras redes sociais, como o Facebook, LinkedIn, TikTok, e outras, dependendo do seu nicho. Procure saber onde seu possível cliente está.

Portanto, hoje, segundo pesquisas, o Instagram deixou de ser somente um canal de entretenimento e, por ser uma das redes com maior tempo de uso por seus usuários diversificados, tanto por idade, gênero, territorialidade, classe social, profissão etc., torna-se um mundo de oportunidades. Por esta razão o algoritmo trabalha: para entregar conteúdo de atração para que o usuário se mantenha conectado.

Assim, explore as outras opções que são: LinkedIn, Facebook, YouTube, TikTok, Twitter e outros.

Como inicio meu posicionamento como advogado nas redes sociais?

Como estamos falando de rede social, onde seu maior foco é engajamento, conexão e "entretenimento", será fundamental deixar seu perfil do Instagram atrativo, sempre olhando de forma estratégica para sua advocacia e nicho, o que pode ser aplicado em outras redes sociais.

Trouxe alguns passos práticos que indico que sejam feitos com papel e caneta. Anote, rabisque, coloque todos os dados nas anotações e depois faça um levantamento do que foi realizado, até que esteja alinhado de forma estratégica.

Vejamos:

> 1º - Defina um nicho e subnicho, se possível!
>
> Talvez você me pergunte: como fazer isso? Defina uma área e subáreas dentro do Direito que você atua ou irá atuar. Caso esteja começando ou não queira decidir sobre um nicho, ainda é possível se posicionar nas redes sociais. Ainda que tenha uma abordagem ampla, procure se especializar, estudar mais sobre uma área que você goste e se identifique e comece a construir sua autoridade dentro desta área, com postagens de conteúdo informativo e de valor.
>
> 2º - Defina seu avatar, seu cliente ideal.
>
> O avatar ou *persona* dentro do marketing é seu cliente ideal na advocacia.
>
> Quem é seu cliente ideal na sua advocacia? Você sabe, exatamente, quem é o seu cliente ideal? Talvez

me responda: "sei sim, é o cliente que paga!" Mas vamos pensar aqui: nem sempre o cliente que paga é o cliente que você gostaria de atender e ter outros iguais. Este seria seu objetivo?

São reflexões importantes! Saber quem é seu cliente ideal faz você ter uma comunicação e estratégia voltadas para que ele o ouça e o procure, que sua autoridade dentro do seu nicho seja enxergada por ele, por meio do seu posicionamento com marketing de conteúdo, dentre outras estratégias que geram visibilidade, maior possibilidade de prospecção e conversão.

Como descobrir meu cliente ideal? Dentro do seu nicho, pense em quem é a pessoa que se beneficia do que você pode resolver, da solução que sua advocacia entrega e pense nas características desta pessoa ou empresa. Depois pense em quais soluções você entrega para seu cliente. Quais dores você resolve? Procure trazer o máximo de dados deste avatar/cliente ideal.

Abaixo deixo uma ferramenta prática para levantar mais dados do seu cliente ideal, para que assim seja possível produzir conteúdo que realmente seja de valor informativo e atrativo e que se conecte com ele. Posso afirmar que, apesar de parecer fácil, desenhar o avatar, seu possível cliente ideal, não é uma das tarefas mais fáceis, mas acaba sendo essencial para o sucesso do seu marketing jurídico. Não deixe de fazê-lo, tenho certeza de que irá ajudar.

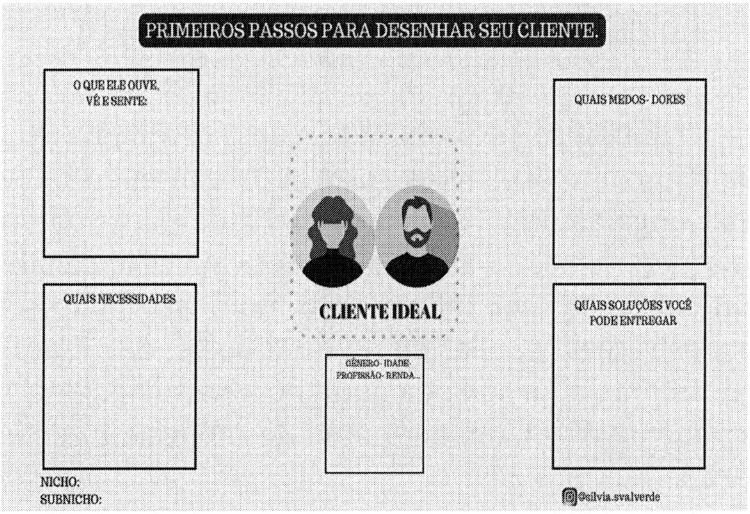

3º - Use as redes sociais para sua advocacia, sem fazer propaganda.

Segundo o parágrafo II do Art. 2º do Provimento 205/2021 da OAB, advogados podem utilizar do marketing de conteúdo jurídico sem caracterizar propaganda, se observadas as regras do Estatuto.

A entrega de conteúdo de forma estratégica, que utiliza a criação e divulgação de conteúdos jurídicos direcionados ao seu público ideal, disponibilizados por meio de ferramentas de comunicação e que podem ser por meio de vídeos, textos e outros, deve ter o real objetivo de informar o público e de consolidação profissional do(a) advogado(a) ou escritório de advocacia. Portanto, faça entrega de conteúdo com cunho meramente informativo e sem objetivo direto de mercantilizar. Faça o marketing de conteúdo.

Como fazer marketing de conteúdo?

O marketing de conteúdo é uma estratégia do marketing que tem como objetivo a entrega de conteúdo relevante para gerar engajamento, valor e autoridade para sua audiência e, consequentemente, atração indireta, no caso da advocacia, de conteúdo com teor informativo. Com isso pode ser aplicada uma estratégia similar ao do funil de vendas, traçando estrategicamente a jornada da audiência na sua página, tal como a ferramenta AIDA, um acrônimo de Atenção, Interesse, Desejo e Ação.

Esta é uma ferramenta mais tradicional, que gera persuasão, nem sempre de forma consciente, em sua jornada. Talvez você pergunte: "como usar esta ferramenta na advocacia?"

AIDA na advocacia

O funil de vendas AIDA representa a jornada da sua audiência e sua evolução, que é dividida por fases e cada fase do seu cliente ou audiência estará em um grau de consciência da necessidade, portanto, de atenção.

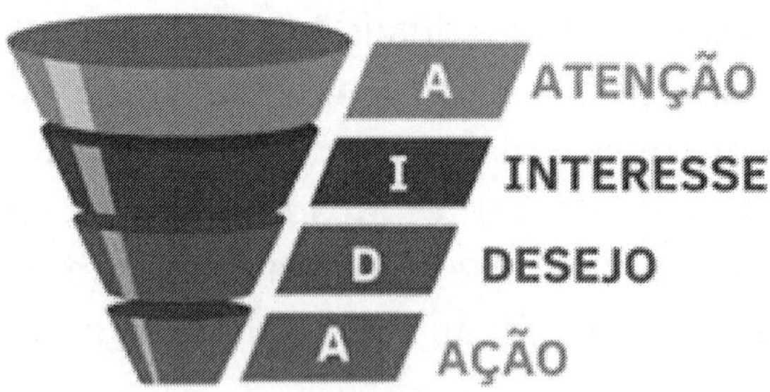

Desta forma, para você manter sua audiência engajada, atenta e interessada, para possível atração e conversão, será necessário observar estas fases com entrega de conteúdo de topo de funil para chamar atenção e, neste caso, poderá receber somente visitantes que foram atraídos por conteúdos mais leves, que vieram conhecer seu trabalho na advocacia.

Conteúdo mais focado deverá encaminhar sua audiência para o segundo nível, o interesse, para aflorar o desejo. O conteúdo de meio de funil, para conectar e manter, são itens um pouco mais profundos sobre seu nicho de atuação para os visitantes que se tornaram seguidores e que já têm um nível de consciência mais profundo, aflorado pelo interesse e possível desejo no produto ou serviço.

Por fim, a ação, que poderíamos conectar ao conteúdo de fundo de funil, onde está o "vender", além da fidelização e encantamento da sua audiência/clientes.

Na advocacia não podemos seguir exatamente o que prevê esse conceito do marketing tradicional, uma vez que, na estratégia *inbound* aplicada ao marketing jurídico, a atração é indireta e a mercantilização direta não é permitida.

Porém, é fundamental lembrar que não é proibido vender na advocacia, talvez este seja um conceito interpretado de forma equivocada por muitos. Advogado vende sim, no entanto, no momento certo e da forma correta para não ferir diretrizes do Código de Ética da OAB.

Portanto, para advogados, o termo "vendas" no funil de vendas denota que houve a construção de relacionamento com sua audiência, com a atração e entrega de conteúdo relevante e informativo e agora sua audiência tem clara consciência da solução que o advogado entrega e poderá, a qualquer momento, abordá-lo para contratar seus serviços, acontecendo a venda.

Lembrando que o advogado não pode diretamente abordar o cliente, mas pode usar de estratégias para que se faça presente por meio do marketing de conteúdo e lembrado pelo cliente que poderá ir até ele.

Cada fase deve ser observada e respeitada, caso contrário, correrá o risco de perder a audiência conquistada. Portanto, será importante a consistência na sua entrega de conteúdo e presença na rede social.

IMPORTANTE: antes da consistência, é preciso observar os passos anteriores, ou seja, saber qual vai ser a entrega e para quem, senão estará sendo consistente para o lado errado e, com isso, poderá atrair pessoas erradas e se afastar do seu objetivo.

Não é incomum encontrar páginas com centenas de seguidores, porém, resultantes de sorteios, campanhas e posicionamento equivocado, ou seja, é um perfil, ainda que usado de forma pessoal ou profissional, que não traz engajamento, tem baixo poder de atração e quase nenhuma conversão de audiência para clientes.

Perfis com muitos seguidores atraídos aleatoriamente, com baixo engajamento, audiência desalinhada com seu nicho e avatar, são só números, muitas vezes prejudiciais em razão do algoritmo pela falta de engajamento da audiência. Percebe que não são só seguidores e constância?

Qual formato de postagem para iniciar?

As redes sociais, em sua grande maioria, trazem a possibilidade de postagem de conteúdo em vídeos, *post* estático, foto, estilo carrossel. No caso do Instagram, uma rede social inicialmente criada para compartilhamento de fotos, segundo o *head* da rede, Adam Mosser, não é mais um aplicativo para compartilhamento de fotos quadradas, como no início. Hoje o foco está nos vídeos curtos, que demonstram maior engajamento e retenção de público/audiência, até mesmo em razão de análise de mercado, e um grande concorrente nesse segmento é o TikTok.

Talvez você esteja pensando: "e agora? Não faço vídeos!"

Apesar de hoje preferencialmente os vídeos estarem com maior alcance em sua entrega, outros formatos também são importantes. Portanto, não deixe de postar no *feed* vídeos curtos, longos, *reels*, *stories*, *posts* estáticos com textos e fotos, carrossel, utilize todas as possibilidades para ampliar sua visibilidade.

Lembrando, quem não é visto não é lembrado. Comece então a fazer vídeos aos poucos. Use o recurso de *live* particular no Instagram, somente você e você, o que irá contribuir para treinar, além de produzir conteúdo para postagens, após edição.

Branding pessoal e posicionamento nas redes sociais

Você é sua marca na advocacia e na vida. Faça seu Branding Pessoal refletir diretamente, de forma positiva, nas suas redes sociais e na sua advocacia.

Branding. Já ouviu esse termo? Branding significa marcar, mostrar, transmitir, construir a identidade de algo, a presença, os valores comunicados, o posicionamento para construção de uma marca, seja ela pessoal, seja profissional.

Na advocacia, assim como em muitas áreas, a construção de uma marca profissional pode sofrer interferência em razão do branding pessoal adotado.

A imagem pessoal é construída mesmo sem que tenha qualquer tipo de comunicação. Somos a representação do que vivemos, trabalhamos e transmitimos. A todo momento estamos construindo nossa imagem, nossa marca pessoal, nosso posicionamento.

Mesmo que você talvez pense que não tem o poder de interferir na imagem que o outro constrói de você, é possível sim influenciar diretamente nesta criação externa.

Segundo explica o neuromarketing, até mesmo as fotos em perfis nas mídias sociais são as primeiras impressões de potenciais clientes, que fazem rápida leitura e interpretação sugestiva do contexto e toda comunicação transmitida. Não só o pré-julgamento quanto à marca pessoal e toda comunicação nas fotos, conteúdos e em seu posicionamento geral, a rápida interpretação será de igual forma responsável pela decisão se o usuário, e potencial cliente, irá continuar na sua página/conteúdo ou irá clicar em "sair".

Diante da tamanha rapidez da impressão, não é possível envolver análise consciente e racional no processo. Por este motivo, as emoções acionadas nos primeiros segundos é quem irão decidir. Mais uma razão para estudar seu potencial cliente.

Portanto, quando o assunto é marca, ela precisa começar de dentro para fora para você não sofrer com a má construção de uma imagem distante da sua essência e que não esteja alinhada ao que deseja viver, só para agradar o externo ou para modelar alguém. Com isso, não passará verdade e irá interferir de forma negativa na conexão com sua audiência e clientes.

Por este motivo, antes de tudo, você precisa entender quais são seus valores pessoais/profissionais e o que deseja transmitir com sua marca pessoal, assim como com sua marca profissional que, por vezes, serão quase que confundidas. Para que seja possível se alinhar ao estudo do seu avatar, possível cliente e audiência nas redes sociais, é necessário combinar o dentro e fora, sem fugir da sua essência.

Por esta razão, merecem especial atenção os comportamentos, hábitos, posturas, emoções que deseja despertar, além de outras características responsáveis por influenciar a sua marca pessoal.

É fundamental se atentar à importância do posicionamento adotado, dos valores, da imagem construída e transmitida, não só pelas roupas, sapatos, maquiagem e acessórios que usamos, apesar de tudo isso também comunicar e ser parte importante da construção da imagem que você pretende transmitir.

É importante entender qual imagem pretende transmitir e, a partir disso, alinhar seu posicionamento para construção da sua marca pessoal.

Um bom exemplo de características importantes dentro da advocacia que podem ser construídas por meio de um posicionamento e marca pessoal é a credibilidade e confiança, algumas das características observadas por quem procura contratar um advogado, uma vez que, na grande maioria das vezes, os advogados serão responsáveis por dirimir demandas, sejam elas judiciais, sejam extrajudiciais que envolvam patrimônio, liberdade, vida, filhos, casamento, dinheiro, honra e outros assuntos de grande importância.

Por este motivo, a importância de estar atento à marca pessoal que você está construindo e comunicando para seu mercado: a sua marca pessoal pode gerar mais autoridade, relevância e venda, assim como pode afastar.

Por fim, em se tratando de posicionamento de marca, é importante ter um especial cuidado com a identidade visual do seu perfil e postagens. Escolha cores que estejam alinhadas ao seu nicho e cliente ideal. As cores, letras e símbolos comunicam, podem gerar emoções e farão parte do posicionamento que vai adotar.

Uso estratégico do Instagram para sua advocacia

Cuidado especial com a biografia (BIO), área no topo do seu perfil no Instagram logo abaixo da sua foto, onde é possível compartilhar informações pessoais e profissionais. Coloque um nome que facilite sua localização por seus clientes e seguidores.

Outro tema importante que pode trazer dúvidas, é sobre deixar a conta aberta ou fechada. Para tomar esta decisão, é importante observar que se a conta estiver fechada não será possível criar relacionamento com seus clientes e audiência, assim como irá dificultar a análise de métricas, até mesmo para acompanhar seu engajamento e análise de público.

Portanto, se o objetivo é ter visibilidade, usar as redes sociais como meio de fortalecer sua autoridade, divulgar seu trabalho por meio de conteúdos informativos dentro do seu nicho na advocacia, e consequentemente ter a internet como meio de atração de clientes, seria fundamental sua conta ser pública, aberta.

Sua rede social pode ser a vitrine do seu negócio digital. Sim, seu negócio na advocacia, ainda que seja uma prospecção indireta, será um canal importante para dar a você visibilidade no mundo digital.

Por este motivo, coloque uma foto nítida, que mostre seu rosto com clareza ou logotipo, que comunique seu produto/serviço com seu nicho e possível cliente. Todos os elementos numa foto comunicam, por esta razão é importante observar qual mensagem sua foto está transmitindo para o seu seguidor. Observe o que falamos no tópico anterior sobre branding: a leitura mental é extremamente rápida e inconsciente diante da comunicação indireta.

Não se esqueça de colocar na BIO o nicho que você atua dentro da advocacia, até mesmo sua especialidade. Em todo momento não deixe de estar atento às diretrizes do Código de Ética da OAB e Provimento vigente, nada de mercantilizar, fazer propaganda ou captação direta de clientes. Mesmo na BIO será vedado!

O feed, local onde aparecem suas postagens, é fundamental para que a audiência que visitar seu perfil, possa rapidamente identificar quem é você e o que faz. Mantenha constância nas postagens no feed, e, nos stories, podem ser pequenos vídeos ou textos. O *story* é o lugar onde você pode compartilhar com mais frequência sobre sua rotina no trabalho, vida pessoal e seus bastidores, se assim quiser, e é um espaço de grande capacidade de conexão e engajamento.

No seu feed poste conteúdo relevante, dentro do seu nicho. Literalmente deixe a casa arrumada para receber visitantes e manter os seguidores que já tem. Podem ser vídeos mais curtos, lives, reels, post fixos, carrossel e outros. O feed é sua vitrine, seu cartão de visitas, portanto, além de entregar conteúdo com teor informativo e de valor em suas postagens, observe se ele está harmônico, se está de acordo com sua identidade visual.

Uma estratégia interessante para usar em suas postagens em textos ou vídeos são os gatilhos mentais, que irão contribuir para construção da sua autoridade, gerar reciprocidade, além de estímulos importantes para ajudar nas tomadas de decisão da sua audiência e possíveis clientes.

Um exemplo de fácil aplicação na advocacia é o gatilho da autoridade e prova social ao compartilhar ou comentar, a título INFORMATIVO, dúvidas frequentes dentro do seu nicho, até mesmo casos reais, sem mencionar dados dos clientes e sem intenção de mercantilizar, captar ou até de autodivulgar, o que iria contra as previsões do Código de Ética e Provimento da OAB. A entrega de conteúdo de valor no seu perfil desperta e ativa o gatilho da reciprocidade, gatilho importante para criar conexão.

Outra estratégia do marketing digital que pode ser utilizada pela advocacia em suas postagens e conteúdos é o CTA (*Call To Action*), chamada para ação que utiliza estímulos visuais ou textuais com objetivo de gerar alguma ação na audiência/clientes. Porém, na advocacia, ela deve ser utilizada com cautela, uma vez que, no marketing tradicional, de forma geral, tem objetivo de captação e venda, tal como "contrate agora, clique aqui", "clique aqui e aproveite só hoje o desconto", o que é vedado na advocacia. Neste caso, o CTA, ainda que mantenha seu objetivo de chamada para ação e engajamento, deverá ser feito de forma indireta em conteúdo informativo.

Alguns exemplos de CTA para advocacia:

- Já sabia desta informação?
- Comente se gostou do conteúdo.
- Em caso de dúvida, procure um advogado de sua confiança.
- O que mais chamou a sua atenção neste post?

Perceba que são todos indiretos, nenhum com objetivo de venda ou captação.

Uso estratégico de hashtag nas postagens

As *hashtags*, aquele símbolo igual ao jogo da velha, são palavras escolhidas estrategicamente para acompanhar a postagem e podem ampliar sua visibilidade e entrega de conteúdo. É como se você estivesse ajudando o algoritmo a trabalhar a seu favor, indicando para ele quem é o público que se interessa pelo assunto da postagem.

Porém, alguns cuidados:

Pesquise hashtags banidas, não use.

Evite automação, pode gerar bloqueio da sua conta.

Utilize hashtags alinhadas ao seu nicho, subnicho e assunto das postagens.

Tráfego pago e orgânico

No tráfego pago a plataforma faz a distribuição do seu conteúdo, postagens e anúncios de forma estratégica para um público selecionado.

Já o tráfego orgânico é a entrega do seu conteúdo de forma gratuita, sem investimento financeiro.

Porém, investir em tráfego pago e não ter seu conteúdo e público alinhado conforme comentado nos passos anteriores, não adiantará muito e provavelmente vai custar a você tempo e dinheiro, sem retorno.

Será fundamental observar que as redes sociais têm uma inteligência artificial que comanda tudo, é o algoritmo, que por meio da leitura de tudo que é postado, compartilhado, curtido, falado, colhe informações de tudo que é feito nos perfis para entrega de conteúdo interessante.

Tem como foco manter as pessoas dentro das redes sociais, manter seus usuários conectados, sendo que o termômetro será sempre o engajamento. Por este motivo é feita a distribuição de forma gratuita, orgânica, para um percentual muito pequeno de seguidores, e, a partir da reação destas, a distribuição pode aumentar, diminuir ou até parar.

Portanto, quando perceber que um post quase não teve engajamento, ou seja, não teve curtidas, compartilhamento, comentários ou salvamento, pode ser sinal de alguns fatores, dentre eles: não houve engajamento pelo conteúdo ruim, distante do seu nicho, não conversou com seu avatar, não conectou com a dor ou desejo, não está alinhado com a mensagem que deseja passar, não foi fiel ao seu nicho e avatar e deixou o algoritmo confuso na entrega, além de vários outros possíveis motivos. Por que seria importante saber disso? Caso opte por investir financeiramente na entrega dos seus conteúdos, fazer esta engenharia reversa, este levantamento de dados, irá diminuir o risco de investir errado, em conteúdo desalinhado com seu público e nicho.

O tráfego pago será feito diretamente no gerenciador de negócios do Facebook, interligado a conta do Instagram. Porém, existe uma segunda possibilidade de pagar para que a rede social faça a entrega do seu conteúdo, que é o impulsionamento, feito diretamente do Instagram, uma forma de investir na entrega do seu conteúdo; ainda que seja um meio com menor número de dados e localização, entrega e acompanhamento, é uma ótima alternativa para começar.

No entanto, assim como o tráfego pago, o impulsionamento só será eficaz se todas as outras etapas forem observadas, ou seja, se seu conteúdo estiver devidamente alinhado ao seu nicho e avatar, ainda que de forma mínima, para melhores ajustes durante a jornada.

Independentemente do caminho pelo qual optar, sempre tenha consciência de que será necessário alimentar suas redes sociais de humanidade, uma vez que pessoas se conectam com pessoas. Ainda que o digital seja uma ferramenta extraordinária para ampliar sua visibilidade, crie conteúdo customizado para seu avatar e possível cliente e não se deixe robotizar.

Ferramentas aliadas aos primeiros passos na criação de conteúdo

Celular: o primeiro e mais importante equipamento para iniciar com o marketing jurídico nas redes sociais é o celular, equipamento que já faz parte da vida de praticamente todas as pessoas. Portanto, para começar, você já tem o mais importante: informações, dados para os primeiros passos e seu celular. Neste começo, não se preocupe em mudar de celular, se este não for seu objetivo agora, o necessário é que ele grave vídeos, tire fotos, tenha espaço para armazenar seu conteúdo ou tenha espaço na nuvem.

Existe um risco gigante de muitas vezes o advogado deixar de começar por achar que seu celular não é um equipamento muito novo e, com isso, pode acabar protelando seu início. Comece com o que tem hoje.

Canva: ferramenta importante para ajudá-lo na criação de posts e produção de conteúdo. Tem a versão gratuita, que traz inúmeros *templates* e opções para criação de conteúdo pelo celular ou computador.

Capcut: ferramenta gratuita fundamental para edição de vídeos. É um aplicativo muito fácil de usar e que tem a opção de criar legendas automáticas nos vídeos, além de alguns efeitos visuais e sonoros.

Pinterest: aplicativo que traz várias opções de paletas, posts, imagens, realmente uma fonte inesgotável de ideias e sugestões.

Inshot: aplicativo para edição de fotos ou vídeos e criação de postagens.

Estúdio de Criação Facebook: ferramenta que irá auxiliá-lo na programação de postagens do Facebook e Instagram.

Estas são algumas das inúmeras ferramentas disponíveis para ajudar você nesse começo no marketing jurídico. As mais importantes, acessíveis, com versão gratuita e de fácil uso.

Finalizo deixando uma dica: cuidado com automações, compras de seguidores e sorteios. Elas podem afastá-lo dos seus objetivos nas redes sociais, uma vez que afetam diretamente seu engajamento, e com isso você passa a ter o algoritmo como seu inimigo. E quando o assunto é rede social, engajamento e algoritmo não podem estar contra você, muito pelo contrário.

Desejo ter contribuído para sua jornada inicial e estratégica no marketing jurídico nas redes sociais. Lembrando que a porta só abre do lado de dentro, então não espere que alguém dê seu primeiro passo, comece hoje.

Olhe para seus comportamentos, para sua comunicação e pensamentos sobre você, seus resultados e perspectivas. Veja o que tem afastado você de inovar na sua advocacia. Independentemente do motivo, avalie onde você está, o que deixou de realizar e onde deseja verdadeiramente chegar. Trace um plano de ação com as dicas que trouxe aqui e dê seus primeiros passos! Assuma o controle. Alcance o sucesso que deseja na advocacia.

Silvia Valverde: advogada há 12 anos, pós-graduada em Direito do Trabalho e Processo do Trabalho pela PUC/SP, Especialização em Direito Previdenciário, Direito Civil e Processo Civil. Coach pela Sociedade Latino-Americana de Coaching (SLAC), Master Coach Integral Sistêmico e Especialista em Perfil Comportamental pela Febracis. Pós-graduanda no MBA em marketing, branding pela PUC/RS. Pós-graduanda em Gestão e Marketing Jurídico pela Verbo Jurídico. Coautora do livro Manual de Coaching para Advogados - 2021-OAB/SP - ESA/CECJ. Membro da Comissão de Direito Sistêmico da OAB/Osasco. Presidente da Comissão de Marketing e Coaching Jurídico da OAB/Osasco - SP.

Silvia também é membro da Comissão Nacional de Marketing Jurídico da ABA (Associação Brasileira de Advogados) em sua gestão 2022-2023 e, assim como a própria comissão, tem o objetivo de ajudar o advogado em sua evolução e questionamentos sobre marketing jurídico. Tem uma dúvida para o membro? Envie um e-mail para sampaiovalverde@adv.oabsp.org.br e aproveite este canal direto de apoio ao advogado que quer crescer eticamente.

Prospecção de Clientes no LinkedIn: Como Construir uma Estratégia para Advocacia

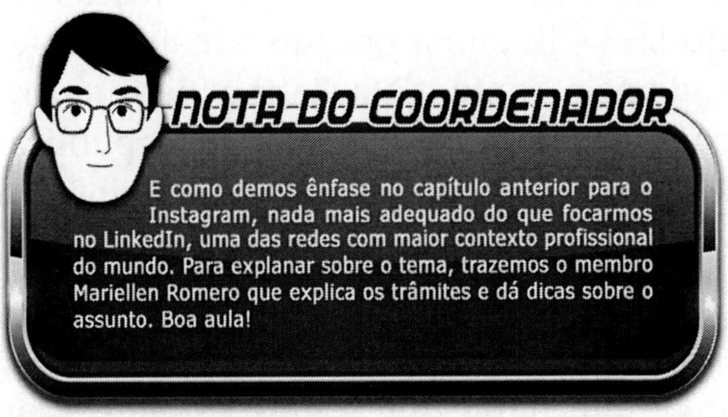

Impulsionadas pelo desenvolvimento de dispositivos e interfaces simplificadas que tornaram tecnologias de comunicação acessíveis a usuários sem especialização em marketing ou sistemas computacionais, as redes sociais tornaram-se os principais espaços virtuais de expressão individual no cotidiano de mais da metade das pessoas no planeta Terra. O relatório "*Digital 2021 October Global Statshot Report*", publicado pelas empresas We Are Social e HootSuite (2021), aponta que as redes sociais ultrapassaram a marca de 4,5 bilhões de usuários ativos no mundo. No mesmo ano, o LinkedIn registrou aumento recorde de 22% de engajamento, no último trimestre, e o anuário Análise Advocacia apontou que, dentre as 774 bancas pesquisadas, 93% das que mantêm perfis do escritório ativo nas redes sociais utilizam o LinkedIn como parte da sua estratégia de marketing jurídico.

A ampliação do uso de redes sociais aumentou também o volume de conteúdo gerado por usuários. No levantamento "*Data Never Sleeps 9.0*", a consultoria Domo (2020) identificou que, em apenas um minuto, a internet registra 240 mil fotos publicadas no Facebook e outras 65 mil no Instagram. Paralelamente, nesse mesmo tempo, usuários do TikTok assistem a 167 milhões de vídeos e 5,7 milhões de buscas são feitas no Google. Já no LinkedIn, uma pesquisa realizada pela Buzzsumo e divulgada pelo Content Marketing Institute, avaliou "que o total de compartilhamentos de conteúdo publicado na plataforma mais que dobrou, passando de 31 milhões para quase 73 milhões", entre 2015 e 2016 (Moeller, 2017).

Essa abundância de conteúdos publicados em redes sociais provoca o que Jeff Walker (2020) classifica como "névoa de marketing", indicando que o alto volume de informação gerado no ambiente digital dificulta a atração de atenção dos usuários que, para lidar com o alto volume de informações, naturalmente direcionam o foco para o que dialoga mais diretamente com seus anseios e receios. O excesso de informações disparadas nas redes sociais impede que os usuários façam uma avaliação criteriosa não apenas do conteúdo, mas também sobre quem o produz, pois permite um espaço democrático para que "uma pessoa comum que realiza coisas extraordinárias" (Aldo, 2015) consiga criar significados de forma tão ou mais eficaz do que pessoas que já desenvolveram notável carreira em suas áreas de atuação ou campos de estudo. Aldo (2015) interpreta esse fenômeno como a "habilidade de agregar valor" e complementa: "No entanto, o fato é que essa habilidade tem que ser evidenciada, ganhar visibilidade e ser percebida de determinada maneira pelo público para o qual transmite valor. A construção da sua marca pretende moldar justamente essa percepção que os outros têm de você".

Diferenciação para atração de clientes

Admitidas como espaços de interações virtuais, as redes sociais reproduzem, no ambiente da internet, uma necessidade de expressão individual adequada ao contexto em que o indivíduo se insere, com objetivo de criar significado para as relações estabelecidas nesses espaços. No LinkedIn, como na maior parte das redes sociais, o mecanismo adotado pelos usuários para criar significado nas suas relações virtuais são as postagens com conteúdos que traduzam a expressão individual que se deseja emitir naquele ambiente. O crescimento contínuo dos números, tanto de usuários, quanto publicações nas redes sociais virtuais, porém, antepõe à criação de significado a necessidade de identificar credibilidade e autoridade em quem produz o conteúdo como meio de referendar a qualidade da informação, como analisa Bonfim (2013): "A tecnologia digital, em rede, permite que as pessoas distribuam mensagens rapidamente pelo mundo, estendendo o alcance da comunicação humana. Nesse movimento, amplia-se o espaço de acolhimento e visibilidade da expressão individual ou interesses de grupos específicos. Entretanto, é importante ressaltar que este mesmo movimento, que promove a 'democratização'" deste espaço, entendido como espaço público, tem como para-efeito uma banalização e desconfiança com relação à grande parte do volume dos conteúdos publicados nestes ambientes".

A formação da percepção sobre um produtor de conteúdo inicia-se, numa primeira análise, em um processo de coleta e análise de dados feita pelos usuários de redes sociais, uma vez que Kozinets admite "considerar mídias sociais não apenas como uma ferramenta de marketing, mas como uma maneira de obter, continuamente, informações altamente relevantes". Segundo o autor, a internet é uma fonte de dados "Autênticos. Espontâneos. Naturais. Não induzidos. Sem enfeites. Poderosos. Altamente contextualizados (...)". Assim, a coleta de dados sobre um produtor de conteúdo faz parte do processo de formação da percepção sobre um indivíduo ou uma organização, motivada não apenas pelas expectativas e anseios dos outros sobre o indivíduo ou a organização, mas também por reações e emoções provocadas pelas interações entre eles.

Ou seja, quando um potencial cliente acessa o perfil de um(a) advogado(a) ou a página de um escritório de advocacia no LinkedIn, ele está acumulando informações para, adicionadas as interações que estabelece com o(a) advogado(a) ou o escritório de advocacia, formar a sua percepção sobre a marca pessoal ou institucional. A percepção é formada, no entanto, não apenas por um processo racional, mas, sobretudo, passa pelo filtro das emoções que motivaram a coleta de informações e as que foram sendo estimuladas durante as interações.

Uma estratégia de diferenciação, portanto, desenvolve-se a partir de uma expressão individual que crie significado para as interações sociais no ambiente da internet e pressupõe o gerenciamento da marca, pessoal ou institucional, para emitir a percepção de credibilidade e autoridade sobre a representação de si exposta no LinkedIn. Ao criar, no LinkedIn, uma representação de si (ou *self presentation*, como definiu Goffman), o(a) advogado(a) ou o escritório de advocacia podem influenciar a percepção das pessoas, fornecendo informações para que elas elaborem uma análise sobre a marca, pessoal ou institucional, com base em informações identificadas a partir das interações entre o(a) advogado(a) ou o escritório de advocacia e suas conexões ou seguidores na rede social profissional. É dessa forma que, segundo Goffman, são ajustadas as expectativas sobre essa relação social e o modo de agir para que os resultados pretendidos sejam alcançados.

Liderança de pensamento como estratégia de diferenciação

Como afirma Kozinets, "as conexões e alinhamentos on-line estão cada vez mais afetando nosso comportamento social como cidadãos, como consumidores, como amigos e família e como seres sociais". No livro "Isso é Marketing: para ser visto é preciso enxergar", Seth Godin (2019) traz uma perspectiva sobre como o marketing tem sido atualmente utilizado para conectar pessoas físicas ou jurídicas com os anseios de seus potenciais clientes, por meio da internet, afirmando que o marketing eficaz "envolve compreender a visão de mundo e os desejos de nossos clientes para que possamos criar uma conexão". Nessa abordagem, o marketing no ambiente digital deve partir de um entendimento sobre "como os seres humanos sonham, decidem e agem" para adequar a maneira como pessoas físicas ou jurídicas se apresentam aos seus públicos-alvo.

No LinkedIn, essa dinâmica pode ser aplicada não apenas à relação entre empresas, mas especialmente entre indivíduos, uma vez que o uso social de tecnologias computacionais ampliou a ideia de marca, mais comumente atrelada a pessoas jurídicas, para toda pessoa que, especialmente por meio das redes sociais, esforça-se em emitir uma expressão individual capaz de influenciar a impressão que causa nos outros. No livro "E se você fosse uma marca?", Aldo Wandersman avalia que "Cuidar da sua marca deixou de ser opcional e passou a ser uma condição absolutamente necessária no novo contexto em que estamos vivendo. Nosso mundo mudou drasticamente nos últimos anos com o advento da internet, a explosão das redes sociais, a expansão global da telefonia móvel e a crescente mobilidade da informação viabilizada pelos tablets, entre outros avanços tecnológicos. Essa evolução on-line vem transformando negócios, carreiras, mercados, sistemas de aprendizado, relacionamentos e praticamente todos os aspectos da vida".

O impacto das mudanças de hábitos provocadas pela rotina de acesso à internet chega também aos tomadores de decisão em empresas. Estudos realizados pela ECCO International Communications com as 20 maiores companhias de 17 países revelaram que a maioria dos chefes executivos (CEOs) das principais empresas brasileiras que mantêm perfis ativos em redes sociais usam prioritariamente o LinkedIn. Entretanto, a pesquisa mostrou também que esse público ainda é relutante em interagir no ambiente digital. Por outro lado, os executivos que tomam decisões em nome de suas empresas investem cerca de uma hora por semana consumindo conteúdo de pessoas e empresas que eles reconhecem como lideranças de pensamento, é o que aponta o estudo *"B2B Thought Leadership Impact Study"*, elaborado pelo LinkedIn, em parceria com a Edelman Business Marketing. A pesquisa, realizada com mais de três mil executivos globais, aponta estabelecer liderança de pensamento - ou seja, entregar conteúdos altamente relevantes para os tomadores de decisão - que tem impacto positivo em engajamento, percepção de valor da marca e vendas:

- 89% disseram que lideranças de pensamento são eficientes para melhorar suas percepções sobre uma organização;
- 59% confiam mais em conteúdos que estabelecem a marca como liderança de pensamento do que seus materiais de marketing institucional e fichas de produto;
- 49% afirmam que a liderança de pensamento influencia sua decisão de compra de um produto ou contratação de um serviço para a empresa;
- 42% estão dispostos a pagar um valor mais alto pelos produtos ou serviços de quem se estabelece como liderança de pensamento.

A razão que leva os CEOs a valorizarem pessoas e empresas que se destacam como liderança de pensamento é o retorno que os executivos obtêm em valiosos insights ao consumirem conteúdos relevantes para seus negócios. Porém, ao contrário, um conteúdo de baixa qualidade coloca em risco a reputação da pessoa ou empresa que o produziu, chegando a fazer com que 27% dos CEOs participantes da pesquisa desistissem de fazer negócios com uma organização que produziu um conteúdo ruim, na opinião deles. Para evitar que isso aconteça consigo ou com seu escritório de advocacia, a expressão individual da marca pessoal ou institucional deve observar os aspectos que o estudo do LinkedIn aponta como atributos de sucesso para a construção da liderança de pensamento: perspectiva inovadora, canal de distribuição, contexto e objetividade.

Uma liderança de pensamento com perspectiva inovadora é o que provoca nos CEOs o que eles mais valorizam ao consumirem conteúdos na internet: insights que possam transformar os seus negócios. Apontar oportunidades, conectar ideias e conceitos, oferecer dados que proporcionem inteligência competitiva são algumas formas de abordar um tema específico de maneira a atrair a atenção dos tomadores de decisão. Tão importante quanto acertar o tema e a abordagem é direcionar o conteúdo por meio de canais que alcancem os executivos na sua rotina on-line de busca por informação. Mais da metade dos executivos que responderam à pesquisa do LinkedIn afirmaram que encontram conteúdos de lideranças de pensamento quando estão pesquisando por tópicos específicos. Por fim, 87% dos CEOs afirmam que um conteúdo relacionado a um tópico em que estão trabalhando ou pensando o torna muito atraente. Especialmente se for objetivo e fácil de absorver.

Foco do cliente: o caminho para a liderança de pensamento

Das características de uma expressão individual no LinkedIn que influencia pessoas a perceberem um(a) advogado(a) ou um escritório de advocacia como liderança de pensamento, a principal é a relevância do conteúdo. Uma publicação sobre um tema atual, feita no *timing* certo, mas que não estimule reflexões ou apresente uma perspectiva inovadora tem menos valor para o tomador de decisão (ou seja, para quem contrata o serviço de advocacia) do que um conteúdo que analise ou oriente o potencial cliente sobre um tópico que o interessa naquele momento. O ponto de partida para ganhar visibilidade, engajamento e se tornar liderança de pensamento é gerar conteúdo que atraia atenção de pessoas com quem o(a) advogado(a), potencialmente, poderá desenvolver negócios.

É preciso compreender profundamente características, comportamentos e motivações do perfil de profissional que será influenciado pelo conteúdo de marketing jurídico produzido pelo(a) advogado(a) ou pelo escritório de advocacia. Não basta definir se o cliente é pessoa física ou pessoa jurídica. Até porque, quando se trata de prospectar clientes pelo LinkedIn, toda relação é de uma pessoa para outra pessoa - mesmo que estejam representando suas respectivas organizações. Portanto, o primeiro passo para estabelecer conexões estratégicas no LinkedIn é descrever o perfil do seu potencial cliente, a partir dos seguintes tópicos:

1. Características

- Idade
- Cargo
- Tamanho da empresa
- Segmento de mercado

2. Comportamentos

- Rotina profissional
- Estilo de vida
- Onde busca informação
- Que tecnologias usa

3. Motivações

- Objetivos profissionais
- Desafios
- Preocupações
- Frustrações
- De quem sofre influência

Essas informações deverão orientar as atividades da marca pessoal ou profissional no LinkedIn. Ou seja: tudo o que o(a) advogado(a) ou o escritório de advocacia faz na rede social profissional deve ter como principal objetivo atender aos anseios do potencial cliente. Desde a apresentação do perfil ou da página, até as interações no uso cotidiano da rede, passando pelos conteúdos que compartilha, a expressão individual direcionada pelo foco do cliente é mais eficaz do que quando é autorreferencial. Porque, em meio à "névoa de conteúdo", para despertar a atenção das pessoas é preciso se colocar no contexto em que elas estão inseridas, demonstrando conhecimento das necessidades e dos problemas que elas vivenciam e que possam ter relação com a atuação do(a) advogado(a) ou do escritório de advocacia.

Essa proposta de abordagem não difere da que a advocacia pratica desde antes da era digital, pois as interações virtuais no LinkedIn – mesmo aquelas que porventura ainda estejam restritas à rede social – são um reflexo das relações profissionais que o(a) advogado(a) já estabelece no seu dia a dia profissional. O LinkedIn é um espaço digital de networking.

Nesse sentido, a autenticidade é um componente a ser adicionado na forma como a expressão individual da marca pessoal ou institucional será desenvolvida nesse ambiente, procurando se comportar de maneira semelhante às interações profissionais realizadas presencialmente.

É muito comum que, ao estabelecer uma nova relação profissional, o(a) advogado(a) procure encontrar pontos em comum entre si e a outra pessoa. Essa técnica faz com que as pessoas sejam influenciadas emocionalmente porque percebem que compartilham aspectos pessoais comuns. Essa é a base da construção de uma estratégia de expressão individual no LinkedIn, para marca pessoal ou institucional. Intencionalmente, o(a) advogado(a) ou o escritório de advocacia utilizam, nos conteúdos que publicam no LinkedIn e em interações que estabelecem cotidianamente com usuários da rede, aspectos da sua trajetória profissional e de seus objetivos de negócio que sejam aderentes a características, comportamentos e motivações de potenciais clientes. É o que Flavia Gamonar chama de construir "*unique stories*": "O que o torna único no que você faz agora? Conecte isso à sua história e deixe aflorar nos conteúdos que você produzir no dia a dia, na sua fala, no modo como se apresenta. Uma dica: fuja daquele clichê de dizer que 'é porque eu ofereço qualidade' e coisas desse tipo. Isso é pouco criativo e não o diferencia porque se tornou um bordão. Aqui é interessante deixar aflorar o que eu chamo de 'menos history, mais story'. Ou seja, transforme sua trajetória em uma história, contextualize, justifique, amarre as pontas. Reflita sobre os caminhos que percorreu até chegar ao seu momento e deixe isso claro para as pessoas".

Como resultado desse exercício de reflexão, o(a) advogado(a) ou responsável pelo marketing do escritório de advocacia podem documentar os principais aspectos e atributos de suas "unique stories" que atendem aos anseios de potenciais clientes e que, portanto, vão emoldurar a expressão individual da marca pessoal ou institucional no LinkedIn. Uma forma simples de tangibilizar todo esse processo é escrever uma lista de três a cinco palavras-chave que representem a marca pessoal ou institucional e que tenham aderência às características, comportamentos e motivações das pessoas que se deseja influenciar. As palavras presentes nessa lista poderão se repetir nos campos de descrição do perfil do(a) advogado(a), nas configurações da página do escritório de advocacia, nas postagens de conteúdo, nas hashtags, em comentários deixados nas publicações de outros usuários e em diversas outras atividades realizadas no ambiente do LinkedIn.

Utilizar palavras-chave é um facilitador para a execução da estratégia de conteúdo, pois economiza tempo do(a) produtor(a) de conteúdo ao direcionar de forma objetiva sobre quais assuntos será desenvolvida sua liderança de pensamento. Demarcar os tópicos de conteúdo que serão atrelados ao perfil ou à página também influencia o processo de formação da percepção que outros usuários do LinkedIn construirão sobre o(a) advogado(a) ou sobre o escritório, pois torna mais objetiva a coleta e análise de dados feita pelos usuários ao interagirem ou ao buscarem mais informações sobre o(a) advogado(a) ou sobre o escritório de advocacia.

A influência dos algoritmos do LinkedIn

Direcionar os temas que pautam um perfil ou uma página no LinkedIn pode ainda ampliar a visibilidade da marca pessoal ou profissional para além das conexões ou seguidores que já interagem com o(a) advogado(a) ou com o escritório na rede. Segundo o estudo *"Global social networks ranked by number of users 2021"*, elaborado pela plataforma de gerenciamento de dados Statista, o LinkedIn é a oitava rede social com maior número de usuários ativos no mundo e a única, entre as dez primeiras desse *ranking*, reconhecida como rede social de negócios ou rede social profissional. Diante disso, aceita-se o LinkedIn como a principal plataforma digital do mundo para desenvolver networking.

Mas, diferentemente das interações presenciais, no LinkedIn, assim como em outras redes sociais, as interações são regidas por algoritmos: um conjunto automatizado de regras e procedimentos lógicos que classifica a relevância das atividades de seus usuários na rede e prioriza o tipo de conteúdo que será exibido para cada usuário. A partir de um conteúdo publicado por algum usuário do LinkedIn, uma sequência de raciocínios artificiais determina a relevância daquele conteúdo para outros usuários, orientada (i) por uma avaliação do perfil do usuário produtor do conteúdo na rede, (ii) pelo histórico de interação dos demais usuários com outros conteúdos anteriormente publicados pelo usuário produtor do conteúdo e (iii) pela relação do conteúdo com outros tópicos que estão ganhando relevância no LinkedIn naquele momento.

Após uma filtragem qualitativa feita pelo algoritmo, um dos principais fatores que determinam se um conteúdo continua sendo exibido na rede são as interações de outros usuários. Pode-se dizer, portanto, que o engajamento de outros usuários é determinante para que o conteúdo que representa a expressão individual ganhe mais relevância no LinkedIn. Portanto, para usar essa regra do algoritmo a favor da expressão individual da marca pessoal ou institucional, é ideal que a rede de conexões do(a) advogado(a) ou os seguidores da página do escritório sejam formados por pessoas que potencialmente tenham interesse no tipo de conteúdo produzido por aquele perfil ou aquela página. Rafael Kiso, no artigo "Como funciona o Algoritmo do LinkedIn e como fazer posts de qualidade com base nele" (2020), analisa que "O objetivo da classificação do feed no LinkedIn é ajudar seus usuários a descobrirem as conversas mais relevantes que os ajudarão a se tornarem mais produtivos e bem-sucedidos. A relevância é determinada por esse objetivo, que otimiza o post para três componentes principais: o valor para o usuário primário que recebe o post, o valor para a rede desse usuário (segundo nível da rede) e o valor para o próprio criador da postagem".

Formatos e funcionalidades do LinkedIn para atrair clientes

A maneira como o algoritmo do LinkedIn prioriza a exibição de conteúdos na rede aponta para a necessidade de que a expressão individual do(a) advogado(a) ou do escritório de advocacia, por meio dos conteúdos publicados no seu perfil ou página, atenda às expectativas de outros usuários para, então, obter mais engajamento e ampliar a exibição do produtor do conteúdo dentro na rede. Ou seja, para influenciar a percepção das pessoas sobre aptidões profissionais por meio da expressão individual do(a) advogado(a) ou do escritório de advocacia no LinkedIn é necessário transpor a "névoa do marketing", capturando atenção e provocando engajamento de outros usuários de maneira a estimular uma sequência de raciocínios artificiais para que os algoritmos da rede possam ampliar a visibilidade da postagem e a relevância do perfil ou da página que produziram o conteúdo. Nesse contexto, a partir da identificação de características, comportamentos e motivações do potencial cliente, o(a) advogado(a) ou o escritório de advocacia podem identificar os formatos de conteúdo mais adequados para estabelecer conexões estratégicas e influenciar a percepção sobre a expressão individual da sua marca pessoal ou institucional.

O LinkedIn oferece diversos formatos de publicações e todos têm potencial para influenciar a percepção da marca pessoal ou institucional como liderança de pensamento, desde que produzido a partir do foco do cliente. Ou seja, independentemente do tipo de conteúdo, o mais importante é que seja orientado pelos anseios do perfil de pessoa com quem o(a) advogado(a) ou o escritório pretende estreitar relacionamento por meio da rede social profissional.

- Postagens com texto simples, imagem única ou vídeo: são o tipo mais comum de conteúdo e podem ser utilizados no perfil pessoal ou na página corporativa.

- Galeria de imagens: permite que perfil pessoal ou página corporativa compartilhe até 10 imagens em uma mesma postagem, formando uma galeria de fotos.

- Documento: um tipo de postagem que diferencia o LinkedIn das redes sociais mais populares é a possibilidade de criar um post no perfil pessoal ou na página corporativa utilizando um documento em formato PDF como mídia (no lugar de uma foto ou de um vídeo).

- Enquete: conteúdo com grande potencial de engajamento, se usado para fins profissionais, convidando outros usuários do LinkedIn a refletirem ou opinarem sobre uma questão que envolva a atuação do(a) advogado(a) ou do escritório de advocacia.

- Artigo: uma possibilidade de entregar conteúdos mais extensos e de armazenar artigos no próprio LinkedIn. Pode ser utilizado por perfil pessoal ou página corporativa.
- Newsletter: criada a partir da publicação periódica de artigos, envia os artigos publicados por um perfil ou por uma página por e-mail, para quem desejar receber, de forma automática.
- LinkedIn Live: transmissão ao vivo exibida em uma página de evento do LinkedIn, criada em uma página corporativa ou perfil pessoal.

Existem, ainda, maneiras de utilizar funcionalidades do perfil pessoal no LinkedIn para abordar potenciais clientes em diferentes estratégias de conteúdo. São táticas que podem ser utilizadas para ampliar a rede de conexões do(a) advogado(a) no LinkedIn, conectando o seu perfil com pessoas que tenham aderência aos tópicos de conteúdos selecionados para o seu perfil. Essa técnica permite que o(a) advogado(a) potencialize o engajamento com as publicações e a visibilidade do perfil, aumentando as chances de se estabelecer como liderança de pensamento.

- Comentários: deixar um comentário em publicações de outros usuários e de páginas corporativas é uma oportunidade tanto para chamar a atenção do autor da postagem, quanto para estabelecer diálogos com outras pessoas que já tenham comentado na publicação anteriormente. Pode-se utilizar as palavras-chave selecionadas como tópicos de conteúdo do perfil em comentários para reforçar para o algoritmo os interesses do perfil do(a) advogado(a).

As páginas corporativas podem comentar em publicações de funcionários e em postagens nas quais a página foi marcada.

- Marcação de perfil ou página: ao colocar o símbolo @ à frente de uma palavra no texto de uma postagem, é possível marcar um perfil pessoal ou uma página corporativa na publicação. É recomendado marcar pessoas ou páginas que potencialmente vão interagir com a publicação original, pois esse engajamento ajuda a ampliar a relevância e a visibilidade da publicação.

- Hashtags: utilizar o símbolo # à frente de uma palavra, sem espaço, transforma aquele termo em uma *tag* de conteúdo, fazendo com que a publicação seja catalogada pelo LinkedIn com outras que utilizaram a mesma tag. A recomendação é utilizar de três a cinco hashtags por publicação, preferencialmente repetindo a mesma hashtag em diversas publicações, pois reforça para as pessoas e para os algoritmos os tópicos de conteúdo selecionados para o perfil pessoal ou para a página corporativa.

- Grupos: por meio da busca do LinkedIn é possível encontrar grupos temáticos nos quais os usuários publicam sobre os tópicos de conteúdo definidos pelo administrador do grupo. O(a) advogado(a) pode participar de grupos que reúnam potenciais clientes e compartilhar, periodicamente, conteúdos que reforcem a marca pessoal ou corporativa como liderança de pensamento nos temas abordados por aquela comunidade. Também é interessante interagir com as publicações de outros membros do grupo, criando oportunidades para estabelecer diálogos profissionais nos comentários das postagens, por meio de mensagem privada (se o usuário se tornar conexão do perfil) ou mesmo fora do LinkedIn, se aquele contato profissional evoluir.

• Busca: na busca do LinkedIn é possível fazer diversos filtros para encontrar pessoas com o perfil que o(a) advogado(a) pretende adicionar à sua rede de conexões. As buscas são iniciadas pela digitação de qualquer palavra no campo "Pesquisar" e os primeiros resultados da busca são agrupados em "Publicações e Pessoas", mas é possível refinar a busca nas opções de filtro e encontrar contatos estratégicos.

• Mensagens: o *InMail* é o chat, ou mensagem privada, do LinkedIn. É um canal de contato direto entre um perfil pessoal e suas conexões. As mensagens podem ser utilizadas em diversas situações, tais como: ao adicionar uma nova conexão; para enviar conteúdos ou convite para um evento; para parabenizar alguém por uma conquista ou mudança de cargo/emprego; dentre outras. O mais importante, entretanto, é que o(a) advogado(a) apresente ao(à) destinatário(a) uma razão lógica para enviar a mensagem, de maneira que cause curiosidade e interesse em quem vai receber, e não estranhamento.

• Convite para seguir a página: os administradores de página corporativa podem enviar, por meio da própria página, convites para suas conexões a seguirem. Portanto, se um(a) advogado(a) for administrador da página do seu escritório, no LinkedIn, basta acessar a página e clicar na opção "Convidar conexões" para selecionar e convidar pessoas da sua rede de conexões. Existe um número de convites limitado mensalmente, mas que se renova no mês seguinte.

- Eventos: participar de eventos que reúnam pessoas com o perfil daquelas que o(a) advogado(a) deseja adicionar à sua rede de conexões é uma forma de encontrar novos contatos por meio de interesses comuns. Nos eventos é possível dialogar com os demais participantes durante um chat ao vivo e esse é um canal que pode iniciar um diálogo entre o(a) advogado(a) e suas novas conexões no LinkedIn.

Prepare seu perfil para receber mais visitas

Criando conteúdo com foco no cliente e mantendo uma rotina de atividades diárias no LinkedIn, em poucos dias é possível verificar um aumento no número de visitas e visualizações do perfil pessoal ou da página corporativa. É preciso "arrumar a casa" para receber os novos visitantes.

A descrição do perfil pessoal ou da página corporativa também deve acompanhar a estratégia de expressão individual da marca pessoal ou institucional. Para tanto, é importante preencher os campos do perfil pessoal ou da página corporativa de maneira a influenciar a percepção de quem visita o(a) advogado(a) ou o escritório no LinkedIn, reforçando a imagem de liderança de pensamento.

Não basta, entretanto, replicar no perfil pessoal, por exemplo, o currículo profissional. O melhor é o(a) advogado(a) ou o escritório usar nas suas descrições do LinkedIn a mesma forma de apresentação profissional que utiliza quando está diante de um potencial cliente. Ou seja, provavelmente, ao se apresentar para um novo contato em um evento presencial ou reunião, por exemplo, um(a) advogado(a) não declama todo seu histórico profissional e acadêmico para a pessoa, não deve fazer isso também no seu perfil do LinkedIn.

As palavras-chave selecionadas como tópicos de conteúdo para o perfil pessoal ou para a página corporativa podem ser utilizadas para orientar a abordagem dos campos a serem preenchidos, para destacar os atributos da "unique stories" do(a) advogado(a) ou do escritório que tenham aderência aos anseios do potencial cliente que visitar o perfil ou a página. Utilizar as palavras-chave nos textos de descrição do perfil pessoal ou da página corporativa ajuda a reforçar para o algoritmo os tópicos aos quais aquele perfil ou aquela página estão atrelados.

Os algoritmos do LinkedIn classificam os perfis pessoais em diferentes níveis, dependendo dos campos que foram preenchidos. A categoria de um perfil completo é chamada de Perfil Campeão. Para chegar a esse nível, basta que o perfil tenha os seguintes campos preenchidos:

- Foto de perfil
- Setor
- Localização
- Experiência profissional
- Formação
- Competências
- Sobre

Prospecção no LinkedIn x regras de publicidade da advocacia

É interessante observar que as técnicas apresentadas para desenvolvimento de uma estratégia direcionada para criar uma expressão individual que influencie outras pessoas a perceberem o(a) advogado(a) como liderança de pensamento no LinkedIn vão ao encontro do que propõe o Provimento 205/2021, que rege as práticas de marketing e publicidade na advocacia, pois mantêm o "caráter meramente informativo" e ainda contribuem para a "preservação do prestígio da advocacia", uma vez que têm potencial para ressaltar a autoridade e o conhecimento técnico do(a) advogado(a) ou do escritório de advocacia na sua área de especialidade.

Essa proposta de abordagem, pautada na diferenciação do(a) advogado(a) ou do escritório de advocacia por meio da produção de conteúdos aderentes aos anseios de seus potenciais clientes, ainda dialoga com conceitos descritos no Art. 2º do Provimento 205/2021 que orientam as regras de publicidade na advocacia, tais como: "utilização de estratégias planejadas para alcançar objetivos do exercício da advocacia"; "estratégia de marketing que se utiliza da criação e da divulgação de conteúdos jurídicos, disponibilizados por meio de ferramentas de comunicação, voltada para informar o público e para a consolidação profissional do(a) advogado(a) ou escritório de advocacia"; "meio pelo qual se tornam públicas as informações a respeito de pessoas, ideias, serviços ou produtos, utilizando os meios de comunicação disponíveis, desde que não vedados pelo Código de Ética e Disciplina da Advocacia" e "divulgação destinada a levar ao conhecimento do público conteúdos jurídicos".

É relevante ressaltar, no entanto, que as normas do Provimento 205/2021 se aplicam também à forma como o conteúdo é desenvolvido. Portanto, observar o uso adequado das plataformas é tão importante quanto utilizar os canais de comunicação que não são expressamente vedados. Toda estratégia de marketing jurídico para expressão individual da marca pessoal ou institucional no LinkedIn deve, portanto, amoldar-se aos termos previstos nas normas éticas determinadas pela OAB, não configurando captação direta de clientela ou mercantilização da profissão.

Mariellen Romero, sócia da agência digital de marketing jurídico táLIGADO, professora da ESA OAB/RJ, consultora e assessora de LinkedIn para sócios de escritórios de advocacia.

Mariellen também é Secretária-Geral da Comissão Nacional de Marketing Jurídico da ABA (Associação Brasileira de Advogados) em sua gestão 2022-2023 e, assim como a própria comissão, tem o objetivo de ajudar o advogado em sua evolução e questionamentos sobre marketing jurídico. Tem uma dúvida para o membro? Envie um e-mail para mariellen@taligadocomunicacao.com.br e aproveite este canal direto de apoio ao advogado que quer crescer eticamente.

Como se Preparar Adequadamente para Prospecção

NOTA DO COORDENADOR

Apesar de estar coordenando a obra, obviamente eu não resistiria à oportunidade de ajudar a advocacia escrevendo um pouco sobre como se preparar para prospecção, que é onde vejo que o advogado se perde bastante. Então continue nossa jornada comigo, Alexandre Motta, elucidando os 3 principais pontos essenciais para adentrar uma fase prospectiva de maneira adequada e vencedora. Boa aula!

É notório que a maioria dos advogados tem a ideia de que um dos objetivos mais importantes na sua carreira ou na evolução de seu escritório é gerar novos contatos e prospectar mais e melhores clientes. Porém, a maioria da classe advocatícia não percebe que existe um longo trabalho a ser feito até chegar a uma fase de prospecção que realmente dê resultados.

Ao contrário do que muitos "fornecedores de milagres" (mais conhecidos como picaretas) passam ao mercado com a ideia de que é extremamente fácil gerar novos clientes com uma simples atividade, a verdade é que não existe uma fórmula mágica onde você faz uma postagem, uma ação única (geralmente com a conotação de que não existe muito esforço envolvido) e ganha muito dinheiro. Ao longo dos anos, vejo os mais inocentes caírem no conto do sucesso fácil por meio de compra de cursos e mentorias que nada mais têm como função assaltar o suado dinheiro do advogado despreparado e que acredita em resultados sem esforços.

Eu adoraria ser o portador de boas-novas aos advogados. Sinceramente, eu queria ser esse mensageiro que pode escrever um artigo e falar "siga estes cinco simples passos e conquiste uma média de 100 clientes por semana!" Não seria legal? Seria o máximo! O problema é que isso não existe e a verdade por trás de tudo é que o caminho que leva à prospecção é demorado, precisa de estudo e investimento financeiro e emocional para acontecer.

Para aqueles que estão a fim de entender e operacionalizar esse caminho, elucido aqui alguns desses pontos que vejo como prioritários para se chegar a um status prospectivo saudável e constante. Vamos, então, falar de três erros que os advogados cometem quando falam de prospecção. São eles:

- Falta de imagem corporativa adequada.
- Falta de foco prospectivo.
- Falta de benefícios reais.

De longe, esses são os erros mais cometidos pelos advogados que acabam por não entender o porquê aquela ação "certeira" não deu resultados na prática.

E aí, tem a coragem necessária para se analisar, corrigir os defeitos e tomar controle de seu marketing? Se sim, vamos lá.

Falta de imagem corporativa adequada

Aqui adentramos o ringue do marketing jurídico já com uma polêmica que muitos jurídicos gostam de comprar. Então vamos partir do princípio real de que o mercado está hoje bastante saturado, com muitos advogados querendo se mostrar e captar novas demandas. Posto isso, vamos entender um pouco como o mercado vê o advogado. E a resposta é simples. O mercado vê os advogados, hoje, de uma maneira uniforme. Na cabeça do público, com exceção dos advogados já conhecidos por ele em alguma esfera, o restante é uma grande massa de engravatados que podem ou não ter a qualidade adequada para solucionar seus problemas. É muito difícil – para falar a verdade, impossível – entender a qualidade técnica de um advogado apenas olhando para ele. E como, então, esse mercado prospectivo percebe essa essência de excelência em você, advogado que quer se projetar? Simples: por meio dos seus materiais corporativos. A ideia aqui é criar, projetar e impor uma imagem que escolhemos para sermos vistos por todos, institucionalmente ou prospectivamente falando.

Vamos entender uma premissa básica: toda vez que atiçamos o mercado (que não nos conhece) em alguma forma de prospecção, ele vai se voltar para nós e nos investigar para entender quem somos, o que fazemos e qual tipo de ajuda podemos dar a ele. Isso significa, na prática, que se você fizer uma ação prospectiva, ninguém vai contratá-lo de imediato sem antes entender quem é você. E é aqui que entra sua estruturação perante o mercado, mostrando todos os pontos fortes e diferenciais, por que podemos ser melhores que os demais e a razão efetiva pela qual ele poderia e deveria nos contratar. E aqui estamos falando de seis materiais essenciais para qualquer advogado, de qualquer tamanho e de qualquer área de atuação. São eles:

- **Logotipo:** a imagem visual final do seu nome ou de seu escritório. É a marca suprema que será impregnada e usada em todos os seus materiais, em todas as suas ações de marketing e em toda visualização de sua atuação no mercado. É a definitiva assinatura de sua carreira.

- **Site:** apesar de não ser segredo nenhum o que é um site nos dias de hoje, a maioria das pessoas não o usa da maneira correta. Usar um site de maneira adequada é mostrar, além do institucional real do escritório com espaços como "Quem Somos", "Áreas de Atuação" e "Equipe", também o lado de conteúdo representativo ao seu público-alvo, com áreas como "Artigos" (conteúdo próprio gerado pelo escritório), "Imprensa" (tudo o que fez o escritório ser alvo de mídias) e "Eventos" (todos os locais com os quais o escritório está contribuindo para levar informação ao seu público-alvo, como palestras, seminários, cafés da manhã etc.). Quando o site do escritório tem essas áreas desfiladas no menu, conseguimos identificar que esse advogado tem conteúdo próprio e não é apenas mais um "copia e cola", tão comum hoje em dia. E aqui fica uma dica ainda maior: as melhores ações de marketing são proporcionadas por advogados que efetivamente criam conteúdos próprios, sejam por artigos, vídeo artigo ou opiniões em cima de acontecimentos reais. Se você ainda não tem essa rotina, definitivamente deveria estar pensando nisso, neste exato momento.

- **Folder impresso:** muitas pessoas, nesta era mais digital, perguntam-me se ainda existe espaço para um folder impresso e a resposta é simples. Ainda há a necessidade. Talvez em algum tempo no futuro esse enfoque seja definitivamente ultrapassado, mas a verdade é que muitas ações prospectivas ainda necessitam de um embasamento físico, como palestras, participação em eventos setorizados, cafés da manhã e até as próprias reuniões prospectivas. Este último ponto, em especial quando estamos nos apresentando para empresas na esperança de iniciarmos uma prestação de serviço, acaba sendo essencial para criarmos uma imagem de escritório sólido e estruturado.

- **Folder digital:** assim com o folder impresso, o folder digital (aquele que será enviado ao mercado em inícios de contatos) é essencial e deve conter apenas quatro seções: "Quem Somos", "Áreas de Atuação", "Diferenciais Reais" e "Contato". Ninguém tem tempo para ler 20 páginas de um folder, então, menos é mais quando formos nos mostrar ao público.

- **Newsletter:** o conceito de newsletter paira como uma incógnita na cabeça dos advogados, até hoje. Muita gente acha que é disparo de e-mails aleatórios, como se fosse comprar uma base de e-mails prospectivos e enviar propaganda. Nada mais distante disso. O conceito de newsletter é basicamente enviar notícias, informações e dicas para um determinado grupo de pessoas. Na advocacia, esse grupo deve ser exclusivamente de pessoas que já tenham tido contato com o escritório, no caso, clientes ativos, inativos e uma ou outra pessoa que efetivamente conheça os advogados e tenha concordado com o envio. Posto isso, entendemos que se a questão aqui é levar informação (geralmente em períodos mensais), o canal que usaremos pouco importa. É por isso que uma newsletter pode ser desenvolvida e enviada por e-mail, por WhatsApp e por qualquer outra plataforma que efetivamente mostre aos acolhidos que os ajudamos a entenderem seus direitos e como nossa carreira pode ajudá-los em situações adversas. Eu sempre brinco nas palestras que dou: "De quem seu público prospectivo vai se lembrar quando tiver um problema? Do advogado que fez reunião com ele três anos atrás ou daquele que todo mês está enviando informações relevantes e importantes, sempre atrelando seu nome a soluções viáveis?"

- **Redes sociais:** aqui chegamos às queridinhas do momento, as redes sociais. E aqui também adianto um grave problema que vem se solidificando cada vez mais no meio jurídico. O entendimento de que as redes sociais são a tábua de salvação do marketing para todo tipo de ação prospectiva. Conheço muito cliente que viveu, durante anos, sob a interpretação errada vendida pelos charlatães do marketing jurídico (aqueles detentores de soluções mágicas e cursos instantâneos de sucesso absoluto em uma semana) de que as redes sociais e, por consequência, o marketing digital, seriam a solução única para ganhar clientes, ao passo que ele é apenas mais um ingrediente da refeição completa que é um plano de marketing estruturado, completo e competente.

Não estou comentando que as redes sociais não são importantes (até porque estão entre os seis materiais mais importantes da imagem definitiva), mas o ângulo prospectivo dado às mesmas é desproporcional. Sinceramente falando, vejo as redes sociais mais como uma fortificação do institucional do escritório do que uma ferramenta de vendas. Vale lembrar que, como comentado anteriormente, um grave erro dos advogados hoje é não produzir conteúdo próprio focado na solução de dores de seus possíveis cliente. Se então temos um advogado que não cria nada novo, como posicionar as redes como item prospectivo? Copiando e colando notícias dos tribunais? Mostrando como está seu treino na academia? Mostrando qual a deliciosa salada que comeu no almoço? Compartilhando pela milionésima vez o mesmo artigo que já foi lido no Migalhas ou Conjur? Por favor, nem se dê ao trabalho. E mesmo para aqueles que efetivamente criam conteúdo próprio: realmente você acha que apenas as redes sociais são o caminho para explorar essa joia que você tem em mãos? Se temos, no mínimo, 60 ferramentas possíveis no marketing jurídico (sim, nós temos), por que você optaria por usar apenas uma? Pense bem. Feita a defesa de por que não devemos pensar nas redes sociais como ferramentas únicas de venda, gostaria de comentar um pouco sobre as redes em si. Hoje temos diversas e diversas redes em nosso radar que podem ser usadas para consagrar a atuação de nosso dia a dia e marca: Facebook, LinkedIn, Instagram, YouTube, TikTok e diversas outras que não param de surgir. O que deveria ser analisado aqui não é a plataforma em si, mas a mensagem que é emitida. Um dos maiores *cases* de repúdio da advocacia foi o TikTok, com suas dancinhas e formato mais juvenil. Porém, pergunto: o problema está na plataforma ou no conteúdo veiculado? O problema está em termos uma ferramenta mais rápida, com menos texto e mais consumo de vídeos consecutivos ou a incrível constatação de que diversos advogados estão tão perdidos em como se portar na advocacia que ficaram dançando na frente do mundo todo? Pense, então, nas redes sociais como extensões de seu conteúdo e de como você deve efetivamente se comunicar com seu público final, escolha a plataforma que mais se "encaixa" com esse mercado e não tenha medo de gerar suas publicações próprias, seja em texto, seja em imagem ou uma mescla dos dois. Dica final: se seu site tem todo comportamento prospectivo reforçando seu institucional, como comentamos anteriormente, o fluxo de suas publicações nas redes deveria remeter o leitor diretamente para ele. Artigo? Faça-o ler dentro do site, junto com os outros conteúdos. Palestra? Faça-o visualizar que esta não é uma palestra isolada, mas que você tem uma constância. Comentário em cima de uma notícia quente? Faça-o ler dentro do site, colocando outros comentários e vídeos comentários em destaque para visualização também. Uma ferramenta ajuda a outra.

Agora que definimos os seis materiais essenciais para qualquer advogado, mostro qual o nome que criei para esse formato: Blindagem Institucional. Ter esses seis materiais é literalmente se blindar para qualquer tipo de investigação institucional que o mercado possa fazer em ordem de conhecer quem pode ser o próximo advogado contratado. A Blindagem Institucional traz o maior bem que o marketing pode dar a uma carreira: a possibilidade de mostrarmos a nossa versão da advocacia, mostrando e controlando apenas a imagem pela qual queremos ser percebidos.

Para finalizar esta parte, vale lembrar que alguns advogados podem entender o termo "Corporativa", quando falamos em "Imagem Corporativa Adequada", como sinônimo de "estamos falando de pessoa jurídica", mas isso não é verdade. Aqui falamos de uma imagem definitiva, aquela que será "comprada" pelo mercado, para qualquer tipo de advogado, desde o que tem escritórios grandes e médios até profissionais com escritórios pequenos, micros ou até carreiras solo.

Com estas dicas acertamos, então, o primeiro dos três problemas prospectivos da advocacia? Blindagem Institucional é a solução para a falta de imagem corporativa. *One down, two to go*.

Falta de foco prospectivo

Aqui entramos no segundo maior problema em termos prospectivos: o norte onde vamos achar nosso público. É bastante impressionante o número de advogados que não têm foco prospectivo definido. Basicamente, esses advogados "à deriva" podem fazer qualquer tipo de ação, para qualquer tipo de público e em qualquer formato, sempre com resultados pequenos ou nulos.

Imagine dois cenários: você tem uma arma boa, possante e de calibre, porém, com poucas balas. E agora tem que sobreviver lutando contra 1.000 tigres que estão repentinamente à sua frente. Um pouco difícil, certo? Como você está desesperado para sobreviver, começa a atirar para todo lado, afinal eles estão saindo de lugares que você nem imaginava. Resultado: você acertou de raspão uns três ou quatro, mutilou outros dois, acertou o ar algumas dezenas de vezes e, no final das contas, as balas acabaram e você viu os tigres o devorarem.

Mesmo cenário, mesma arma, mesmas balas. Só que agora sua briga é apenas com cinco tigres e você sabe exatamente onde eles estão. Você sabe, inclusive, qual é o maior dos tigres e que vai precisar de mais artilharia para ser derrubado. Resultado: você tem que ser muito ruim de mira para não conseguir sair dessa vitorioso.

Essa pequena analogia é tão óbvia que acredito que não precise nem de explicação, mas a verdade é que muito advogado hoje atua dessa maneira: tem poucas balas e quer matar muitos tigres. Não funciona nunca. Para que então não fiquemos "atirando para todo lado", precisamos saber exatamente para qual escopo informativo de pessoas que queremos mirar, com foco.

Mas como faço isso? Eu tenho um truque simples para a resolução: conhecendo-se. Estranho, não? Mas à medida que nos conhecemos por completo, automaticamente criamos um norte prospectivo para nossa atuação. Explico melhor abaixo.

Quando o advogado consegue responder a quatro perguntas básicas (que aparentemente são questionamentos fáceis, mas veremos que não são tão simples assim) ele consegue se entender, entender o escopo de sua atuação e por fim, dar um direcionamento para sua vida prospectiva.

Mas quais são essas perguntas?

- O QUE eu faço?
- COMO eu faço?
- Para QUEM eu faço?
- ONDE eu faço?

Simples, não? Será mesmo? Vamos analisar cada uma delas.

O QUE eu faço?

Essa pergunta talvez seja fácil responder, afinal de contas, são as áreas de atuação do Direito que escolhi me dedicar: Tributário, Trabalhista, Civil, Penal, Administrativo, Ambiental, Previdenciário, Contratual, Societário e diversas outras, quaisquer que sejam.

Para cada uma das áreas de atuação escolhidas, avançamos no entendimento do que efetivamente são os trabalhos que podem ser desdobrados em cada uma delas. Por exemplo, se faço Tributário, sei que os trabalhos efetivos seriam execuções, planejamento, teses etc. Se faço Trabalhista: individual, coletiva, sindicatos etc. Propriedade Intelectual: marcas, patentes, registros etc. Contratual: nacional, internacionais etc. Societário: M&A, mercado de capitais etc. Cada área de atuação abre um leque de possibilidades a ações específicas de operação. É importante, portanto, entender cada um destes desdobramentos e ramificações de como efetivamente faço o Direito.

Além disso, dois pontos são importantes entender dentro da análise que estamos fazendo no momento: o perfil dos sócios e o perfil do escritório. O perfil dos sócios e o perfil do escritório são itens facilmente entendidos dentro de uma análise que deseja criar um foco prospectivo: se meu perfil é extremamente conservador, o que me interessa buscar pessoas e empresas com conotação moderna? O mesmo vale para o inverso: se o meu perfil pessoal e do escritório é modernoso e futurista, por que eu deveria ir atrás de clientes que têm alinhamento um pouco mais antiquado? Ao fazermos uma conexão de advogado conservador com PF/PJ moderno ou vice-versa, em determinado momento essa relação vai se consumir, seja pela falta de conhecimento técnico em assuntos avançados, seja pela falta de habilidade para trazer resultado em um cenário desconhecido e até pela falta de assunto para conversar com seu cliente. Pode parecer engraçado, mas eu já presenciei um advogado "das antigas" ficar tão perdido em uma reunião com *tech laws* que os clientes futuristas o apelidaram de "o advogado do fax". Vamos focar, portanto, em perfis que estejam alinhados com os nossos.

COMO eu faço?

E já que neste ponto vamos entender como efetivamente fazemos nossa atuação advocatícia, começamos então com uma pergunta simples: consultivo ou contencioso? Você atua para proteger seu cliente para que não exista nenhum problema em sua vida ou parte para a briga para defendê-lo de problemas que já estão acontecendo? Atua antes ou depois? Ou os dois? Isso é importante para o escopo de inteligência por trás do que fazemos.

Além desse entendimento, seguimos para um ponto essencial que qualquer advogado que quer minimamente entender o que está fazendo deve analisar: o seu modelo de negócios.

Modelo de negócios nada mais é do que o formato como trabalho meu escritório ou carreira, criando uma abordagem sistemática para minha atuação. Basicamente é determinar como sua operação ocorre. Isso significa que, para estruturarmos um plano mais consistente de atuação em termos de marketing, o ideal é que possamos trabalhar dentro de um molde de atuação predefinido, para que assim possamos nos mostrar da maneira adequada e traçar estratégias dentro desse formato. Existem diversos tipos de modelos, mas os mais conhecidos são:

> **Full Service:** geralmente este formato é para escritórios maiores, onde temos o atendimento em todas as áreas do Direito. Ele acaba sendo atuante em escritórios maiores justamente porque mostra pelo menos um advogado cuidando de cada uma das áreas de atuação. Veja a diferença deste para o próximo formato.
>
> **Generalista:** diferente do ponto anterior, o escritório tem foco em atender muitas áreas do direito, mas tem poucos advogados para atender tudo. Este formato é bastante prejudicial à visualização institucional do escritório, tendo em vista que o mercado percebe que um ou dois advogados não conseguiriam se instruir e acompanhar todas as evoluções de todas as áreas do Direito constantemente. Visualiza-se então que o conhecimento de cada uma das atuações é bastante superficial e compromete o resultado final de seu trabalho.

Abrangente: é quando o escritório faz as principais áreas do Direito. Quando falamos "principais" é necessário entender que são as áreas mais importantes para o cliente e que fazem sentido dentro dos problemas mais comuns ao mesmo. Geralmente são áreas correlatas.

Especializado: aqui entra um grande erro do mercado. Muita gente tem a falta de entendimento de que o conceito de ser especializado é para escritórios que focam em apenas uma área do Direito. É comum olhar descrições dos escritórios nos sites e ler "somos especializados na área X, Y, Z". Isso está errado. Destacar-se como especializado é indicado para uma única área de atuação. Se você tem foco no Direito X, Y, Z poderia ser Full Service ou Abrangente, isso se as características, como colocadas nos outros parágrafos, forem condizentes.

Boutique: o conceito de *boutique* jurídica é um dos mais propagados no mundo jurídico e um dos erros mais clássicos no posicionamento. Quando você é reconhecido pelo mercado como dono de saídas inovadoras reais, condição de atuação refinada, trabalho de excelência em situações complexas e atuação triunfante em casos que dificilmente outros escritórios teriam experiência para ter sucesso, você pode ser um escritório boutique. Note que eu falei "reconhecido pelo mercado" e não "autointitulado", que é o grande erro dos advogados. Portanto, não adianta você falar que é boutique se o mercado não validou seu escritório com essa condição. Ser pequeno não é ser boutique, ter estrutura enxuta não é ser boutique, ser especializado não é ser boutique, ter poucos clientes não é ser boutique, ter atendimento personalizado não é ser boutique, ter qualidade no trabalho não é ser boutique. Todas estas qualidades acima MAIS o reconhecimento do mercado, aí sim temos um escritório com o conceito europeu de boutique.

Escala/Massa: um dos formatos mais conhecidos pelo mercado, onde o escritório ganha no volume de ações que trabalha. Vale o lembrete para algo que está matando muitos escritórios em sua relação com o mercado cada vez mais exigente: ter uma operação com volume alto de ações não é uma permissão para usar o "copia e cola" de maneira aleatória.

Estes são, não exclusivamente, alguns tipos de modelos de negócios. Tenha em mente qual se adapta melhor ao seu estilo de atuação e mãos à obra. O que não pode acontecer é uma atuação do estilo "vamos tocando do jeito que aparece".

Falamos do principal ponto sobre como operacionalizar sua advocacia, que são os modelos de negócios, mas ressalvas importantes devem ser entendidas e estudadas neste item: Hiperespecialização e Segmentação, seja por sexo, idade ou outro gênero.

Hiperespecialização: se por um lado já falamos sobre Especialização (focar em uma única área de atuação), aqui estamos indo além, posicionando-nos como hiperespecializados em determinada área de atuação, nicho de mercado e área geográfica. Isso significa, como exemplo para entendimento, que passamos de "escritório especializado em Direito Trabalhista" para "escritório hiperespecializado em Direito Trabalhista para empresas de transportes da cidade de Campinas". Se por um lado pode se perder algum tipo de apelo comercial para empresas que não são desse nicho e nem dessa região, por outro, empresas que se encaixam neste descritivo veem no escritório aquele candidato ideal para resolver os problemas muito mais facilmente entendidos por ter conhecimentos referentes à região e o detalhamento de rotinas do setor escolhido. Essa identificação pormenorizada de sua atuação pode ser vista, por si só, como o diferencial necessário para uma efetiva contratação.

Segmentação: muito confundida com a Hiperespecialização, a Segmentação consiste em delimitar alvos diferenciados de foco de atuação. Alguns do ângulos que podem ser pensados na segmentação são: pela profissão ("somos um escritório que atua apenas para servidores públicos"), por gênero ("somos um escritório que defende apenas mulheres"), por região geográfica ("somos um escritório que aceita casos apenas dentro do litoral de Santos"), por regime de tributação ("somos um escritório que atua apenas em casos de ICMS") e por regime de contrato de trabalho ("somos um escritório que ajuda apenas pessoas que trabalham em sistema home office") e muitos outros. O importante é se destacar.

Temos, então, a diferenciação prática de atuação de muitos escritórios nesses dois pontos, onde podemos mostrar ângulos diferenciados de posicionamento.

Para QUEM eu faço?

Do mesmo jeito que começamos o ponto anterior, perguntando se a atuação era consultiva ou contenciosa, aqui vamos começar perguntando: é pessoa física ou pessoa jurídica? Seu atendimento é mais voltado para ajudar as pessoas ou as empresas? Ou os dois? Esse ponto é importantíssimo para entender e dar um norte para sua prospecção. Ações de marketing, sejam estruturais, sejam prospectivas, têm um escopo completamente diferente quando o alvo são pessoas ou quando o alvo são empresas. São caminhos de marketing complemente diferentes, estrategicamente falando. E ainda mais diferentes quando falamos de escritórios que combinam atuação para os dois lados.

Se falamos em atuar para pessoa jurídica, o primeiro ponto a entender é qual o tamanho da empresa que pretendemos prospectar. Micro, pequena, média, grande, multinacional? E aqui entra uma percepção que quero dividir com vocês: existem etapas graduais de marketing em termos de conquista de mercado e não conseguimos pular essa evolução. Isso significa dizer que não adianta você ser um escritório pequeno e desconhecido e querer criar seu foco prospectivo para empresas gigantescas. Isso será muito difícil de acontecer. Primeiro você deve conquistar empresas pequenas, médias e, depois, gradualmente, ir expandindo para novos degraus na escala de tamanho de cliente. Fica a dica aqui, então, para os iludidos: empresas grandes tendem a contratar escritórios com nome, experiência e resultados comprovados no mercado, nunca o escritório pequeno.

Agora passamos para um dos pontos mais importantes de nosso direcionamento: o entendimento de nichos, o que são e qual a conceitualização adequada para este direcionamento que estamos comentando nesta parte de foco prospectivo. E aqui eu preciso comentar um erro comum que acontece no mercado: a falta de entendimento sobre a diferença entre os conceitos de "áreas de atuação" e de "nichos de prospecção", o que acaba sendo essencial para o foco de toda sua atuação e busca de novos negócios no mercado. Vamos fazer o básico aqui e conceitualizar os dois termos:

> **Áreas de Atuação:** são as áreas do Direito para as quais você presta serviço, aquelas nas quais você tem grande conhecimento e que ajudar os seus clientes. Exemplos: Direito Civil, Direito Societário, Direito Trabalhista e por aí vai. Esse conceito todo mundo sabe, certo?
>
> **Nichos Prospectivos:** são as áreas mercadológicas que você está querendo trabalhar, projetar-se, inserir-se e/ou conquistar clientes. Exemplos: empresas de transportes, de construção civil, da área alimentícia, da área têxtil e por aí vai. Vale lembrar que se você trabalha com pessoa física, também existe a necessidade de criar seus nichos de busca prospectiva. Exemplos: empregadas domésticas, bancários, servidores públicos etc. Além de saber qual é seu público-alvo, tenha mapeada as características gerais desse segmento desejado. Se você fizer uma análise inteligente, terá na mão um "raio X" mais preciso desse *target*. É tudo mais fácil (incluindo todas as ações de marketing que visam à conquista de novos negócios) quando sabemos efetivamente quem queremos em nossa carteira, seja pessoa física, seja jurídica.

ONDE eu faço?

Aqui temos o mais curto e simples ponto das quatro perguntas originais. Saber onde fisicamente queremos prospectar é conhecimento básico para o avanço nessa fase de conquista de clientes. Vale lembrar alguns detalhes: se você respondeu "vale qualquer lugar", não entendeu que a prospecção de clientes em locais muito distantes pode gerar desconforto financeiro ao escritório ou advogado, tendo em vista que, mesmo em uma era digital avançada, mais cedo ou mais tarde seu cliente vai querer estar cara a cara com seu advogado. Advocacia, não vamos esquecer, é predominantemente confiança no advogado, e, com isso, o contato pessoal é essencial para um negócio de sucesso. O digital nunca vai substituir o olho no olho.

Outro ponto a ser comentado é, ao delimitar seu espaço físico de prospecção, atentar-se e fazer a conexão entre nichos (que falamos no ponto anterior) e locais. Isso significa se perguntar: esse cliente/nicho que quero prospectar realmente está na localidade que estou mapeando? Realmente não faz sentido restringir sua atuação prospectiva para um local onde o público-alvo não existe.

Posto isso, e para encerrar este ponto de fácil entendimento, o que você gostaria de ter como resposta seria um resumo simples como este (apenas um exemplo): "queremos prospectar clientes em São Paulo, Grande São Paulo, litoral e interior em até 250 Km". Pronto, raio de atuação e de prospecção delimitados.

Com essas dicas, acertamos então o segundo dos três problemas prospectivos da advocacia? Conhecer-se e dar direcionamento é a solução para a falta de norte prospectivo. *Two down, one to go.*

Falta de benefícios reais

E agora chegamos ao derradeiro dos três pontos de problemas prospectivos no mercado hoje: a falta de benefício real como item de venda. É comum um escritório ter uma percepção de que as pessoas (público-alvo) se interessam por conhecer o escritório, o currículo extenso dos sócios ou as áreas que o escritório trabalha. É por isso que vemos ações amadoras como pegar uma listagem de prospectivos, ligar e falar algo como "Bom dia, aqui é XX do XX Advogados, gostaria de agendar uma reunião para mostrar em quais áreas do Direito atuamos e podemos ajudar". Nada mais longe da vontade que o mercado tem. Nessa ação amadora você está vendendo o escritório, ao passo que deveria estar vendendo o benefício que seu escritório pode levar ao futuro cliente. Já alertando que usar uma listagem aleatória para ligar para clientes prospectivos é contra o Código de Ética e, apenas para exemplificar o contraponto do que escrevi acima, imagina se a ligação fosse algo como "Bom dia, aqui é XX do XX Advogados, você ficou sabendo que a Lei 'XPTO' está em vias de ser aprovada e que isso vai impactar diretamente sua atuação como empresário do setor Z? Sabia que, nessa nova fase, vão acontecer diversas alterações, com impactos graves, inclusive financeiros, se as empresas do seu setor não se prepararem antecipadamente? É por isso que já conversei com diversos empresários do setor, assim como você, e preciso de 20 minutos de seu tempo para explicar esse novo cenário. Como está sua agenda para a próxima semana?" Percebeu a diferença? Um está vendendo o escritório, outro está vendendo um benefício real que vai impactar a vida do ouvinte.

Ter benefícios como foco de venda deve responder às seguintes perguntas: quais as dores do seu cliente? Quais os problemas enfrentados pela área de atuação de seu prospectivo?

Esses benefícios (que eu chamo de "temas de conversação com o mercado") devem ter algumas características:

- Devem ser inovadores: este é o fator mais importante. Temas que todo escritório sabe discutir não chamam a atenção e não funcionam.
- Devem mostrar benefícios para os clientes: falar sobre o que o cliente pode restituir, compensar ou deixar de pagar, sempre causa maior curiosidade no prospectivo.
- Devem ser focados: vale mais criar temas focados em áreas específicas (a área que queremos prospectar) do que gerar temas genéricos.
- Devem ser necessários: uma análise prévia do que o mercado necessita é importante para saber o que oferecer.
- Devem mostrar as várias áreas de atuação do escritório: mostrar um tema em apenas uma área de atuação muitas vezes é pouco para chamar a atenção do prospectivo. O ideal é mostrar temas novos em diversas áreas, como um novo tema trabalhista, um novo tema tributário, e assim por diante.
- Devem refletir a realidade atual: os temas devem falar, preferencialmente, sobre mudanças atuais no cenário econômico.
- Devem sair à frente: não espere para estudar à exaustão o tema antes de oferecê-lo ao mercado. Seja rápido e ofereça-o antes de seus concorrentes.
- Devem ter linguagem simples e efetiva: o título simples, resumindo o benefício oferecido, e um pequeno resumo de três linhas (no máximo) são im-

prescindíveis para o entendimento do que está sendo oferecido.

- Devem analisar a concorrência: veja quais são os temas de palestras, artigos, sites etc. que sua concorrência está operacionalizando.

- Devem ser bem trabalhados: os temas não aparecem de um dia para o outro. Sem envolvimento e trabalho focado entre os profissionais, dificilmente sairão bons temas. A prospecção só terá sucesso com bons temas elaborados.

Estas são algumas dicas para o entendimento e criação de temas de comunicação e encantamento do cliente para gerar necessidade de conversar com um novo fornecedor. É sua obrigação gerar curiosidade suficiente para que o mercado tenha interesse em falar com você em uma reunião.

Com estas dicas acertamos, então, o terceiro dos três problemas prospectivos da advocacia? Benefícios reais são a solução para a falta de interesse do mercado em conversar com você. *Three down, done.*

Sendo esta uma obra coletiva, não tenho a oportunidade de realmente expandir cada um destes pontos, mas acredito que a base para cada uma destas evoluções está plantada aqui e se você, advogado estudioso do marketing jurídico, conseguir eliminar os três pontos que atravancam a entrada para uma fase prospectiva de sucesso, está no caminho certo.

Conseguiu criar sua Blindagem Institucional adequada?

Conseguiu criar um foco prospectivo para as ações de marketing?

Conseguiu criar temas de conversação interessantes para o mercado?

Parabéns! Você está pronto para gerar novos negócios para seu escritório e carreira.

Bom crescimento!

Alexandre Motta: consultor e sócio-fundador do Grupo Inrise, empresa focada em marketing jurídico e recrutamento para escritórios de advocacia. Com formação e pós-graduação em marketing pela ESPM (Escola Superior de Propaganda e Marketing) e especialização pela UCI (University of Califórnia Irvine), atuou durante cinco anos em escritório jurídico como responsável pela área de desenvolvimento de negócios e comunicação com clientes antes de criar sua própria empresa, ativa até hoje. Além disso, é palestrante oficializado pela OAB, escreve artigos de relevância para o mercado atual (sendo colunista fixo da seção "Marketing Jurídico" do periódico Migalhas) e é autor dos livros "Marketing Jurídico – Os Dois Lados da Moeda", "O Guia Definitivo do Marketing Jurídico", "Marketing Jurídico – Migalhas" e "O Novo Marketing Jurídico". Como coautor participou das obras "Advogado 4.0", "Marketing Jurídico - A Estratégia da Diferenciação", "Guia de Utilização das Redes Sociais pela Advocacia"" e "Manual de Coaching para Advogados". Também apresenta o programa de entrevistas

Conversa Legal, focado na interatividade dos profissionais do setor jurídico. Desde 2002 mantém, por meio de sua consultoria, uma clientela de inúmeros escritórios jurídicos sob sua responsabilidade de atuação e crescimento em marketing ético, assim como a estruturação de bancas do Brasil todo por meio de contratações assertivas e eficazes.

Alexandre também é presidente da Comissão Nacional de Marketing Jurídico da ABA (Associação Brasileira de Advogados) em sua gestão 2022-2023 e, assim como a própria comissão, tem o objetivo de ajudar o advogado em sua evolução e questionamentos sobre marketing jurídico. Tem uma dúvida para o membro? Envie um e-mail para alexandre.motta@grupoinrise.com.br e aproveite este canal direto de apoio ao advogado que quer crescer eticamente.

Como Obter Lucratividade em Contratos Jurídicos

NOTA DO COORDENADOR

Um dos grandes erros do advogado é não entender como o lado financeiro bem trabalhado e adequado deve ser incorporado em uma estratégia globalizada de sucesso, o que tem tudo a ver com o que este livro tenta trazer ao leitor. E para mostrar como pensar em lucratividade dentro de uma esfera jurídica, trazemos o membro Fernando Henrique Magalhães para nos ajudar. Boa aula!

As práticas eficientes que levam à obtenção de maior lucratividade nos contratos jurídicos são o objetivo da discussão aqui postulada. Este tópico, recorrente no meio da administração de escritórios de advocacia, é bastante discutido e cercado de afirmações nem sempre verdadeiras. Um escritório de advocacia pode e deve trazer bastante retorno a seus sócios, no entanto, mesmo naqueles em que há muita movimentação, percebemos que a realidade poderia ser outra, ainda mais propícia ao crescimento do negócio, uma vez que nem sempre um faturamento grande implica em lucros grandes: há muitos fatores nesta equação e é nisto que uma boa análise financeira pode ajudar.

Lucro

Para começar, vamos entender o que é "lucratividade". Na literatura econômica, propõe-se que a lucratividade é resultado da razão entre o ganho obtido e o total de negócios realizados em um determinado período. Exemplo: se os Honorários Recebidos (total de negócios) totalizaram R$ 10.000,00 e o Lucro Líquido (ganho obtido) foi de R$ 5.000,00, sua lucratividade foi de 50% (R$ 5.000,00/R$ 10.000,00).

Parece simples, porém, a pergunta que resta é: **como calcular o Lucro Líquido?** Para resolver esta equação, primeiramente precisamos entender o que de fato é Lucro Líquido. Numa definição bastante simplificada, o Lucro Líquido consiste na diferença entre os recebimentos (no caso, honorários) e todos os custos (das despesas mais diversas aos impostos).

É necessário, porém, atentarmo-nos ao fato de que os custos são todos os gastos diretos com o corpo jurídico – incluindo salários, ajudas de custo, benefícios, cursos e quaisquer outros investimentos em sua formação e implementação – bem como todas as despesas – como gastos com aluguel, telefonia, internet, luz, água, café, equipe administrativa, manutenção predial, equipamentos, condomínio etc. No caso dos impostos, fica evidente que eles compreendem todo e qualquer valor pago ao governo e são calculados sobre o total de recebimentos ou faturamento. Este elemento torna-se especialmente importante se levarmos em conta que muitos escritórios acabam deixando de lado despesas mais básicas (como a manutenção do espaço, limpeza, luz ou água), esquecendo-se de que estes custos, se somados, podem compor um montante bastante relevante, a depender do tamanho do escritório em questão.

Contrato

O outro componente desta equação diz respeito aos **contratos propriamente ditos**. Podendo ser celebrados de inúmeras formas – a depender do tipo de trabalho, valor da causa, expectativa de ganho e de quando se estima que o caso vai acabar, além da forma como o cliente irá pagar –, nem sempre o formato escolhido é o mais adequado para o cliente e faz-se necessário que sejam manejadas possíveis adaptações ao orçamento ou realidade do cliente, de forma que haja viabilidade financeira e interesse no negócio para ambas as partes.

Assim, elencaremos abaixo alguns formatos de contrato, de modo a explicitar **suas vantagens e desvantagens para obtenção de lucro** em cada um deles:

1.**Honorário mensal fixo:** esta forma normalmente é usada quando o serviço prestado é o de consultoria em determinada área do Direito.

Deve-se estabelecer uma **quantidade de horas ao mês a que o cliente tem direito** e um **valor adicional** para as horas que **ultrapassarem o estipulado**, de forma que se garanta a boa alocação do recurso de seu pessoal, sem uma sobrecarga que venha a ultrapassar a capacidade de absorção de sua equipe ou o custo-benefício dessa relação.

Uma opção análoga é **criar um banco de horas**. Contudo, uma vez que é comum que se trabalhe mais em alguns meses e noutros menos, nesse caso é importante fechar, no máximo, trimestralmente a contagem do banco de horas **acertando-se a diferença** sobre o valor contratado.

Além disso, é importante **discriminar exatamente quais os serviços inclusos** e como será feita a cobrança, caso um serviço de outro tipo seja desempenhado.

O estabelecimento de **quais advogados** atuarão diretamente com o cliente ou causa contratada é uma questão relevante. Não há necessidade de se citar nominalmente cada um dos profissionais, no entanto, ao menos seu nível de formação ou posição ocupada no escritório deve constar no contrato: estagiário, advogado júnior, advogado sênior etc. Isto torna-se particularmente importante já que o custo de um advogado júnior é infinitamente inferior ao custo de um advogado sênior, promovendo diferenças no serviço prestado e, portanto, implicando na discriminação e precificação do contrato (a diferença entre salários destas categorias chega facilmente a R$ 10.000,00 ou mais, a depender do tamanho do escritório contratado).

2. **Honorários cobrados por hora trabalhada:** este tipo de contrato é usado também para consultoria mensal ou outros trabalhos que demandam ações esporádicas (vale alertar que nossa experiência mostra que alguns clientes não se sentem à vontade com este tipo de cobrança, pois a contagem das horas pode muitas vezes ser feita de modo pouco transparente e assertivo, a depender do método usado para isso).

A vantagem aqui é que o escritório cobra apenas as horas efetivamente gastas para realizar o trabalho. Desse modo, o fator central resta em **determinar qual o valor da hora trabalhada de cada categoria de advogado do escritório**. Sobre este tema poderia ser escrito um artigo inteiro, mas vamos nos ater apenas aos fatores que podem determinar mais diretamente este valor: a remuneração mensal de cada categoria de profissional, a ajuda de custo disponibilizada a ele, suas especializações e/ou cursos de pós-graduação, sua senioridade, as despesas diretas e indiretas do escritório para com o cliente, os impostos e, por fim, a margem de lucro que o escritório usa como meta. É evidente que quanto **maior a margem de lucro, maior o valor da hora trabalhada**.

É essencial ressaltar que, toda vez que se pretende utilizar este tipo de cobrança, é necessário implementar um sistema que conte as horas trabalhadas: o ***Timesheet***. Ele deve ser preenchido **minuciosamente**, com exatidão, de forma a poder demonstrar ao cliente com transparência todas as informações a respeito do que foi feito e por quem, para não causar nenhuma dúvida sobre o que realmente é devido.

Como se sabe, diferentes advogados podem levar montantes de tempo razoavelmente diferentes para realizar um mesmo trabalho: alguns são mais rápidos e assertivos, outros mais lentos e detalhistas, gerando variações difíceis de serem explicadas ao cliente. Para resolver esse problema, é fundamental que haja um **supervisor** (pleno ou sênior) que **revise todos os lançamentos** no Timesheet e faça as devidas correções – sempre para menos, obviamente – que visam manter uma média razoável entre discrepâncias acentuadas entre o tempo de trabalho de um e de outro funcionário.

Um exemplo prático: um cliente (lembre-se de que ele é provavelmente leigo em advocacia) observa um lançamento contendo o texto "ida ao fórum", para a qual foram despendidas duas horas de trabalho. O que poderia ser compreendido a partir dessa leitura variará muito, a depender do conhecimento jurídico ou da prática de uso desse tipo de serviço por parte do contratante. De outra maneira, se o lançamento fosse corrigido e passasse a descrever "ida ao Fórum

João Mendes para realizar despacho diretamente com o Juiz", seria muito mais fácil compreender o que o advogado fez e por que aquele tempo foi gasto.

À primeira vista, a relação entre elementos com a lucratividade pode não ficar óbvia. Parecem acontecimentos corriqueiros, do dia a dia, sem importância para a implementação de maiores lucros para um escritório. Contudo, muitos clientes glosam os lançamentos que aparentam estar com uma quantidade de tempo não condizente com o trabalho descrito e, assim, o valor cobrado, justamente por não compreenderem com clareza o que de fato foi feito nesse período. Com isso, acabam pagando por menos horas e, consequentemente, gera-se prejuízo para o escritório.

3. **Honorários por êxito:** esta forma de contrato, como todas as outras, tem seus prós e contras e, normalmente, é usada quando o **valor de causa é elevado,** a **expectativa de finalização é demorada** e é **condicionada ao êxito**, ou seja, ao ganho da causa. Estipula-se, assim, uma **porcentagem sobre o ganho obtido pelo cliente** ou uma **porcentagem sobre a diminuição de um prejuízo que o cliente teria** caso perdesse a causa.

Aqui jaz a maior questão dessa modalidade: **e se houver perda da causa?**

Abaixo elencamos algumas formas de evitar que um trabalho de anos deixe de ser remunerado em caso de perda:

Cobrar **um Pró-Labore inicial a título de estudo e preparação** para o início dos trabalhos.

Cobrar uma **taxa mensal de acompanhamento**.

Pode-se ou não **descontar estes valores no final da ação, dependendo do valor final**.

4. **Honorários por ato:** é cobrada uma **importância por ato** em cada processo. Por exemplo: petição inicial, juntada de documentos, recursos, reuniões, despachos com o juiz etc. Este formato é mais comum em **ações trabalhistas e consumeristas**, principalmente quando se defende o reclamante. Neste caso, deve-se **calcular o valor de cada ato** levando-se em conta a **categoria do advogado** que irá executá-lo e o **tempo estimado** a ser despendido.

5. **Honorários com valor fechado:** normalmente esta modalidade é aplicada quando o trabalho está relacionado à **elaboração e análise de contratos, pareceres, projetos específicos de incorporação ou aquisição/venda de empresas ou bens.** Para tal, deve-se fazer uma **estimativa do tempo** para executar o trabalho, o **valor do negócio em si**, sua **complexidade** e **quais advogados** irão participar do projeto. A OAB, inclusive, disponibiliza uma tabela que sugere um valor para casos como estes. Porém, nem sempre o valor indicado ali é o praticado na realidade, podendo variar tanto para mais como para menos.

6. **Direito de família:** a forma de contratação é parecida com a anterior, estipulando-se uma **porcentagem** sobre a herança ou bens a serem divididos ou inventariados, por exemplo. No caso de separações, discussão sobre pensão ou guarda dos filhos, dentre outras causas análogas, o mais comum é **seguir a tabela sugerida pela OAB.**

7. É evidente que estas não são as únicas formas de contratação. Pode-se mesclar as práticas listadas acima ou, ainda, **estabelecer outras maneiras de cobrança**, porém, estas são as mais comuns.

Atenção aos detalhes

Para além do formato do contrato, existem ainda outros fatores que devem ser levados em consideração e que impactam muito a sua lucratividade:

1. É fundamental que se faça um **contrato formal** (por escrito) contemplando minuciosa e detidamente tudo o que será feito, de acordo com o formato de trabalho escolhido.

Por mais estranho que pareça, mesmo se tratando de advogados, ainda é muito comum os escritórios não formalizarem por escrito o contrato, com a assinatura das partes envolvidas. O desconforto gerado na hora da cobrança acarreta, por diversas vezes, um recebimento menor do que o esperado, principalmente quando o cliente veio de uma indicação próxima, tinha algum relacionamento prévio (comercial ou pessoal) com algum dos sócios ou já era parceiro como fornecedor em algum outro tipo de relação de negócio.

Faz-se imprescindível, portanto, uma contratação detalhada, seja qual for das modalidades acima, estabelecendo-se, no mínimo, o valor da hora trabalhada, os profissionais que irão participar e um estudo preliminar com estimativas para que, na hora do recebimento, tudo seja devidamente levado em consideração.

2. **Despesas:** é fundamental que todas as despesas com custas judiciais, transporte, viagens, pareceres e quaisquer outras que venham a ser realizadas para viabilização dos trabalhos, sejam **cobradas mensalmente e não apenas ao final do processo**. Uma das práticas que mais acarretam prejuízo para os escritórios é o adiantamento das custas, sem seu devido registro e cobrança periódica. O escritório não pode e não deve bancar o cliente em nenhuma situação.

Lembrando, obviamente, que uma cláusula referente às despesas deve sempre constar no contrato, como já dito anteriormente.

Precificação

Todos os elementos discutidos acima fazem parte da precificação. Contudo, não podemos esquecer que, para a análise da lucratividade de um contrato, entram em cena outros fatores que variam muito de escritório para escritório: as despesas gerais.

Estas despesas acabam por tornar-se as principais responsáveis pela variação entre os preços cobrados.

Alguns exemplos:

Um escritório com dez advogados que está estabelecido na Av. Brigadeiro Faria Lima (importante centro financeiro de São Paulo) paga um aluguel muito maior que outro escritório, com os mesmos dez advogados, localizado na periferia da mesma cidade.

Um escritório que trabalha com sistemas de acompanhamento de processos, controladoria, equipe financeira completa e implementação de jurimetria tem despesas consideravelmente maiores que um escritório que realiza seus controles manualmente.

Mais uma vez, assim como quando descrevemos a ausência de contratos formalizados, observamos um fenômeno que parece claro e notório, mas que nem sempre é computado como determinante para a precificação e, assim sendo, a lucratividade dos escritórios: quem gasta mais pode (e deve) também cobrar mais.

Em nossa experiência, vimos percebendo que este é outro fator que reduz perceptivelmente a lucratividade de um contrato. Alguns advogados pensam que se o escritório A – do qual eu desconheço a estrutura e as despesas gerais – cobra menos do que o meu, eu devo cobrar o mesmo valor para não perder determinado cliente. Ao pensar assim, estes advogados esquecem-se de que o valor cobrado não vai cobrir nem mesmo seus custos e suas despesas, fazendo com que a lucratividade seja muito baixa ou até mesmo negativa.

Outro fator extremamente importante que, muito comumente, não é levado em consideração para a precificação dos serviços e contratos são os gastos com Marketing e Prospecção. Uma vez que sabemos que é cada vez maior e mais frequente o investido nesta área, dada a concorrência acirrada e o número exponencial de escritórios de advocacia no mercado, não se pode deixar de computar este tipo de despesa como parte do ponto de partida para a atribuição dos valores e preços dos contratos: quanto mais se investe, mais se incrementa a precificação.

As despesas fixas e as horas gastas com manutenção de sites e redes socias, participação em eventos e congressos, gastos com fortalecimento de networking, *meetings* e reuniões organizados pelo e no escritório, almoços estratégicos com clientes e tantas outras ações que, mesmo que sejam parte elementar do cotidiano do trabalho e assemelhem-se muito a momentos de descontração em meio a tantas outras atividades mais técnicas e densas, são também parte de todo um rol de investimentos que fazem parte ao se calcular os preços praticados.

As exceções

Antes de passarmos para alguns exemplos, resta a discussão a respeito das exceções, ações estratégicas ou destinadas a clientes diferenciados.

Uma dúvida comum em nossas consultorias: "posso cobrar mais barato por um determinado serviço, para um cliente especial, com o intuito de estreitar o relacionamento e cativar o cliente ou torná-lo fiel?" Para que isso seja possível, é necessário que cada escritório conheça qual é o valor que deve ser cobrado para que não haja prejuízo e, além disso, não se pode fazer dessa prática algo rotineiro ou usual.

Abaixar demais o valor dos seus serviços não é uma boa prática. Todo advogado deve saber valorizar seu trabalho, sua formação e conhecimento técnico, não devendo renunciar à sua lucratividade e retorno por seus serviços por meio da diminuição dos valores cobrados.

Margem de lucro e resultado final

No mais, a determinação da margem de lucro para um contrato jurídico vai depender do porte de cada escritório. Os de porte médio, por exemplo, devem ter um lucro líquido entre 28% e 35% do valor recebido, de modo a garantir segurança financeira e uma boa margem para distribuição dos lucros entre todos os advogados ao final do ano. Ou seja: nesta conta deve-se computar o valor mensal recebido por todos os principais sócios do escritório.

Assim, a lucratividade de um contrato jurídico deve acompanhar esta margem, podendo variar para menos, desde que não afete o resultado final.

Para melhor compreensão destes cálculos, a seguir detalharemos alguns exemplos numéricos que clarificam o discutido até aqui. É importante que todos os custos, despesas e investimentos sejam rigorosamente elencados, mês a mês, para que seja possível a análise de lucratividade. Quanto mais detalhado, mais assertivo será o preço a ser cobrado.

Além deste controle, é necessário também que, mesmo que a modalidade de contrato não seja aquela em que se cobra por hora, seja feito o Timesheet com todas as atividades e horas utilizadas em cada um dos contratos: só assim é possível conhecermos, de fato, a lucratividade de um contrato.

Exemplo

Imaginemos um escritório com a seguinte estrutura:

QUANTIDADE DE ADVOGADOS	6
QUANTIDADE DE ESTAGIÁRIOS	1
PESSOAL ADM/FINANCEIRO	3
CUSTOS CORPO JURÍDICO	
Remunerações	R$ 54.500,00
Encargos	R$ 2.000,00
Ajuda de Custo	R$ 3.200,00
Cursos	R$ 2.000,00
Seguros	R$ 500,00
Associações	R$ 400,00
TOTAL	**62.600,00**
DESPESAS	
Ocupação	R$ 9.000,00

Comunicação	R$ 800,00
Despesas Administrativas	R$ 1.500,00
Informática	R$ 2.000,00
Pessoal Administrativo	R$ 8.000,00
Serviços de Terceiros	R$ 2.000,00
Manutenções	R$ 500,00
Marketing	R$ 1.500,00
TOTAL	R$ **25.300,00**

Qual é o valor de recebimento mensal para que se alcance uma lucratividade de 30%?

RECEBIMENTO	R$ 152.000,00
CUSTOS	R$ 62.600,00
DESPESAS	R$ 25.300,00
IMPOSTOS (12%)	R$ 18.240,00
RESULTADO	R$ **45.860,00**
	30%

Neste caso, para que o escritório atinja uma lucratividade de 30%, é necessário um recebimento de R$ 152.000,00, tendo desta forma um resultado líquido de R$ 45.860,00.

O mesmo raciocínio deve-se fazer para todos os contratos, dividindo-se os custos e despesas pela quantidade de advogados/hora trabalhados proporcionalmente em cada um dos casos. É por este motivo que devemos ter um controle acurado das horas gastas em todos os casos, pois sem esta informação não saberemos a lucratividade de cada contrato.

Agora com os resultados em mãos, devemos analisar cuidadosamente todos os contratos, levando em consideração vários fatores, que determinarão se devemos ou não reformular alguns que não sejam lucrativos, a fim de manter a expectativa de 30% de lucratividade.

Dentre os principais fatores podemos destacar:

1. **Valores de Mercado:** o valor praticado é condizente com o que é praticado no mercado por escritórios similares? Caso o valor esteja abaixo do valor de mercado, pode-se tentar uma renegociação.

2. **Importância do Cliente:** o cliente em questão é estratégico e posso cobrar um valor menor para conseguir mais trabalhos e torná-lo um cliente fiel? Já falamos sobre este caso anteriormente, lembro somente que se a opção for manter o valor baixo, não é indicado que o valor cobrado gere prejuízo para o escritório.

3. **Horas Trabalhadas:** os contratos mensais estão respeitando as horas preestabelecidas ou as horas trabalhadas estão muito além do combinado? Neste caso, a melhor forma de reformular o contrato é mostrando ao cliente o Timesheet de todos os advogados para que seja comprovado que o valor cobrado está aquém da quantidade de horas trabalhadas.

4. **Advogados Atuantes no Caso:** muitas vezes os advogados que estão trabalhando em determinado caso são os mais caros do corpo jurídico, fazendo com que o custo destes advogados seja um dos fatores que fazem este contrato não ser tão lucrativo. Uma opção é redistribuir as tarefas para advogados que sejam menos onerosos para o escritório.

Existem outros fatores que podemos considerar, mas considero estes os mais importantes.

Por fim, como ficou demonstrado, a lucratividade de um contrato depende de todos os custos e despesas do escritório e muitas vezes a forma de tornar um contrato lucrativo passa pela diminuição destes gastos.

Verifique se os valores pagos a título de remuneração e ajuda de custo aos advogados são os praticados pelo mercado; muitas vezes na ânsia de termos advogados acima da média, contratamos com remunerações muito altas, impossibilitando atingirmos a lucratividade esperada.

O mesmo raciocínio deve ser usado quanto às despesas. Uma análise acurada de todas as despesas é essencial para o bom desempenho financeiro do escritório. É fundamental que estas despesas sejam revistas a fim de se manter a meta de lucratividade estabelecida possível de ser atingida.

Como conclusão posso afirmar que só é possível ter lucratividade nos contratos jurídicos, e consequentemente ter um escritório saudável e lucrativo, se os controles financeiros que englobam custos e despesas sejam muito bem monitorados, além de uma política de precificação acurada visando sempre ao melhor atendimento ao cliente aliado à lucratividade esperada.

Fernando Henrique de Oliveira Magalhães: economista formado pela Faculdade de Economia e Administração da Universidade de São Paulo – FEA USP, pela turma de 1985. Especialização em Planejamento Estratégico para Escritórios de Advocacia na FGV LAW, 2018, e Gestão Jurídica na FIA – Fundação Instituto de Administração, em 2019.

Fernando também é membro da Comissão Nacional de Marketing Jurídico da ABA (Associação Brasileira de Advogados) em sua gestão 2022-2023 e, assim como a própria comissão, tem o objetivo de ajudar o advogado em sua evolução e questionamentos sobre marketing jurídico. Tem uma dúvida para o membro? Envie um e-mail para fernando@omassessoria.adm.br e aproveite este canal direto de apoio ao advogado que quer crescer eticamente.

Atendimento com Indicadores: uma Ferramenta de Busca de Novos Negócios

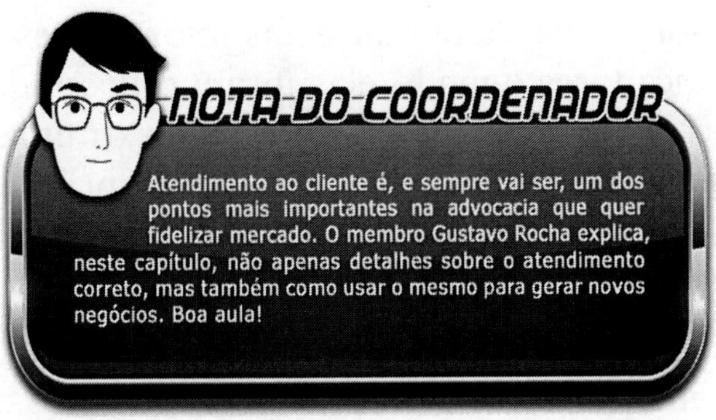

O primeiro passo para buscar clientes é conhecer o que você está ofertando e como você irá mostrar ao mercado o seu trabalho.

Para isto, definir produtos é essencial. Igualmente, é nevrálgico conhecer para quem serve esse produto, que é o conceito de persona, já explicado, aqui nesta obra, em partes anteriores.

Neste capítulo vamos esmiuçar dentro da ideia de que estes conceitos já estão prontos e como podemos buscar novos clientes ou novos negócios a partir de atendimento a clientes.

Tenho o produto e uma persona: como gerir informações?

São três elementos que fornecem convencimento do cliente: *Know, like* e *trust* (JONES, 2016). O cliente precisa pensar que ele necessita do que você está ofertando, deve gostar do que é ofertado e confiar em você para o fechamento do negócio.

Se você já pensou no público-alvo adequado, a necessidade do produto que está direcionando, é imperioso determinar a forma aprazível para que o cliente se sinta atraído e estabeleça o elo de confiança.

Como buscar, nos seus próprios clientes ou prospectos, estas possibilidades de negócio?

A melhor forma de buscar estas informações é ter pensado em indicadores quando elas foram cadastradas. Depois que as informações estão no sistema, para extrair as mesmas, devemos aproveitar as ferramentas que o próprio sistema tem para busca. Portanto, se temos indicadores claros, extrair informações se torna uma tarefa simples.

Por exemplo, se ao lançar um cliente você usa campos como segmento, perfil, origem, parceiro, onde cadastrar o segmento do cliente (bancário, serviços, moveleiro), posteriormente o perfil do cliente (aposentado, investidor, agronegócio), a origem (redes sociais, indicação, informativo) e se tem parceiro no negócio (escritório X, Y, Z), com poucos cliques você responde a perguntas como:

> Quantos clientes de serviço vieram pelas redes sociais? (segmento e origem)

Quantos clientes de agronegócio fiz com o escritório Z? (perfil, parceiro)

A quantidade de aposentados que veio pela rede social foi significativa no ano anterior? (perfil, origem)

E para criar e gerir indicadores bons, não basta apenas pensar em alguns, é importante ter um método de análise e verificar se ele vale ou não a pena. Assim, apresento a vocês o método SMART para indicadores no próximo tópico.

Como gerar indicadores: Método SMART

A sigla SMART vem do inglês: ***S**pecific, **M**easure, **A**chievable, **R**elevant, **T**ime-based* e foi criada em 1981 pelo americano George T. Doran em um artigo publicado na *Management Review Publication*. Passamos a explicitar cada uma:

SPECIFIC – ESPECÍFICO

O indicador deve ser específico, focado no seu negócio. Pense em perguntas como:

- Qual é o seu negócio?
- Qual a dor que o seu negócio resolve?
- Qual a tecnologia que pode auxiliar na solução do seu problema?

Assim, o indicador deve responder a questionamentos do seu negócio, para o seu cliente, sem ser genérico.

Por exemplo: um indicador que traz todas as audiências de um determinado período. Ele pode ser interessante, mas não responde à dor do cliente. Será necessário ser mais específico, dizendo que tipo de audiência (inicial, UNA, instrução, inquirição prévia de testemunhas etc.), qual o resultado da audiência (indicador que explicite um relatório da audiência), entre outros.

MEASURE – MENSURÁVEL

Além de específico, o indicador deve ser mensurável, em números, percentuais, unidade de medida. Pense e repense quais os indicadores que você tem hoje? Quais as suas finalidades? Quais perguntas eles respondem?

Virão destas respostas, números.

Neste caso, cabe um destaque: indicadores são mais do que números! Não se baseie, na tomada de decisão, apenas pelo mensurável. Aprenda que um indicador ideal tem todos os elementos SMART e não apenas um deles.

Medir sim, sempre. Apenas pelos números gerir e fazer tomada de decisões é um erro estratégico.

ACHIEVABLE - ALCANÇÁVEL

Para ser alcançável, o indicador deve cumprir o seu propósito de responder às perguntas que ele se propõe a medir e controlar.

Quando criamos os indicadores pensando na sua estratégia e nas perguntas que vai responder, este tópico fica simples, posto que para ser a informação alcançável, ela deve ser lançada previamente de forma pensada, desenhada. O que nos remete aos exemplos já feitos e ao próximo item, uma vez que além de específico, mensurável, alcançável, ele deve ser relevante.

RELEVANT – RELEVANTE

Para ser relevante, o indicador deve ser pensado como a resposta de perguntas que impactam o negócio e o cliente do negócio. Fazer um indicador para saber quantas réplicas o escritório fez pode não ser relevante. Quando vejo as réplicas como atividades de um colaborador, posso perceber relevância em quantidade de tempo, tarefas e aproveitamento do colaborador do negócio, daí criei relevância para o indicador (embora o indicador de quantas foram realizadas será feito no contencioso/processual e a análise como tarefa e tempo de elaboração pode ser por timesheet – outro módulo), o que nos mostra que analisar a relevância não é uma tarefa simplista.

Pense no indicador que está sendo criado, para quem está sendo criado, quais as premissas da sua criação e uso, e assim, ele terá os atributos necessários para ser relevante.

TIME-BASED – BASEADO NO TEMPO

O indicador não pode ser analisado solto no tempo. É fundamental estabelecer na estratégia o quesito tempo para que tenhamos resultados efetivos. Por exemplo, saber quantos clientes foram conquistados nos últimos três meses é útil, mas dependendo da área de atuação e das questões de mercado, pode se necessitar de seis meses para ter um retorno efetivo dos números, que podem estar mascarados por férias, recesso etc.

O lapso temporal para análise e contexto é um diferencial essencial para que o indicador atinja seus objetivos.

Exemplos práticos de indicadores em softwares

Para ilustrar mais claramente todo o exarado sobre indicadores, vamos a alguns exemplos práticos.

AUDIÊNCIAS - usar indicadores que especifiquem a audiência, tragam respostas efetivas aos clientes e não apenas genéricas.

Specific – Audiência UNA, instrução, conciliação etc.

Measure – Quantidades num determinado período, com cliente específico.

Achievable – Ao criar indicadores com especificidade, torna-se alcançável o relatório.

Relevant – Muito relevante para saber estratégias de atuação, resultados etc.

Time-based – Selecione por mês ou trimestre para uma análise mais pontual ou por ano para análise mais genérica.

MEMORIAIS (sejam de instrução, sejam de 2º grau)

Specific – Especificar o tipo (instrução ou 2º grau).

Measure – Verificar quem fez, o que foi abordado.

Achievable – Análise junto com outros indicadores demonstrando resultados.

Relevant – Pode ser inclusive uma oportunidade para captar junto ao cliente um novo serviço de memoriais de segundo grau ou ao pé do ouvido para melhor resultado da tese do processo.

Time-based – Selecione por mês ou trimestre para uma análise mais pontual ou por ano para análise mais genérica.

ATENDIMENTO DE CLIENTES

Specific – Atendimento pelo WhatsApp, rede social, presencial, virtual ou como?

Measure – Além da quantidade, pensar em quem foi atendido (novos clientes, já clientes, apenas informações ou foram pareceres técnicos etc.).

Achievable – Separar se é ou não cliente; isto muda completamente a análise do indicador.

Relevant – Traz uma visão megaestratégica para a análise de quem é cliente, quais seus interesses, visão, necessidade; quem não é cliente, o que veio buscar, o que quer, por que fechou ou não contrato etc.

Time-based – Demonstra no curto ou médio prazo como o escritório está evoluindo em novas contratações e no próprio atendimento a quem já foi contratado.

Existem inúmeros indicadores processuais e não processuais. Comece hoje mesmo a criar os seus!

A tecnologia e a retenção de clientes

A tecnologia é uma grande aliada para reter os atuais clientes, seja por ter indicadores, seja por melhorar a ideia de atendimento.

Quanto mais o cliente se sente satisfeito, mais ele indica, mais ele busca novas demandas (processuais ou não), mais ele quer exercer a confiança que tem no seu advogado(a). Vamos esmiuçar estas ideias!

Cliente contratado: e agora?

Um ponto que muitos pensam de forma simplista: basta fazer a inicial/contestação/contrato e tudo certo... Ledo engano. O processo de indicadores começa bem antes de o cliente fechar contrato. Devemos criar indicadores de atendimento para depois buscar o quanto o cliente foi atendido e se gerou o fechamento do contrato, tipo de tese que ele veio buscar, entre outros.

Para esclarecer, vamos usar um exemplo: o cliente foi atendido no escritório trabalhista e quer entrar com uma reclamatória/reclamação trabalhista. Começamos com o cliente devendo ser cadastrado no sistema do escritório (com perfil, segmentos etc., como já vimos). Depois, temos que colocar dentro do sistema o seu atendimento. Há sistemas que permitem a ampla customização de campos, portanto, todo atendimento poderia ser um questionário dentro do sistema, que futuramente irá gerar relatórios muito específicos, como, por exemplo: quantos clientes atendidos no último ano tiveram acidente de trabalho?

Após, temos que gerar um prazo interno para análise de documentos e verificação se está tudo completo para se gerar a inicial. Antes disto, não há prazo para elaborar a inicial. Quando temos a documentação completa, geramos um prazo para elaborar a inicial, um prazo para revisão da mesma e um prazo para protocolo.

Com estes indicadores simples, respondemos problemas importantes, tais como:

O cliente liga e quer saber por que o processo não foi distribuído ainda (tem indicador para ver se não faltam documentos ou se estamos na fila para fazer a inicial).

Quantas iniciais temos feito por mês?

Quantos clientes novos temos por mês?

Estamos ficando com estoque de demandas (mais demandas que podemos fazer)?

Será que precisamos de mais colaboradores ou de externos para tarefas específicas?

Ufa! Na prática, mesmo numa rotina cotidiana da advocacia, há muito que indicadores, sistemas e gestão com pensar crítico podem criar e aprimorar no negócio.

Usando indicadores para buscar manutenção de clientes

O mesmo vale para manter clientes. Use indicadores como estes:

- Atendimento cliente – indicador vital para que todos saibam o que foi dito ao cliente e o escritório, com pessoas diferentes, não dê opiniões diferentes do mesmo caso.
- Sentença/acórdão procedente, improcedente ou parcialmente procedente – pode ser um bom momento para entrar em contato com cliente para mostrar resultados.
- Alvará/pagamento – ter um dossiê para entregar ao cliente e aproveitar para renovar os votos de confiança é essencial.
- Mais do que relatórios no âmbito empresarial – procure pensar no que o relatório significa para o

cliente e mude a forma de entrega. Prefira explicar processos estratégicos e diferenciar os processos comuns dos demais.

- Ainda no empresarial – analise sempre o risco (contingência e prognóstico do processo) *versus* a importância para a marca da empresa. É um diferencial que poucos fazem na prática.

Enfim, analise com bastante tempo as necessidades e crie os indicadores. Isto não apenas retém o cliente, isto faz um diferencial competitivo para ser indicado!

Outra fonte para buscar melhoria e encontrar mais dados para novas oportunidades é uma pesquisa de satisfação.

Pesquisa de satisfação: poderoso aliado para a melhoria contínua

Ouvir o cliente é um diferencial competitivo, não apenas ter uma caixinha de sugestões no escritório ou um formulário no site. Criar um canal permanente e frequente com o cliente é muito importante.

De acordo com Spiller, da Luz e Plá (2007, p.37), "mais do que por qualquer outro motivo, as organizações perdem clientes porque estes não encontram alguém com quem possam falar a respeito do seu problema".

Um exemplo simples que faz a diferença: um cliente criou, no Google Forms (gratuitamente), um formulário simples com algumas perguntas, como disponibilizo abaixo, que ele envia pelo WhatsApp a cada cliente no mesmo dia da audiência.

O que isto gera? No cliente satisfeito, pode ser um elogio. No cliente insatisfeito, gera um alerta do que precisamos melhorar. O segredo do formulário? As perguntas e respostas, pois como o Google Forms gera um Excel do próprio Google (chamado de Planilhas), a informação respondida pelo cliente já fica indexada. Exemplos de perguntas citadas:

Qual o profissional que acompanhou a sua audiência? (campo de seleção para escolher pelo nome)

Em relação ao advogado que acompanhou a audiência, qual a sua percepção sobre o seu desempenho no ato (campo de escolha com opções de bom, médio, ruim etc.)

O profissional chegou no horário? (resposta sim ou não)

O profissional se portou adequadamente na audiência (respostas prontas como "ficou calado", "manifestou-se", "estava indiferente" etc.)

Mais algumas perguntas simples e, no fim, um campo de texto para que o cliente escreva o que quiser.

Imagine receber tudo isto pronto para sua análise estratégica? Está esperando o que para pôr em prática? Ouvir o cliente atual e melhorar sua experiência faz a diferença!

Endomarketing: como melhorar a experiência do cliente pode trazer novas oportunidades de negócio?

Pensar no próprio cliente como um possível consumidor de novos produtos é essencial. Na própria definição de Endomarketing, segundo Bueno (2013): "*Endo* provém do grego e quer dizer 'ação interior ou movimento para dentro'. O Endomarketing definido por alguns especialistas é o marketing voltado para dentro da empresa. É a utilização de ferramentas modernas do marketing para atingir o público interno e subsequentemente o mercado externo".

Já vimos que, ao trabalharmos com indicadores e ferramentas para controle, tornamo-nos mais produtivos.

Estabelecer com o atual cliente canais de atendimento específicos faz um diferencial competitivo estratégico.

Como melhorar a experiência do cliente conosco? Alguns pontos para reflexão:

- Pare de pensar no jurídico. Pense em por que o cliente contratou o serviço. Ele não quer uma sentença. Ele quer resultado, justiça, igualdade, equidade, enfim, o cliente não quer o judiciário.
- Entenda o contexto do cliente para abordar o mesmo. Há clientes que preferem WhatsApp a ligações, há quem prefira o contato presencial, há quem queira resolver tudo por reunião on-line. Foque no que o cliente quer e não no que é mais fácil para você.
- Entregue ao cliente mais do que dados em números. Entregue informações que foram pensadas, deglutidas, que são estratégicas para a tomada de decisão. Ninguém contrata um escritório jurídico para ter dados do judiciário. Se for assim, você será substituído por um robô de jurimetria.

Enfim, mostre efetivamente que você é mais do que uma máquina ou um fazedor de relatórios. Isto faz toda a diferença.

E ao realizar entregas diferenciadas ao cliente, devemos compreender que tudo que coletamos, armazenamos, estruturamos tem um nome e legislação afetos: tratar dados impacta a Lei Geral de Proteção de Dados. E o que isto tem a ver com o Marketing Jurídico? Como a LGPD impacta o marketing jurídico?

Um dos preceitos do marketing jurídico é o banco de dados atual do escritório, e, com as normas da Lei Geral de Proteção de Dados em vigor, muitos têm dúvidas sobre como exercer o contato, a partir de agora, com clientes ou possíveis clientes.

Antigamente, bastava entrar em contato com qualquer pessoa, não importando onde se conseguiu o contato dela, ofertar serviços e vida que segue. Com o advento da Lei Geral de Proteção de Dados em vigor desde 2018 e aplicações de sanções em 2021, temos mudanças drásticas em relação a dados e contatos.

Devemos compreender que, para armazenar, tratar e acessar os dados de pessoas físicas devemos cumprir os requisitos insculpidos na Lei, em especial nos artigos 6º, 7º e 11º, onde temos os princípios da Lei no 6º e, nos outros, as hipóteses legais para tratar os dados.

Na prática, devemos compreender que sem os princípios da Lei não devemos armazenar ou tratar (usar) os dados. Para conhecimento, os princípios da LGPD:

Art. 6º As atividades de tratamento de dados pessoais deverão observar a boa-fé e os seguintes princípios:

> I - finalidade: realização do tratamento para propósitos legítimos, específicos, explícitos e informados ao titular, sem possibilidade de tratamento posterior de forma incompatível com essas finalidades;

II - adequação: compatibilidade do tratamento com as finalidades informadas ao titular, de acordo com o contexto do tratamento;

III - necessidade: limitação do tratamento ao mínimo necessário para a realização de suas finalidades, com abrangência dos dados pertinentes, proporcionais e não excessivos em relação às finalidades do tratamento de dados;

IV - livre acesso: garantia, aos titulares, de consulta facilitada e gratuita sobre a forma e a duração do tratamento, bem como sobre a integralidade de seus dados pessoais;

V - qualidade dos dados: garantia, aos titulares, de exatidão, clareza, relevância e atualização dos dados, de acordo com a necessidade e para o cumprimento da finalidade de seu tratamento;

VI - transparência: garantia, aos titulares, de informações claras, precisas e facilmente acessíveis sobre a realização do tratamento e os respectivos agentes de tratamento, observados os segredos comercial e industrial;

VII - segurança: utilização de medidas técnicas e administrativas aptas a proteger os dados pessoais de acessos não autorizados e de situações acidentais ou ilícitas de destruição, perda, alteração, comunicação ou difusão;

VIII - prevenção: adoção de medidas para prevenir a ocorrência de danos em virtude do tratamento de dados pessoais;

IX - não discriminação: impossibilidade de realização do tratamento para fins discriminatórios ilícitos ou abusivos;

X - responsabilização e prestação de contas: demonstração, pelo agente, da adoção de medidas eficazes e capazes de comprovar a observância e o cumprimento das normas de proteção de dados pessoais e, inclusive, da eficácia dessas medidas.

Reter/armazenar e usar/tratar os dados de clientes ou não clientes, é uma premissa fundamental dos três primeiros incisos: finalidade/adequação/necessidade. Ou seja, você tem que ter coletado o dado com alguma finalidade específica, não adianta coletar o dado de forma genérica. Como assim? Se você coletar um dado para finalidade de um sorteio de um livro em um evento, por exemplo, e depois cadastrar a pessoa numa lista de envio de mensagens, não está cumprindo a finalidade para a qual o dado foi coletado, então, infringindo a lei.

Da mesma forma, e somando os princípios, ou seja, não basta cumprir um, tem que no mínimo cumprir os três, o dado deve ser adequado à finalidade, quer dizer, coletou dados para um sorteio, não pode desvirtuar a finalidade proposta.

Outrossim, deve ter a necessidade da coleta do dado, posto que não podemos coletar um dado de carteira de trabalho, quando queremos apenas fazer um sorteio, como no exemplo acima, pois seria um dado desnecessário à finalidade e adequação à finalidade do dado coletado.

Outro ponto que merece destaque no marketing é a hipótese de tratamento do consentimento. Vamos entender que existem dez hipóteses legais para tratamento de dados pessoais (artigo 7º da Lei) e mais dez hipóteses para dados sensíveis (artigo 11º - que não trataremos aqui, pois marketing de dados sensíveis normalmente é vedado).

E quais são as hipóteses? Vejamos:

> Art. 7º O tratamento de dados pessoais somente poderá ser realizado nas seguintes hipóteses:
>
> I - mediante o fornecimento de consentimento pelo titular;
>
> II - para o cumprimento de obrigação legal ou regulatória pelo controlador;
>
> III - pela administração pública, para o tratamento e uso compartilhado de dados necessários à execução de políticas públicas previstas em leis e regulamentos ou respaldadas em contratos, convênios ou instrumentos congêneres, observadas as disposições do Capítulo IV desta Lei;
>
> IV - para a realização de estudos por órgão de pesquisa, garantida, sempre que possível, a anonimização dos dados pessoais;
>
> V - quando necessário para a execução de contrato ou de procedimentos preliminares relacionados a contrato do qual seja parte o titular, a pedido do titular dos dados;
>
> VI - para o exercício regular de direitos em processo judicial, administrativo ou arbitral, esse último nos termos da Lei n.º 9.307, de 23 de setembro de 1996 (Lei de Arbitragem);
>
> VII - para a proteção da vida ou da incolumidade física do titular ou de terceiro;

> VIII - para a tutela da saúde, exclusivamente, em procedimento realizado por profissionais de saúde, serviços de saúde ou autoridade sanitária; (Redação dada pela Lei n.º 13.853, de 2019)
>
> IX - quando necessário para atender aos interesses legítimos do controlador ou de terceiro, exceto no caso de prevalecerem direitos e liberdades fundamentais do titular que exijam a proteção dos dados pessoais; ou
>
> X - para a proteção do crédito, inclusive quanto ao disposto na legislação pertinente.

Muitas pessoas no mercado têm dito que basta o titular dos dados clicar num consentimento genérico e tudo está adequado à LGPD, baseados no artigo 7º, I da Lei, como se as outras nove hipóteses fossem descartáveis ou acessórias. Ledo engano.

Primeiramente, porque a qualquer tempo o titular pode revogar o consentimento, ou seja, a hipótese legal que o negócio tinha para ter o dado e usá-lo, acaba.

De outra banda, o consentimento sem obediência aos princípios da lei é nulo, sem validade.

Para dar o consentimento, precisa o dado estar minimamente adequado à finalidade, com a adequação da finalidade clara e ser um dado necessário para a finalidade proposta. Portanto, antes de sair coletando dados por aí, usando-os de qualquer jeito, atenha-se às regras da lei.

Algumas premissas devem ser observadas em essência para que as ações de marketing do escritório não incorram em infrações à LGPD, entre elas:

Lembre-se de que todos as informações do banco de dados têm um prazo para expirar e serem anonimizadas ou excluídas, então, é fundamental compreender que ter bancos de dados com dados eternamente, além de ser um risco, pode ser uma brecha importante de segurança. Devemos ter os dados com prazos de descarte claros, além de entender que independentemente dos dados serem eletrônicos ou não, a lei abrange todos (inclusive os físicos).

As ações de marketing em redes sociais ou sites, com ideias de e-books para captar leads ou similares devem obedecer à ideia de consentimento e finalidade do dado, o que muitas vezes é desvirtuado, posto que se dei o dado para o fim de um e-book, quem autorizou o envio de e-mails ou mensagens com venda de produtos ou serviços? Compreenda que não se impedem ações de marketing com a LGPD, apenas é necessário obedecer aos princípios da Lei para sequência do trabalho.

Cuidado com mensagens a qualquer pessoa em qualquer listagem que obtém ou compra pela internet. De onde se coletou esse dado? Foi autorizado? Tem alguma das dez hipóteses de tratamento de dados (consentimento é apenas uma delas)?

Enfim, no marketing o uso dos dados não está acabado, mas deve amplamente ser repensado para que a LGPD não seja um fardo a ações de busca por clientes.

Gustavo Rocha: advogado pós-graduado e atuou como gerente jurídico de escritórios de advocacia, exercendo a consultoria há mais de 15 anos com dedicação exclusiva. Professor em cursos *in company* em departamentos jurídicos nacionais e internacionais, escritórios de advocacia e órgãos públicos, como o Supremo Tribunal Federal - STF, lecionando em português e inglês. Participa como membro de diversas comissões da OAB desde 2002, em especial tecnologia, acesso à justiça, Lei Geral de Proteção de Dados e ética no Rio Grande do Sul e em São Paulo. Coordenador de dois grupos de estudos da ESA/RS em 2022: Gestão de Escritórios de Advocacia e grupo de estudos de Direito Digital. Executa gestão e trabalho com softwares jurídicos desde 1997. Presta exclusivamente consultoria nas áreas de gestão, tecnologia, marketing jurídico, inteligência artificial, robôs, jurimetria e inovação. Atua com implantação de adequação de empresas e escritórios à Lei Geral de Proteção de Dados - LGPD. Mais de 15 anos de consultoria direcionada em escritórios e departamentos jurídicos no Brasil e em Portugal. Mais de 2.400 artigos publicados no portal www.gustavorocha.com. Canal no YouTube (gustavorochacom) com aulas, palestras e dicas práticas. Professor convidado de universidades e cursos de Pós-Graduação pelo país nas áreas de gestão, tecnologia, marketing jurídico, inovação, inteligência artificial, jurimetria, Lei Geral de Proteção de Dados - LGPD, entre outros temas. Autor e coordenador de obras literárias em 2022 sobre marketing jurídico e tecnologia. Colunista em diversos portais jurídicos e revistas no Brasil e exterior. Sócio da Consultoria GustavoRochacom, inscrita no CRA/RS 003799/O. Associado AB2L - Associação Brasileira de Legal e Law Techs.

Gustavo também é membro da Comissão Nacional de Marketing Jurídico da ABA (Associação Brasileira de Advogados) em sua gestão 2022-2023 e, assim como a própria comissão, tem o objetivo de ajudar o advogado em sua evolução e questionamentos sobre marketing jurídico. Tem uma dúvida para o membro? Envie um e-mail para gustavo@gustavorocha.com e aproveite este canal direto de apoio ao advogado que quer crescer eticamente.

O Segredo do Networking Eficaz

NOTA DO COORDENADOR

Primariamente a advocacia e o próprio marketing jurídico são relacionamentos bem estruturados entre advogado e mercado. E nesse capítulo trazemos o membro Eduardo Brenna para explicar os truques e segredos destas conexões e networking bem desenvolvido. Boa aula!

É fato! Incontestável! Transitado em julgado!

O networking é uma das principais ferramentas de marketing para nós, advogados.

Se eu perguntar qual o percentual de seus clientes que vêm de indicações, o que você me responderia? São 50%, 80%, 100%?

Quando me fizeram esta pergunta pela primeira vez, dei-me conta de que era 100%: 90% dos meus clientes vinham preponderantemente da indicação de outros clientes. O restante, de minguadas indicações de amigos e parentes. Eu levava à risca o ditado: "amigos, amigos, negócios à parte."

Isso também ocorre com você?

O mais engraçado, para não dizer triste: eu achava que já sabia fazer networking, uma vez que eu conhecia um número grande de pessoas. Mas a certo ponto da minha carreira, onde eu estava completamente perdido em relação a que rumo poderia tomar, percebi que cometia muitos erros na forma de me relacionar com as pessoas, inclusive com os meus clientes.

Eu achava que só porque conhecia muita gente, ou que já era indicado por clientes de vez em quando, sabia trabalhar com indicações de negócios e que sabia fazer networking e me relacionar com o mercado.

Acredito que alguns desses erros que eu cometi, você pode estar cometendo também. E são eles, muitas vezes, os responsáveis pelo insucesso na sua aquisição de novos clientes, assim como foram na minha.

A primeira coisa de que eu tinha convicção, e que estava totalmente errada, era pensar que o fato de conhecer várias pessoas, de comparecer a eventos com frequência, era suficiente para conquistar mais clientes. E que isso era um bom networking.

Claro que hoje eu sei que se fosse realmente assim, certamente eu não teria ficado completamente perdido como fiquei em boa parte da minha carreira.

E por que isso é um erro? Porque se você não for intencional nos seus relacionamentos, você jamais vai conseguir despertar o interesse de que as outras pessoas indiquem seu trabalho.

Outro erro que eu cometi foi me relacionar principalmente com outros advogados: os colegas do escritório, o time de futebol da OAB, as comissões da OAB, as convenções e congressos jurídicos. O que eu não me dava conta era que isso restringia, e muito, a possibilidade de eu estar e me relacionar com meus futuros clientes.

Claro que é importante cultivar um excelente relacionamento com os colegas, mas ficar somente com eles fará com que você tenha muito menos tempo para estar e se relacionar com o seu público-alvo.

Aliás, em relação aos eventos, eu também ficava sempre com a minha "patota" e nunca conhecia pessoas diferentes. E isso é um erro, porque temos que aproveitar os eventos para conhecer pessoas diferentes, pessoas que possam agregar valor à nossa advocacia.

Eu raramente carregava meu cartão de visitas, e quando carregava, ficava distribuindo a torto e a direito, mesmo para as pessoas com as quais eu nem havia conversado.

Mas não ter um cartão mostra um certo desleixo da sua parte. Vai parecer que não se importa com o que você faz. Que sua advocacia é secundária. Também vai parecer que você não quer se relacionar com as pessoas. Acontece que sair distribuindo cartões também é um equívoco, pois parecerá que você só quer vender seus serviços jurídicos, sem se importar se a pessoa está interessada ou não.

Eu sempre fui muito falante, tanto que meus irmãos me chamavam de "gramofone". Quando pequeno, eu falava, falava, falava, e quando acabava o assunto eu dizia "mas, viu", até emendar em outro. E sempre fui assim. Em qualquer circunstância, ainda que de forma inconsciente, queria ser o centro das atenções, o sabichão que entendia de tudo e dava palpite em tudo. Nunca dava espaço para os outros se expressarem, achando que isso iria demonstrar o quão bom eu era.

Claro que é importante você mostrar suas qualidades, mas não dar este espaço para os outros, além de mostrar um lado egocêntrico e egoísta, vai tirar de você a oportunidade de ouvir as necessidades dos outros. E somente ouvindo as necessidades é que você vai conseguir se mostrar apto para resolver estas necessidades.

Outro erro muito comum que eu cometia, e muitos de nós – advogados – cometemos, era ficar fugindo dos clientes, em vez de conversar e atendê-los. Depois que o cliente assinava a procuração, eu queria ver o diabo, mas não queria ver o cliente. Achava que isso era uma chateação, uma perda de tempo, e que ele já tinha me dito tudo o que eu precisava ouvir.

Aliás, eu conheço diversos advogados que sequer conversam ou respondem aos contatos de outros advogados, como se fossem o centro da galáxia e todos girassem em torno deles. Fazer isso é afastar seu cliente – e seus colegas – de você, além de chateá-lo e deixá-lo indisposto a fazer novas indicações suas, e novamente você vai perder a oportunidade de ouvir novas necessidades dele.

Outro erro grave que eu cometia era não ter tempo para me dedicar a pensar em estratégias de crescimento para o escritório. Primeiro porque estava muito ocupado com a minha rotina de trabalho e, segundo, porque o escritório não era meu e eu sentia que isso não era um problema da minha alçada.

Acontece que nada disso importa: sendo o dono do escritório ou mesmo um advogado parceiro, temos que reservar um tempo para ter um olhar estratégico sobre a advocacia que praticamos e o que fazer para melhorá-la.

Eu também não tinha a menor preocupação em melhorar em outras áreas que não fossem voltadas exclusivamente ao Direito. Eu só estudava e me atualizava nas questões jurídicas. Este também é um problema, porque novas habilidades não técnicas, as chamadas *soft skills*, como saber trabalhar sob pressão, ter uma comunicação eficaz, saber fazer networking e ser criativo, estão sendo cada dia mais exigidas para a advocacia moderna.

Acontece que tudo isso só nos afasta dos clientes e, principalmente, dos futuros melhores clientes. Tudo isso importa na construção de relacionamentos. Tudo isto importa para ter um networking eficaz.

Agindo dessa maneira, eu não só não conseguia muito mais clientes, como estava esgotando a minha fonte de indicações de novos clientes, que eram os clientes mais antigos.

O fato é que a maneira mais rápida de conseguir novos clientes por meio do networking é justamente corrigir a rota e não cometer todos esses erros que eu cometi e que notei que a maioria de nós cometemos.

A forma mais rápida de conquistar mais clientes por meio do networking está justamente em ter um olhar estratégico para a sua advocacia e fazer uma radiografia do seu mercado e dos seus clientes.

E você deve estar se perguntando: "Brenna, o que eu devo fazer então para melhorar o meu networking?"

Em relação a conhecer muitas pessoas, eu preciso explicar a teoria das sete etapas do relacionamento profissional.

Essa teoria foi desenvolvida por Andy Lopata, palestrante americano, autor de várias obras e um dos principais estrategistas em relacionamentos profissionais. Segundo Lopata, quando visualizamos uma rede de contatos, é fácil enxergar uma imagem plana e estática, como se fosse uma estrutura única que compreende todas as pessoas que conhecemos.

Em vez de ser uma estrutura plana, as redes de contato são organismos vivos, com pessoas entrando e saindo entre vários níveis.

Andy costuma trazer a imagem de uma rede de contatos com sete níveis de relacionamento profissional, com um grupo de círculos em expansão, como a metade de uma cebola. Dentro dessa rede, nós estamos no centro e existem sete níveis de relacionamento profissional.

No primeiro nível, você apenas reconhece as pessoas.

No segundo nível, você já as conhece um pouco melhor. Às vezes, lembra o nome e onde estabeleceram o primeiro contato.

No terceiro nível estão as pessoas que você começa a gostar ou a se identificar.

No quarto nível estão aquelas em que você confia.

No quinto nível estão as pessoas que, além de confiar, você apoia e dá suporte.

No sexto nível estão as pessoas que você defende.

E no sétimo nível estão os seus amigos, ou seja, aqueles que entram na sua rede pessoal.

Portanto, no centro da sua rede de contatos, ou seja, no sétimo nível, estão as pessoas com quem você passa muito tempo e tem prazer em apoiar. É provável que esse sentimento seja recíproco e você esteja disponível sempre que a outra pessoa precisar. Isto vai acontecer nos níveis seis e sete, onde vocês cuidarão ativamente um do outro. Nestes níveis estão as pessoas que chamamos de sua rede de confiança: pessoas que provavelmente você vê com frequência, semanalmente ou quase diariamente.

À medida que você avança pelas camadas, o relacionamento se torna um pouco menos confiável, não tão profundo.

Vocês podem se ver com menos frequência, estar menos inclinados a compartilhar informações abertamente um com o outro ou a pedir ajuda.

Nas extremidades externas da sua rede estão as pessoas que entram e saem. Se nos encontrarmos em um evento ou jantar, estarei na sua rede de contatos por alguns dias. Com isso, quero dizer que se nos esbarramos ou eu telefonar, você se lembrará de mim e saberá quem eu sou. Mas essa conexão é tênue. Depois de alguns dias ou semanas, provavelmente seremos estranhos novamente.

Compare isso com sua relação com alguém do centro da sua rede. Vocês provavelmente poderiam passar três anos ou mais sem falar um com o outro, mas, ainda assim, conseguiriam continuar o relacionamento de onde parou, como se não houvesse passado tempo algum.

Isso costuma acontecer com amigos de infância ou antigos amigos de escola. Pessoas da periferia de sua rede, ou seja, aquelas das camadas mais externas, entrarão e sairão.

Portanto, não adianta apenas conhecer muitas pessoas se a maioria delas está nas camadas mais externas da sua rede de contatos. A grande sacada é: se você deseja incorporar novas pessoas à sua rede de contatos, seu primeiro desafio é ir além desse círculo externo das redes destas pessoas e entrar na memória de longo prazo delas.

O exercício agora é você verificar em que nível está em relação às pessoas que conhece e que sabe que podem gerar indicações para você. Traga essas pessoas para as camadas mais próximas a você. E você também pode estar se perguntando: "está bem, Brenna, e o que eu devo fazer?" Eu recomendo que comece a focar em construir uma rede de contatos mais heterogênea. Nós, seres humanos, temos a tendência de querermos nos relacionar apenas com pessoas iguais a nós. Se você escolher um grupo que se concentre inteiramente no seu público-alvo, como por exemplo as comissões da OAB, as chances são de que você estará em um grupo de pessoas que são iguais a você. Parece uma coisa boa, certo? Mas não é. Um grupo que tem um monte de pessoas como você, tende a sair junto e é provável que tenha muitos dos mesmos contatos que você. Isso limita o tamanho da sua rede de contatos e a diversidade também. É bom ter algumas pessoas como você na sua rede de contatos, é claro, mas é importante ter pessoas que não são como você também.

Nunca conclua que alguém que está em um mercado ou grupo social totalmente diferente do seu não possa conhecer alguém que você gostaria de conhecer e fazer negócios. Nunca se sabe quem eles conhecem!

Mesmo que você compartilhe um público-alvo com muitas pessoas da sua rede de contatos, você não pode realmente dizer, à primeira vista, o quão eficazes essas pessoas serão como fontes de referência, ou seja, na indicação de novos clientes a você. Deixe-me explicar melhor: você tem que participar de um grupo de pessoas por um tempo antes de começar a saber quem eles conhecem e quão propensos eles estão a passar boas indicações de negócios para você. Leva semanas, às vezes meses, para desenvolver os tipos de relacionamentos que dão frutos, e, até lá, nunca se sabe quem eles conhecem.

Como eu já disse, grupos que são construídos dentro de um modelo social tendem a ser homogêneos. É da natureza humana que as pessoas se agrupem de acordo com a idade, educação, renda, profissão, raça, bairro, status social, religião e assim por diante. Isso ocorre porque estar com pessoas parecidas torna mais fácil conversar, compartilhar experiências semelhantes, fofocar e comparar impressões.

E é o que fazemos ao nos relacionarmos apenas com advogados. Nestes casos a tendência é não existir predisposição para novas experiências ou novos pontos de vista e, especialmente, não oferecer muitas oportunidades para abrir novas fronteiras nos negócios.

Isso faz sentido para você? É comum nos depararmos com muitas pessoas, ao longo dos anos, que querem formar redes de negócios apenas para os negócios. Elas pensam: eu estou atrás deste mercado, então eu preciso de pessoas como eu ao meu redor. Então, quem elas atraem? Elas só têm ao seu redor pessoas que são como elas mesmas e que podem não querer compartilhar suas bases de dados com outras pessoas. São pessoas que têm os mesmos tipos de contatos, às vezes, até os mesmos contatos.

Unir-se a um grupo com pessoas muito semelhantes com o propósito de gerar negócios, geralmente é um grande erro. O engraçado é que quando digo isso, as pessoas não acreditam até que eu explique o porquê, como acabei de fazer.

As redes de contato tendem a se formar naturalmente entre aglomerados de pessoas que são iguais e que se conhecem em diferentes níveis. Seus amigos tendem a ser amigos uns dos outros. No entanto, se você quer uma rede de contatos poderosa, você obviamente quer contatos diferentes e diferentes tipos de contatos. É por isso que a diversidade é fundamental e não apenas no sentido clássico (raça, gênero, religião, etnia), mas diversidade em tipos de negócios. Significa dizer que, além de outros advogados, você deve buscar se relacionar com pessoas do seu público-alvo e pessoas que conhecem pessoas do seu público-alvo.

Uma diversidade de contatos pessoais permite que você inclua conectores em sua rede. Conectores são pessoas que têm interesses ou contatos sobrepostos e podem facilmente e naturalmente vincular seu grupo a outros grupos diferentes. Essas pessoas, de acordo com Wayne Baker em seu livro "Alcançando o Sucesso através do Capital Social", são as portas de entrada. Eles criam "atalhos" para grupos de pessoas.

As redes de contato mais fortes são aquelas que são diversificadas em muitos aspectos. Portanto, torne sua rede de contatos o mais diversificada possível. Estar em contato com uma diversidade de pessoas lhe dá acesso a oportunidades que você não imagina.

O networking com uma diversidade de grupos pode fazer de você um conector. Ou seja, uma posição altamente favorável para ocupar em qualquer lugar. As pessoas virão até você para ampliar sua própria esfera de contatos e oportunidades de negócios. E deste modo, facilita-lhe a ajudar os outros e os outros vão querer ajudá-lo em troca.

E eu preciso abrir um parêntese aqui para falar sobre a participação em eventos.

Aproveite os eventos em que você comparece, voltados para advogados ou não, para conhecer novas pessoas, justamente para começar a diversificar a sua rede de contatos. Se você for acompanhado de alguém, combine um período para se separarem, para haver a possibilidade de se conectar com novas pessoas. Faça esta experiência.

Se você tem receio ou vergonha de abordar outras pessoas, busque por pessoas que estão sozinhas, apresente-se e pergunte se essa pessoa está procurando por alguém.

Você também pode identificar grupos de pessoas que, por seu posicionamento corporal, estão dispostas a se relacionar com outras pessoas.

Busque grupos que estejam em posição "aberta".

Faça perguntas e encontre um ponto em comum entre vocês.

Dedique-se a conhecer ao máximo essa pessoa para identificar se realmente vocês podem contribuir um com o outro, e saiba que será impossível estreitar o relacionamento em um primeiro encontro.

E, por favor, não saia distribuindo seu cartão para qualquer um. Entregue seu cartão apenas depois de solicitado ou depois que a pessoa aceitar trocar contatos com você. Espere o máximo possível e resista à tentação de entregar seu cartão sem que seja solicitado.

Mas como identificar as pessoas que realmente valem a pena se conectar?

Fale menos e ouça mais. Aprenda a fazer perguntas relevantes como: "O que você mais gosta na sua empresa ou no seu trabalho?"; "Conte-me a história de como você iniciou o seu negócio". Comece a fazer perguntas para identificar as necessidades, os desejos ou os problemas das pessoas com as quais você se conecta. Faça isso também com os seus clientes. Se foi você quem fez o primeiro contato, mesmo que ele tenha simplesmente aparecido no seu escritório, é você quem deve manter a relação com o cliente. Não terceirize essa relação para uma secretária ou um estagiário. Caso você tenha alguém que será responsável pela condução do processo, apresente essa pessoa a seu cliente e deixe claro que trabalharão em conjunto.

Faça contatos regulares com seus clientes e sempre faça perguntas que os levem a responder como está a sua atuação e onde mais você pode contribuir. A partir daí, você vai descobrir outras oportunidades, seja para resolver um novo problema de seu cliente, seja para estimular que este cliente lhe faça indicações.

Para manter contato com as pessoas da sua rede, sejam seus clientes atuais, sejam clientes em potencial ou os conectores, pense em adotar algumas dessas estratégias.

A primeira coisa que você deve ter é consciência de que não pode ficar em contato com todos. Então, decida: com quem você quer ficar conectado e por quê? Pode ser em nível pessoal ou poderia ser em nível profissional, mas crie uma lista com essas pessoas. Estou falando de pessoas que vão ajudá-lo a construir um relacionamento de longo prazo ou a manter um relacionamento atual. Nada mata mais um relacionamento do que a "negligência benigna", que é não manter contato com as pessoas, não estender a mão e tocar ou ter uma conversa com elas de vez em quando.

É importante utilizar o sistema de contato que as pessoas preferem. Quando digo sistema, refiro-me à forma de comunicação preferida pela pessoa com quem você quer estreitar o relacionamento. Você deve usar o sistema que eles usam, desde o telefone até as ferramentas de mídias sociais como o WhatsApp, Facebook ou LinkedIn.

Tenho um amigo que possui três filhos e, com cada um, tem que usar um sistema diferente, pois para ficar ligado a eles, precisa estar onde eles estão.

No meu caso, eu descobri que meu filho presta muita atenção nos status do WhatsApp. Quando tenho alguma coisa que quero que ele saiba, publico nos meus status.

Então, utilize o sistema de comunicação que os outros preferem.

Estes exemplos servem para os filhos, mas é uma ótima estratégia também aplicável aos negócios. Algumas pessoas são ativas no LinkedIn, algumas pessoas são mais ativas no Twitter, outras no Facebook. Portanto, há um punhado de pessoas com quem você quer ficar em contato e esta técnica é eficaz.

Outra excelente forma de manter contato com as pessoas é, obviamente, usar plataformas de mídias sociais. Você pode utilizar as plataformas de mídia social como Facebook, LinkedIn ou Twitter, principalmente para ler notícias e atualizações de quem você quer se aproximar, mas sem ter que conversar com as pessoas individualmente. Ao receber atualizações nas redes sociais, você pode comentar sobre alguma coisa e manter contato. Você pode até mesmo comentar sobre as fotografias que elas publicaram. "Você tem um novo emprego!", "Você cortou seu cabelo". Seja qual for, estes pontos de contato vão ajudá-lo a ficar conectado com as pessoas que você conhece. Eu, por exemplo, gosto de enviar as felicitações pelo aniversário de todos da minha rede de contatos.

O que vou dizer agora, diante da modernidade, pode ser até contraintuitivo: de vez em quando, use o correio comum. Sim, isso mesmo. Envie uma carta ou um cartão. Você pode estar pensando que isso é algo ultrapassado, mas é quase garantido que a pessoa para quem você enviou vai lê-lo, porque ninguém mais envia cartas. Poucas pessoas enviam cartões de verdade.

E que tal fazer um telefonema para alguém um pouco mais distante? Ideia louca, não é? Eu sei. Fale com as pessoas. O seu smartphone tem um botão verde. Use-o. Clique em "chamar". Minha mãe e seus irmãos fazem isso há anos como uma rotina.

E a última estratégia para você ficar em contato com as pessoas e trazê-las para o seu círculo mais próximo, é o cara a cara. Não seja um morador da caverna. Nada é melhor do que conhecer alguém pessoalmente e ter uma conversa. Você tem que tomar café da manhã e almoçar todos os dias. Por que não fazer isso algumas vezes por semana com um bom parceiro de negócios? Você pode matar dois coelhos com uma só cajadada.

Você também pode dar uma festa e providenciar algo que seus clientes e parceiros gostem muito. É uma ótima maneira de fazer um cara a cara com muitas pessoas importantes ao mesmo tempo.

Estas ações farão com que você traga as pessoas que estão nas esferas mais externas da sua rede de contatos profissional para as esferas mais internas, o que é o ideal.

Estrategicamente, você deve reservar 20% do seu tempo semanal de trabalho para identificar o que tem feito de bom e o que pode melhorar. Dentro deste olhar estratégico, será muito importante você começar a pensar em focar em um nicho e, se possível, um subnicho de atuação, porque isso possibilitará a construção de um marketing jurídico e um networking muito mais eficaz. A escolha de um nicho de prospecção é o primeiro passo para você começar a ser visto como um especialista na área do Direito que optou.

Outra estratégia em que você deve pensar é fazer um diagnóstico dos seus clientes atuais para identificar quem são eles e como eles vieram procurar você. Este é um início para você entender seu público.

Uma vez que você definiu o nicho de atuação e o público-alvo, fica muito mais fácil construir sua comunicação com este público, para começar a trabalhar a sua visibilidade por meio do networking. Aprenda a "estar com quem você deve estar".

É a partir daí que você vai começar a construir uma marca jurídica forte, que seja reconhecida como uma marca de valor na sua comunidade, na sua cidade, na sua região ou para onde quer que queira expandir a atuação da sua advocacia.

Se, segundo a teoria dos seis graus de separação, desenvolvida pelo psicólogo Stanley Milgram, você está a seis apertos de mão da pessoa que deseja conhecer, o networking estruturado é a ferramenta para fazer isso acontecer.

Eduardo Brenna do Amaral: advogado desde 1994, Diretor Executivo do BNI Norte Catarinense, criador do Método Enchendo a Banca – que ensina advogados a conquistarem mais e melhores clientes, sem vender – e membro da WILL – *Worldwide Independent Lawyers League.*

Eduardo também é membro da Comissão Nacional de Marketing Jurídico da ABA (Associação Brasileira de Advogados) em sua gestão 2022-2023 e, assim como a própria comissão, tem o objetivo de ajudar o advogado em sua evolução e questionamentos sobre marketing jurídico. Tem uma dúvida para o membro? Envie um e-mail para eduardo@brennadoamaral.com.br e aproveite este canal direto de apoio ao advogado que quer crescer eticamente.

Como se Promover Usando Assessoria de Imprensa na Advocacia?

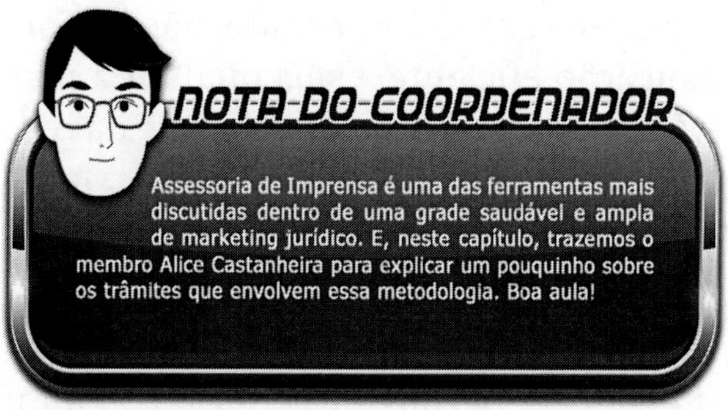

Quase todos os dias costumamos ouvir da maioria dos profissionais do Direito diversos tipos de reclamações e lamúrias, como: "a área está saturada", "a concorrência é desleal", "as grandes bancas ficam sempre com os melhores clientes", "a Ordem dos Advogados do Brasil (OAB) não fiscaliza e nem ajuda a categoria".

Todas essas queixas, em parte, podem até ser verdadeiras. Mas quando me falam isso, sempre pergunto: "e o que você tem feito de diferente para mudar essa situação? Tem investido em qualificação, gestão, tecnologia e, principalmente, em comunicação jurídica de forma profissional visando manutenção, prospecção e captação de clientes?"

A resposta, em 90% dos casos, é sempre não. E a justificativa é que o Estatuto da OAB (Lei n.º 8.906, de 4 de julho de 1994) não permite. É tipo uma desculpa para não admitir que o advogado e/ou o escritório não estão acompanhando as mudanças do mercado jurídico nos últimos anos. Fazer comunicação é permitido sim, desde que seguindo as regras da OAB e com quem é profissional da área.

Para se defender, a maioria solta aquela frase: "ah, mas eu tenho uma página minha ou do escritório no Facebook e/ou no Instagram e um site. Isso já é comunicação". Sem perder a calma, sempre respondo: "errado, não é". Sabe por quê? Porque comunicação eficiente – seja qual for a plataforma ou ferramenta – é aquela que é monitorada, que dá resultado, que agrega valor, que gera autoridade, que fideliza fonte jurídica e marca do escritório junto à sociedade e imprensa e, principalmente, ao cliente.

Com a pandemia da Covid-19, a concorrência aumentou. As empresas e seus departamentos jurídicos foram enxugados, houve redução de custos e até corte de pessoal. E a consequência disso foi um maior número de escritórios de advocacia e advogados tendo que investir em prospecção de clientes, comunicação e marketing jurídico.

Mas, você deve estar se perguntando: "e o que isto tem a ver com meu escritório?" A resposta é tudo. Ou seja, onde você ou seu escritório está hoje, onde pretende estar daqui a três anos e daqui a dez anos? Sua marca resistirá a essa concorrência?

O presente capítulo tem como objetivo abordar a importância da comunicação via assessoria de imprensa no mundo e, principalmente, no mercado jurídico.

O que é comunicação?

A comunicação é um processo multidisciplinar e abrangente. É sempre um bem necessário. Sem informação, uma organização – jurídica ou não – tem dificuldades de sobreviver, pois precisa receber dados dos clientes e do mercado para se ajustar. Um dos maiores patrimônios de uma organização é constituído pelo seu nome, pela marca dos produtos ou qualidade dos serviços oferecidos, e pela imagem que projeta.

Os países não têm mais fronteiras do ponto de vista geoeconômico, e esse fato determina a necessidade de uma teia de comunicação global. Os meios de comunicação e as redes sociais contribuem para essa teia e mobilidade de informações. A internet foi acessada por 81% da população brasileira em 2021, segundo a pesquisa TIC Domicílios. A comunicação, principalmente a digital, chegou para ficar e não há mais volta.

A internet e as redes sociais mudaram completamente o panorama do jornalismo nos últimos anos. O ciclo de consumo e descarte de cada história se tornou muito mais rápido, e a famosa "notícia velha" se tornou um fenômeno quase que instantâneo.

A notícia – seja impressa, televisiva, radiofônica ou digital – continuará sendo notícia. É, e sempre será, uma informação nova ou fato novo que tenha resultados concretos ou sinalize uma tendência. Deve ser transmitida de forma clara, objetiva, precisa, concisa e isenta dos valores pessoais do redator. Para virar notícia, o fato precisa: agregar novos conhecimentos, ser útil e atual, ter proximidade com o público destinatário, ter valor na vida das pessoas. É preciso ter fatos importantes e diferenciados, como: números, dados, estatísticas, tendências, serviços inovadores, concorrência, mercado, estratégias, atrativos. Precisa ter opiniões, explicações, versões e gerar repercussão. No mundo digital não é diferente.

De acordo com um levantamento feito pelo site americano *The Huffington Post*, 58% dos consumidores on-line verificam seus e-mails como a primeira atividade na internet no dia. Outros 20% navegam em sites ou fazem buscas no Google e 11% olham o Facebook. Diariamente 215 milhões de e-mails circulam pela internet. Esses dados talvez expliquem o fato de o retorno sobre o investimento (ROI) ser de 38 para um e-mail. Ou seja, para cada um real investido no mercado digital, estima-se que sejam R$ 38 em retorno.

Algumas histórias que apareceram nas redes sociais antes de serem formalmente anunciadas viram pautas na mídia: informação do casamento do príncipe William, morte da cantora Whitney Houston, captura e morte de Osama Bin Laden, protestos de 2011 no Egito. Isso mostra que a mídia digital e as redes sociais já fazem parte do dia a dia das pessoas há alguns anos e estão virando pauta nas redações.

De acordo com Maraísa Lima, em sua obra "Comunicação Pós-Pandemia" (Editora Interativa, Goiânia, 2021), "a comunicação é uma das estratégias humanas mais remotas de que se tem notícia para alcançar resultados. A palavra comunicação vem do latim *communicatio* e significa 'partilhar, tornar comum'. A partir da definição etimológica, já se subentende que, para haver comunicação, é preciso alcançar uma finalidade, nesse caso, de ter sucesso ao transmitir uma mensagem, chegar a um consenso, gerar entendimento entre emissor e receptor, a respeito daquilo a ser transmitido".

Quem trabalha com comunicação precisa estar atento a estas mudanças porque as pessoas estão mais participativas expondo mais as opiniões (nem sempre de bom senso), posicionamentos e até consumindo mais no mercado digital. E quem precisa da comunicação – como os advogados – tem de se adaptar a este mercado. É um caminho sem volta.

a) Opinião pública

O sistema de comunicação externa e interna de uma corporação, entidade ou escritório de advocacia é responsável pelo posicionamento da marca e sua imagem na sociedade. Por isso, seu foco é sempre a opinião pública, seja ela cliente ou não.

Para Gaudêncio Torquato, em sua obra "Tratado de Comunicação Organizacional e Política" (São Paulo, Pioneira Thomson Learning, 2004), "a opinião pública é a chave para se compreender a natureza de muitos fenômenos sociais. A opinião pública funciona como salvaguarda da sociedade. É de suas criações mais importantes para o próprio desenvolvimento e ajuste social. É uma arma de defesa contra as ameaças de sistemas autoritários, uma ferramenta de avanços e mudanças e uma câmara de eco das grandes demandas sociais. Como nasce a opinião pública? Nasce das ideias e crenças individuais, que vão se aglomerando em núcleos, expandindo-se de maneira vertical (nas classes sociais) que funcionam como tuba de ressonância dos fatos. Em certo momento e em espaços imprevisíveis, vão surgindo ondas que se encadeiam, difundindo e multiplicando de acordo com as circunstâncias, a complexidade dos fatos, as peculiaridades dos atores sociais envolvidos e as características do momento e do lugar".

Neste sentido, deve-se acrescentar aos dias de hoje os fatores políticos e religiosos. É um fenômeno dinâmico, que acompanha idade, os valores e a ética de cada tempo. Por isso mesmo, conserva uma base temporal, que vai se adaptando aos ciclos históricos, determinando novas direções, atenuando ou adensando conceitos e preconceitos.

"O fenômeno da opinião pública e as consequências que provoca são inerentes à sociedade de massas, que se caracteriza pela mobilidade, pela heterogeneidade e também por sua dispersão no espaço. Portanto, para o comunicador é importante identificar a reação da massa diante dos fatos."

Compreender, ou pelo menos ficar atento a essas reações, é imprescindível para quem trabalha com mídia ou precisa dela.

b) Boatos

A comunicação exerce papel fundamental, por exemplo, para a eliminação de boatos e os profissionais e as marcas precisam – mais do que nunca – estarem atentos à propagação e compartilhamento de notícias falsas.

De acordo com pesquisa divulgada pela Bites (empresa de análise de dados), existem pelo menos 30 sites de "pós-verdade" no país. Estes sites recebem cerca de 9,2 milhões de visitas mensais e 72% do tráfego desses sites vêm de redes sociais. Mas o que chama a atenção e deve ser motivo de preocupação para quem trabalha com comunicação é que alguns destes sites têm até dez vezes mais compartilhamentos no Facebook do que portais jornalísticos tradicionais.

O que é Assessoria de Imprensa?

Para Rivaldo Chinem, em sua obra "Assessoria de Imprensa. Como fazer." (São Paulo, Summus Editorial, 2003), a assessoria de imprensa é o setor de uma companhia que trabalha com a comunicação empresarial, ou comunicação corporativa, ou ainda comunicação organizacional – termo que muitos teóricos preferem usar cada um a seu modo, como define. Em sua obra, o autor defende que "assessoria de imprensa, longe de executar uma tarefa rotineira, enfadonha e repetitiva, exige conhecimentos técnicos e uma consciência ética de suas influências na opinião pública". Segundo Rivaldo Chinem, "a assessoria de imprensa está dentro do negócio maior da comunicação. E o jornalista deve aprender a trabalhar com os conceitos e as ações de relações públicas, publicidade, design, recursos humanos e outras ferramentas poderosas de construção de imagem. No fundo, ele deve sair de uma visão atrasada e corporativista e praticar a comunicação organizacional de forma integrada. E, mais do que isso, participar profissionalmente de um mercado que movimenta, no Brasil, anualmente, milhões de reais".

De acordo com levantamento feito pela agência de comunicação CDN, o consumo de conteúdo no Brasil é feito da seguinte forma: 97,6% dos brasileiros acessam redes sociais; 40% dos brasileiros escutam podcasts; 21% do consumo de vídeo dos brasileiros é feito por streamings; e 80% dos brasileiros escutam rádio.

Embora não haja dados concretos, estima-se que mais de 50% do material publicado nos veículos de comunicação tem como origem as assessorias de imprensa. O trabalho do assessor de imprensa – quando bem executado com planejamento, estratégia e monitoramento – nunca é perdido. O investimento nesta área também não.

Para Margarida Maria Krohling Kunsch, em sua obra "Planejamento de Relações Públicas na Comunicação Integrada" (São Paulo, Summus Editorial, 2003) "a área de assessoria de imprensa pode ser considerada uma das principais frentes de atuação no mercado da comunicação empresarial organizacional no Brasil, da mesma forma que a área de eventos pode ser vista como uma das principais portas de entrada para outros serviços de comunicação. No contexto da comunicação institucional, a assessoria de imprensa é uma das ferramentas essenciais nas mediações das organizações com o grande público, a opinião pública e a sociedade via mídia impressa, eletrônica e internet. Seu processo e sua aplicação se dão por meio de estratégias, técnicas e instrumentos pensados e planejados com vistas na eficácia".

E como usar a assessoria de imprensa para se promover na advocacia?

Num mundo cada vez mais conectado, percebe-se que vem aumentando consideravelmente o interesse dos escritórios de advocacia pela mídia nas últimas décadas.

Os veículos de comunicação, por sua vez, estão cada vez mais investindo em pautas jurídicas de prestação de serviços, divulgação de processos, cases e, principalmente, de histórias humanas envolvendo o Direito.

O surgimento de veículos jurídicos especializados no final da década de 90 e início dos anos 2000 também exigiram que os escritórios de advocacia passassem a pensar na comunicação, via assessoria de imprensa, como parte da estratégia de investimentos e resultados.

Mesmo assim, muitas bancas jurídicas ainda não utilizam as oportunidades na mídia como forma de investir na reputação, imagem e branding, seja por total desconhecimento de como fazer, seja por receio de proibição por parte da entidade de classe (OAB).

A publicação e veiculação de matérias na imprensa geram autoridade aos advogados e reputação aos escritórios que interferem, mesmo que não diretamente, na contratação por parte dos clientes. Assim, vejamos, que cliente – seja pessoa física, seja jurídica – não gostaria de ver o seu advogado concedendo uma entrevista a uma grande televisão, rádio, jornal ou portal de internet?

O que muitos não sabem é que o Código de Ética da OAB e o Provimento 205/2021 determinam que qualquer serviço relacionado à propaganda e publicidade deve ser feito com discrição e moderação para finalidade exclusivamente informativa, vedada a divulgação em conjunto com outra finalidade. Mas o mais importante é que não há nenhuma restrição quanto ao trabalho de assessoria de imprensa. Ou seja, o advogado pode dar entrevista para os veículos de comunicação desde que o objetivo da matéria seja informativo.

Para Rodrigo Bertozzi e Renata Bucco, na obra "Marketing Jurídico – O Poder das Novas Mídias & Inteligência Artificial" (Curitiba, Juruá Editora, 2017), "os clientes querem encontrar referências sobre o seu advogado. E vibram, sim, quando, por algum motivo, você é entrevistado para uma matéria. É um reforço de imagem importante. E não funciona assim para você? Quando nosso médico é objeto de uma reportagem, pensamos: 'escolhi o profissional certo; ele está na rádio, jornal ou televisão'. É inconsciente. A mesma situação ocorre na mente dos seus clientes. Temos orgulho daqueles que têm opinião e, mais do que isso, que ela é ouvida por veículos de comunicação".

No trabalho de assessoria de imprensa jurídica, o objetivo é tornar o advogado uma fonte para reportagens. Aparecer em uma matéria pode ser útil para o escritório ou para o advogado como estratégia de marketing jurídico. A resposta é sim. Nos dias de hoje, com o advento da rede social, aparecer na mídia tradicional é o suficiente. É preciso publicar a matéria no site do escritório, publicar nas redes sociais e até enviar material aos clientes via informativos, newsletter e comunicados, bem como informar os colaboradores da banca via ferramentas de endomarketing (intranet e canais internos).

A assessoria de imprensa de um escritório pode ser interna (com um jornalista contratado pela banca) ou terceirizado (via profissionais ou agência de comunicação). Nos dois casos, o profissional é responsável por identificar as demandas do escritório e o perfil dos advogados (área de atuação, currículo e expertise), bem como buscar os assuntos que podem gerar interesse da imprensa por meio de sugestão de pauta, via os chamados *press releases*.

Não se trata, de forma alguma, de propaganda. Isto porque é comum os advogados quererem divulgação de temas que não interessam à imprensa ou que não possuem interesse social. Um exemplo disso é quando o sócio de um escritório solicita ao assessor a divulgação de que um advogado concluiu um curso de mestrado ou de doutorado e até mesmo a vitória em um processo comum. Este tipo de informação não é relevante para a maioria dos veículos de mídia.

No entanto, há casos em que o ingresso de um novo sócio, mudança de nome do escritório, alteração de endereço podem virar uma nota na mídia. Nestes casos, alguns veículos estritamente jurídicos possuem seções ou colunas para este tipo de publicação. Em cidades menores, os jornais locais costumam divulgar em colunas sociais. Mas, com certeza, isso não vai virar pauta em rádio ou TV.

Há um ditado antigo entre os jornalistas para se identificar o que é pauta: "a notícia é quando o cachorro morde o humano, e não o contrário". Leva-se sempre em consideração o interesse público para se conceituar o que é notícia, as partes envolvidas no processo – como grandes empresas, artistas, empresários, esportistas – e temas específicos. Nos últimos anos, pautas envolvendo assédio moral e sexual, violência contra mulheres, racismo e injustiças sociais costumam despertar maior interesse da imprensa.

Em todos os casos, o trabalho do assessor de imprensa é organizar a pauta, ou seja, sugerir a fonte (no caso o advogado) mas, principalmente, contextualizar o tema com as informações da investigação ou do processo, apresentar (se tiver) estatísticas sobre o assunto e indicar preferencialmente um personagem (aquele que se beneficia ou prejudica pela decisão). Este último, na maioria das vezes, é a parte que ganhou ou perdeu a ação.

Mas engana-se quem acha que o trabalho de assessoria de imprensa se resume à redação de notas e press release. O assessor é um profissional que tem como função criar a relação jornalista-fonte não só via entrevistas, mas também por meio de encontros informais como almoços, *coffee break* e convites para eventos internos e externos do escritório e acompanhamento em entrevistas.

O advogado como fonte não precisa ser ouvido pelos jornalistas somente em casos em que atua. Também serve como consultor jurídico para casos de grande repercussão, onde o objetivo é revelar a opinião do advogado sobre determinado processo, investigação, legislação e até projetos de lei.

É trabalho do assessor treinar o advogado para ser um porta-voz. Os porta-vozes devem manter uma postura cordial nas entrevistas, mas sempre tomando cuidado para não perder a formalidade. É preciso que fiquem atentos aos comentários de bastidores pois, mesmo que a entrevista não esteja formalmente em curso, registros estarão sendo feitos (ainda mais nos dias de hoje com as redes sociais).

Vale lembrar que o treinamento é importante porque a comunicação não se dá apenas por meio da fala – principalmente tratando-se de televisão. Gesticular demais, girar a cadeira constantemente ou sentar-se de forma muito descontraída são exemplos de atitudes que podem transmitir nervosismo, insegurança, além de desviar a atenção do interlocutor. Como o tempo das reportagens para televisão costuma ser reduzido, é necessário que o entrevistado dê respostas sintéticas e objetivas, pontuais no início e mais explicativas no final. Quanto mais clara for a resposta e curtas forem as frases, menor o risco de que seja desvirtuada na hora da edição. Tudo isso faz parte do treinamento de mídia (o chamado *media training*) que é feito pelo jornalista assessor de imprensa.

Além disso, os jornalistas de redação adoram ter advogados como fonte para *off*. Ou seja, na prática, há diversos profissionais da imprensa que costumam ouvir os juristas, professores e advogados sobre determinados assuntos sem divulgar a fonte na matéria. É a expressão mais conhecida como *off the records*, onde o que foi dito não é para ser publicado com a indicação da fonte ou declarante, que não é oficial para ser publicado.

Com o advento das redes sociais, o assessor de imprensa também é responsável por aproximar os advogados de blogueiros, influenciadores e apresentadores de *podcast, webinar, lives*. Essa aproximação é feita também visando sempre à informação da sociedade e do interesse público.

Também cabe ao assessor a orientação para os advogados de como deve ser feita a produção de um artigo jurídico, mas que deve evitar o "juridiquês". O artigo jornalístico é classificado como um gênero opinativo, que aprofunda aspectos relativos a fatos de maior repercussão na atualidade. É um ensaio curto e de natureza contemporânea que contém teses ou comentários baseados em pontos de vista pessoais. O artigo tem a função de orientar o leitor e estimular o debate sobre problemas nacionais e internacionais, refletindo as tendências do pensamento contemporâneo e jurídico.

É importante destacar que o espaço destinado aos artigos nos veículos impressos (principalmente nos jornais) tem muito valor. Como o espaço é bastante valioso, para despertar o interesse do editor, o artigo precisa estar respaldado em argumentos sólidos, consistentes e reveladores de uma opinião bem sustentada. Para tanto, deve conter notícia propriamente dita, informações e dados de interesse público.

Por último, mas não menos importante, é o trabalho do assessor de imprensa a gestão de crise, seja ela com a imprensa, seja com as redes sociais. Neste caso, a gestão é feita em todas as situações que envolvem a imagem, a reputação e a marca do escritório e dos seus profissionais (sócios, advogados, estagiários e funcionários). Infelizmente são poucos os escritórios que possuem um planejamento e treinamento para gestão de crise. Sem dúvida, é um mercado a ser explorado pelos profissionais que trabalham com comunicação e marketing jurídico.

Uma pesquisa da AC Assessoria de Comunicação e Marketing, feita em 2015 com 100 jornalistas de todo o país, revela que a relação entre profissionais de mídia e advogados ainda precisa ser lapidada e explorada. O objetivo do levantamento foi identificar quais os erros e acertos que os advogados cometem no relacionamento com a imprensa, com o intuito de confeccionar um manual de porta-voz e melhorar o treinamento e mídia (media training), bem como orientar na condução de marketing jurídico e *social media*. Ao todo, 68 jornalistas responderam, durante os meses de outubro e novembro de 2015, por e-mail ou por telefone, a um questionário sobre o atendimento. Apesar de ter sido feito há alguns anos, o levantamento continua atual e o treinamento de porta-voz no mundo jurídico cada vez mais necessário. Os critérios levados em consideração foram: importância do veículo nacionalmente, importância do veículo regionalmente, credibilidade do veículo, quantidade de solicitações de pauta para a assessoria, retorno de pauta enviada pela assessoria (inclui releases, *ping-pong*, notas e artigos) e cargo que ocupa (editor, repórter, colunista, chefe de pauta). Confira o resultado.

Reclamação	Índice em %	Tema	Observação
Falta de pontualidade	**38%**	Fonte marca horário para a entrevista e não atende ao fone fixo e nem celular.	Isso atrapalha toda a programação, principalmente, quando é ao vivo. Também atrapalha a matéria porque o jornalista fica contando com aquela fonte.

Falta de comunicação com secretárias e telefonistas	**27%**	Entrevistado marca horário e pede para ligar no escritório, mas a secretária ou telefonista não passa a ligação alegando que o mesmo se encontra em reunião ou fazendo prazos.	O jornalista não sabe da linguagem jurídica do que significa "fazer prazos" e isso pode parecer pouco caso da fonte. É importante informar os funcionários de que o escritório tem assessoria de imprensa e o jornalista precisa ser bem atendido.
Erros de português e digitação	**18%**	Fonte que escreve com erros de português em respostas por e-mail.	A imagem do profissional pode ser abalada neste contato.
Expectativa da fonte	**21%**	Relatos de que o entrevistado não atendeu às expectativas.	Fonte que, embora especialista, não tinha informação sobre atualização de leis e jurisprudência.
Ansiedade	**72%**	Relatos de fonte que pede para enviar a matéria depois de publicada ou veiculada.	Para isso existe a ferramenta de *clipping* que deve ser contratada junto à assessoria.
Ética e respeito	**9%**	Relatos de entrevistados que pediram para ver a matéria antes de ser veiculada ou publicada.	Há raros casos em que o jornalista pede para a fonte verificar o texto antes de publicar. Isso não é regra.

Política	**24%**	Fontes que fazem discurso político durante a entrevista.	Isso pode afetar a imagem do profissional e sua credibilidade junto ao mundo jurídico.
Críticas à imprensa	**81%**	Relatos de fontes que criticam a imprensa, veículos e jornalistas durante a entrevista ou encontro pessoal.	Não é de bom tom.
Relacionamento	**26%**	Fonte que diz ser "amigo do dono".	Não é de bom tom e pode soar como intimidação.

Dentre os principais elogios, destacam-se:

Disponibilidade de horários.

Fontes com bons conhecimentos da legislação, citam estatísticas, pesquisas, dão estimativas sobre o tema e contextualizam com o dia a dia.

Fontes que se disponibilizam a ajudar com cases (personagens) e até a convencer o cliente a falar com a imprensa sobre determinada decisão.

Fontes com alto índice de qualificação (pós-graduação, mestrado e doutorado).

Alto índice de fontes do meio acadêmico (professores).

Bom jogo de cintura no ao vivo (em rádio ou TV), principalmente aos que possuem media training.

Textos claros e objetivos em respostas de e-mail e em artigos.

Respostas a demandas por e-mail com clareza e rapidez.

Fontes com fotos de qualidade, modernas e em alta resolução para publicação em impresso e em internet.

Frases que foram mencionadas no questionário como negativas	
"Fontes que acham que 'juridiquês' impressiona"	Tente ser o mais claro possível.
"Entrevistados que usam expressão em latim"	Só use latim quando for extremamente necessário e explique o significado.
"Fontes que usam muitas expressões em inglês e confundem a clareza das ideias para a entrevista"	Isso dificulta as citações no texto da matéria.
"Entrevistados pouco simpáticos"	Este tipo de postura pode soar como arrogante.

Conclusão

Atualmente, existe uma série de oportunidades na mídia. Os jornais impressos, rádios, TVs, sites, blogs e redes sociais são responsáveis por conferir autoridade aos advogados, desde que possuam conteúdos relevantes. Não é tão fácil estar presente em todos os lugares, até por uma questão financeira. Por isso, é importante identificar o público-alvo, saber onde ele está e por onde se informa.

Com a era da internet, a marca jurídica que não tiver presença nas mídias corre o risco de ser esquecida em curto prazo. Por este motivo, os escritórios que almejam resultados significativos precisam, mais do que nunca, entender o novo comportamento do cliente e investir em estratégias de comunicação e marketing que levem em consideração todos os estágios que definem a contratação de seus serviços jurídicos. Na prática, o escritório de advocacia que não investir em imprensa, redes sociais e marketing digital vai ficar ou já ficou para trás.

Não é de hoje que o profissional de comunicação – como o assessor de imprensa – tornou-se um conselheiro, um estrategista, uma pessoa capaz de fazer leituras corretas sobre o mercado jurídico e tirar conclusões sobre a maneira como o escritório ou advogado deve se comportar diante de fatos políticos, sociais e econômicos. Estes profissionais, sem dúvida, podem fazer a diferença se dominarem também o papel da comunicação digital e das redes sociais neste novo cenário jurídico em que vivemos.

Na prática, a comunicação é sempre um bem necessário que deve ser visto como investimento, e jamais como gasto. Afinal de contas, estamos falando da reputação e imagem do seu escritório de advocacia junto à sociedade.

Paciência, planejamento, disciplina, estudo e muita determinação. Esse é perfil do profissional de comunicação que o mercado jurídico busca. O advogado precisa enxergar no comunicador mais do que um operador, precisa ver nele o estrategista, o assessor de imprensa próximo, cuja contribuição será decisiva para articulação de um discurso adequado e de uma identidade organizacional compatível com o seu mercado.

A mídia, assim como as redes sociais, são ferramentas que precisam de acompanhamento e conteúdo constantes e diferenciados, bem como análise criteriosa de resultados. Por isso, a presença de um profissional de comunicação – o chamado assessor de imprensa – é cada vez mais constante nos escritórios de advocacia. Na dúvida, consulte um profissional de comunicação!

Advogado, saiba: quem não é visto, não é lembrado! Conquiste autoridade por meio de notícias na mídia. Invista na sua marca, no seu conteúdo e no seu escritório. Torne-se referência no mercado!

Alice Castanheira: jornalista formada pela Universidade Metodista (SBC) e advogada formada pela Faculdades Integradas de Guarulhos (FIG-Unimesp), pós-graduada em Direito Previdenciário pela EPD-SP em Gestão de Redes Sociais pela PUC-SP. Proprietária da AC Comunicação e Marketing, agência que integra inteligência de mercado com ferramentas de marketing e comunicação na área jurídica.

Alice também é membro da Comissão Nacional de Marketing Jurídico da ABA (Associação Brasileira de Advogados) em sua gestão 2022-2023 e, assim como a própria comissão, tem o objetivo de ajudar o advogado em sua evolução e questionamentos sobre marketing jurídico. Tem uma dúvida para o membro? Envie um e-mail para alice@alicecastanheira.com.br e aproveite este canal direto de apoio ao advogado que quer crescer eticamente.

Software de Controle Jurídico para a Advocacia

NOTA DO COORDENADOR

O membro Erika Siqueira dá continuidade à nossa obra com o capítulo que mostra a importância dos softwares na advocacia, intensificando a necessidade de entendimento para esta ferramenta que, até o momento, é pouco explorada na gestão adequada de um escritório. Boa aula!

Importância

Uma carreira de sucesso profissional não se constrói e se consolida de um dia para o outro. A qualquer tempo, deve ser analisado estrategicamente o que pode ser melhorado e agregado na carreira e na banca jurídica de qualquer advocacia. Assim, indagamos, ao repensar e revisitar os objetivos estratégicos da advocacia, o quanto as rotinas, boa prática e boa gestão têm a agregar neste sentido.

A resposta é clara. Basta, para tanto, escolher a melhor forma, métodos e ferramentas adequadas à cultura organizacional e aos objetivos. Neste sentido, as técnicas para a gestão jurídica valem tanto para quem está iniciando a vida profissional com um pequeno escritório, quanto para quem já está no mercado há algum tempo sem ver a carreira alavancar; ou ainda para aquelas bancas jurídicas que precisam melhorar suas práticas de gestão. Com o atual mercado competitivo, é imprescindível rever as estratégias adotadas, montar um planejamento e sanar os percalços que aparecem no caminho.

Visando atender às necessidades e ao mesmo tempo objetivar o alinhamento da cultura da advocacia à execução dos projetos, a partir do planejamento estratégico entendemos o quanto uma automação e implantação de rotinas são imprescindíveis para o crescimento e consolidação da advocacia.

Com essa implementação chegamos à ferramenta adequada que dará "vida" às rotinas implementadas: o software de gestão jurídica. Ele será o instrumento hábil que fará com que a advocacia movimente sua gestão e processos de trabalho de forma organizada, concatenada e dinâmica.

As vantagens

Não há que fugir da realidade de melhores práticas e de aprimoramento constante na advocacia, além dos resultados na equipe, tão esperados pelos líderes, colaboradores e clientes. Nesse mercado tão competitivo e com a crescente formação de advogados inseridos nas bancas jurídicas, identificamos com clareza que uma gestão otimizada e organizada é essencial para a entrega dos resultados.

Além da entrega dos resultados, hoje sabemos que a liderança moderna busca e prima pela qualidade interna de tempo e de satisfação de cada colaborador. Qual líder não deseja chegar ao final do dia, da semana e do mês com a agenda controlada, os prazos em dia e as rotinas internas em perfeito funcionamento? Sendo assim, elencamos as principais funcionalidades e ganhos ao implementar um software de controle jurídico na advocacia:

- organização institucional;
- gestão por áreas;
- melhor utilização do tempo individual de cada colaborador;
- otimização do tempo das atividades gerais da advocacia;
- identificação das atividades de cada área;
- possibilita mapeamento das atividades em cada atividade/área;
- identifica os *gaps* de trabalho em cada atividade/área;
- unificação das atividades das áreas jurídicas com a controladoria jurídica e/ou financeiro e tecnologia da informação;
- evita retrabalho de atividades;
- contribui com a distribuição hierárquica das atividades de cada liderança;
- comunicação efetiva entre equipe e clientes;
- facilita o controle de prazos;
- efetiva o controle das baixas das atividades;

- possibilidade de relatórios customizados e eficientes para liderança e clientes;
- gestão de dados de cadastros, processos e clientes;
- controle absoluto do financeiro;
- incentiva a proteção e gestão de dados;
- precisão nos dados institucionais;
- contribuição para a tomada de decisão dos líderes;
- visualização das atividades de forma rápida e hábil;
- gestão dos clientes;
- entrega de resultados da equipe e para clientes.

Qual melhor software se adapta à sua advocacia?

Entendemos a importância de o líder possuir estratégias para coordenar sua equipe. Concomitante à coordenação da equipe, cabe a ele coordenar os processos de trabalho, entregas e resultados. Além dessa coordenação, caberá a ele, ainda, decidir sempre e em cada fase de crescimento a consolidação, expansão de áreas, abertura de filiais, bem como as melhores ferramentas que utilizará, como a escolha do software e cultura existentes na advocacia.

Para o tão almejado sucesso, algumas atitudes são necessárias. A decisão para implantação de softwares de gestão jurídica, por exemplo, pode ser um dos passos utilizados como estratégia na gestão para consolidação dos tão sonhados objetivos na advocacia. Assim, cabe dizer que a escolha deve ser sempre direcionada às seguintes perguntas estratégicas institucionais da advocacia:

- Este software caberá em nosso orçamento?
- Ele se adequa à nossa cultura?
- As funcionalidades nos atendem?
- Ele é de fácil manuseio?
- A liderança está disposta a utilizá-lo?
- Se sim, em sua totalidade?
- A equipe está ciente de que deixará métodos antigos para dar lugar aos novos?
- A liderança entende que é um processo e, como todo processo, exige, início, meio e fim?
- A liderança entende que custará tempo para implementar?
- A liderança está disposta a ter firmeza para implementar e enfrentar os desafios, até mesmo os processos de sabotagem da equipe?
- Alcançaremos resultados efetivos em curto, médio e longo prazo?
- Agregaremos valor à eficiência, à gestão da equipe e aos resultados para os clientes?

Se as respostas acima forem sim, você e sua equipe estão no caminho certo. Se não, vale a pena indagar melhor e descobrir o que ainda falta de visão, de recursos, de processos de gestão e de tempo que garantam o sim em cada uma das indagações.

Como implementar: visão estratégica preliminar

Partindo da premissa das respostas positivas no item anterior, vale a pena iniciarmos a execução para adquirirmos o software de gestão e partirmos para a implementação.

São as rotinas que garantem o funcionamento diário da advocacia. Costumo dizer em palestras, para os meus alunos e clientes, que o sucesso não é feito apenas de grandes atos ou atos de forma isolada. A construção de uma marca e consolidação da advocacia no mercado jurídico, tão competitivo, passa pela percepção da importância de checarmos os detalhes, observarmos as rotinas e como estão os processos de gestão. Por mais que você, advogado, julgue não possuir uma veia administrativa, é importante se dar conta de que esta tarefa é imprescindível para que o sucesso de fato ocorra.

Seguindo esta premissa, continuamos analisando as questões preliminares que garantirão o sucesso da implementação. São elas:

1. Questões estratégicas:

1.1 diagnóstico fase, cultura, e como fazem, onde armazenam os dados.

2. Aspectos estratégicos e culturais da advocacia:

2.1 o que desejam mudar e implementar;

2.2 recursos, financeiro, pessoas, tempo;

2.3 a real necessidade de mudança do software;

2.3.1 contribuições para a escolha do software adequado.

3. Questões técnicas:

3.1 customizações de telas;

3.2 desenho dos fluxogramas de todas as novas rotinas com os sócios/gestores;

3.3 validação das estratégias nas telas do sistema;

3.4 migrações.

4. Execução da estratégia:

4.1 distribuição das rotinas internas;

4.2 mapeamentos;

4.3 correção de dados;

4.4 interligação de atividades/áreas;

4.5 validação das estratégias nas telas.

Mapeamentos e fluxos

Quando os processos de trabalho estão em ordem, e as rotinas também, a equipe trabalha satisfeita e, como consequência, os sócios e gestores também ficam mais seguros.

Não sei se já aconteceu com você, mas alguma vez se sentiu constrangido por não conseguir entregar um relatório no tempo combinado ao cliente? Ou faltou a informação que era imprescindível a ser ofertada? Ou deixou de revisar uma peça jurídica, cuja conferência poderia ter feito toda diferença para ganhar o processo? Os tão famosos e desejados resultados que tanto buscamos na carreira jurídica, começam a aparecer quando damos a real importância às rotinas, pois a entrega final de resultados, que é a entrega do serviço jurídico aos clientes, passa por essa gestão eficiente e organizada.

Neste sentido, os fluxos colaboram, e muito, para uma gestão eficiente e organizada. É imprescindível que possamos desenhar os fluxos em todas as áreas e em todas as etapas dos processos de trabalho.

Ao desenhá-los, identificaremos os gaps nos processos. O que são os gaps? São aquelas rotinas sem início, meio e até fechamento, ou ainda, até a inexistência de uma rotina imprescindível de controle pode ser elencada aqui.

Os fluxos contribuirão, e muito, com todas as estratégias e desenho das possíveis customizações do software, bem como da própria implantação, no momento oportuno quando escolheremos os colaboradores que serão responsáveis pela implantação, pela liderança e, depois, pela alimentação constante das rotinas no software.

Migração de dados

Outro fator muito determinante para o sucesso da implantação é a migração dos dados. O que é, afinal? Significa dizer que os dados cadastrais de clientes, processuais e documentais estão arquivados em algum local. Como rede, planilhas de Excel, agendas, papéis ou até em outro software de gestão. Em todas as hipóteses, uma vez escolhido o software adotado, precisamos passar as informações cadastradas para o próximo software escolhido. Esta transferência de informações chama-se migração de dados.

Esta migração exige cuidado, desenho do que se pretende fazer ou atualizar, bem como conferência.

Para que tenha êxito é imprescindível também que alguém se responsabilize pela gestão desta operação. Mesmo que a empresa de software se comprometa tecnicamente e viabilize a migração, é importante que um líder e gestor acompanhe.

Validação dos dados migração

Não basta migrar os dados, sugerimos que o líder ou atuantes em cada área e tarefa confira os dados das migrações. Assim, teremos a chance de validar com precisão se os dados e rotinas que foram desenhados e desejados que sejam inseridos ocorreram da melhor forma. Parece óbvia esta informação, mas, na prática, os líderes muitas vezes deixam para a empresa do software oferecer e controlar essa gestão, e não cabe a eles realizar essa tarefa.

Sempre é bom, também, estipular um cronograma com datas e operadores desta etapa tão importante. Apenas depois de realizada essa conferência que o software poderá ser implantado e as novas rotinas, bem como os treinamentos, poderão ser executados.

Desafios da liderança

Os desafios são essenciais na advocacia. A sincronia entre os sócios e seus colaboradores são essenciais na advocacia. Descrevemos abaixo os principais itens que julgamos imprescindíveis sobre o tema.

Alinhamento da visão e objetivos entre os seus sócios e colaboradores

Sem esse fator as ações não se concretizam, pois perdem a força ou a constância no decorrer do caminho. Você já ouviu dizer que o sucesso também se faz de constância e foco, não é assim? De persistência e garra na luta por um objetivo? De um plano, de uma meta? Então, se essa premissa faz sentido para você, como desejar resultados promissores se os líderes da advocacia possuem estratégia, visão e objetivos diferentes? Eles podem até conseguir chegar a um resultado em curto prazo, mas em longo prazo a tarefa já não é tão fácil; ou ainda, a advocacia pode estar gerando resultados positivos, mas alguém pode estar pagando um preço alto.

Existem várias formas de sabotar quando não queremos ou não desejamos algo, ou quando não aceitamos ou não estamos convencidos de que aquela ação é a correta ou a mais apropriada. Fique atento a isso. É um fator inconsciente que pode acontecer com você, com o seu sócio ou com um parceiro importante.

Alinhamento dos objetivos dá trabalho, pois exige atos de reflexão, paciência, humildade e convencimento, muitas vezes.

Mas é necessário que seja feito o quanto antes. Não deixe para quando o cliente rescindir ou falar mal da sua banca jurídica, ou quando vocês perderem um excelente talento na advocacia, ou ainda quando perderem a oportunidade de consolidar a marca.

Comece alinhando os pequenos objetivos, crie a cultura e o hábito para quando os grandes objetivos e decisões chegarem, e que você e seus sócios estejam unidos para tomar a melhor decisão estratégica.

Comunicação da visão estratégica da advocacia para os colaboradores

Num mundo com tamanha rapidez de informações e processos de trabalho cada vez mais ágeis, é importante que a competência de comunicação esteja no seu "radar" como uma das mais promissoras para o sucesso da boa gestão. Comunicar é uma arte e, mesmo se a sua advocacia for pequena, você se relaciona desde a hora que chega ao escritório até a hora que sai. O relacionamento ocorre o tempo todo.

Para além da habilidade de comunicação, a dica que trago para reflexão é a importância de saber o que compartilhar com os colaboradores e ter estratégia para efetuar essa comunicação, que significa nada mais do que eleger a visão estratégica dos atos mais importantes e decisivos da advocacia. É claro que todo negócio tem regras de confidencialidade e que não são todas as estratégias que podem ser comunicadas, mas algumas sim. Após decididas, elas devem ser compartilhadas com toda a equipe ou, no mínimo, com as pessoas que exercem cargo de gestão ou que são executores envolvidos diretamente com aquela atividade.

É comum encontrarmos atitudes e atos que deveriam ser compartilhados e não o são. Lembre-se de que os atos importantes e decisivos, divididos com os responsáveis, muitas vezes deixam de ser cumpridos na sua totalidade, ou chegam a ser pouco ou nada cumpridos, pois a comunicação não ocorreu ou demorou a chegar.

Os ganhos da comunicação da estratégia são:

- evitar especulações desnecessárias e possíveis fofocas;
- maior chance de resultados promissores com a perfeita execução por parte dos responsáveis;
- equipe jurídica motivada;
- credibilidade para a liderança.

As ações de liderança são construídas diariamente, e a confiança é uma delas. Um líder que comunica a estratégia ganha pontos com os liderados. Pense a respeito, pois esse fator pode contribuir com os seus ganhos indiretos. Assim, desde o início da decisão de implantar um software, a estratégia, a nosso ver, deve ser comunicada aos líderes e principais envolvidos no projeto. À medida que o projeto for evoluindo, outros envolvidos deverão ser comunicados, e, no momento oportuno, as áreas, como a jurídica, controladoria jurídica, secretaria, área financeira, tecnologia da informação, e outras.

A estratégia de comunicação no momento dos treinamentos também deve ser feita em conjunto com os líderes do projeto e de área.

Escolha do líder do projeto: pessoas certas nos lugares certos para garantir uma boa implantação

As pessoas certas nos papéis certos garantem maior intensidade e o provável ganho na execução dos projetos. Ganhar ou perder um processo pode não fazer parte de um jogo, mas o ganhar e o perder fazem parte do negócio. E a advocacia é um negócio jurídico. Se você recebe uma procuração para defender o seu cliente e, internamente, na distribuição das atividades, você não seleciona como estratégia, por exemplo, de distribuição de prazo adequado, qual advogado é o mais adequado para cuidar do caso; ou não consegue distribuir aquela defesa técnica para quem escreve com maior domínio dos argumentos jurídicos, ou para a defesa oral; não designa aquele advogado que conheça o processo e argumentos fáticos como ninguém, e tem domínio da comunicação oral, o processo e trabalho podem não produzir os efeitos desejados. E em todos os exemplos de rotinas jurídicas, de ordem prática, citados acima, precisaremos definir qual desses colaboradores irão cumprir essas atividades no sistema de software jurídico.

Para que tenhamos na advocacia resultados, precisamos que a equipe esteja com os papéis correspondentes às suas forças. Assim, sugerimos a utilização da ferramenta de análise SWOT para elencar as forças e fraquezas na advocacia para escolher os colaboradores para implantar o projeto de software. Sugiro que antes de distribuírem as principais atividades para os principais talentos, façam uma resumida SWOT, onde apareçam os pontos fortes e em desenvolvimento de cada advogado integrante. Distribua as tarefas com aquilo que o seu melhor colaborador jurídico é capaz de fazer.

Os ganhos desta escolha serão enormes, como:

- evitar retrabalho de atividades;
- evitar erro nas atividades;
- resultados mais promissores.

Uso das ferramentas correlatas adequadas: manuais e outras funcionalidades

Sabemos que existem ferramentas de gestão adequadas para várias modalidades e projetos. Na área de gestão de processos, para garantir e complementar a implantação do software de controle jurídico, entram também os manuais de procedimentos. Ambos, software e manuais, agregam a gestão e organização e a consequente otimização do tempo e da hora do advogado. Já citamos que o início de implantação de rotinas e automação do sistema de software, bem como a ferramenta de manual de procedimentos, é um trabalho detalhado que pode e deve ser feito.

Os ganhos em médio e longo prazo são inúmeros, além de resultados positivos com metodologia, foco, alinhamento dos objetivos e persistência no projeto, prazos e executores bem definidos.

Na área de gestão de pessoas, por exemplo, possuímos as ferramentas de *assessment*, que visam analisar o perfil de liderança e de competências. Como ponderamos no item anterior, não basta ter pessoas, precisamos que estas pessoas estejam alinhadas com a visão e estratégia, e não basta ter talentos, a advocacia precisa aprender a utilizar bem esses talentos!

Todas as ferramentas complementares ao software auxiliam e contribuem com a gestão, com o desenvolvimento de carreira, e contribuem com o fortalecimento da marca jurídica: pense qual ferramenta você pode usar em várias áreas da sua gestão; escolha a que melhor se encaixa na sua metodologia e mantenha o foco no desenvolvimento e implantação. Podemos citar algumas delas que ajudam no desenvolvimento de rotinas, ou ainda, a criação de rotinas de pessoas e *workflow* das atividades de cada colaborador no próprio software de gestão.

Lembre-se: a liderança, nesse sentido, deve ser firme para que os resultados gerados correspondam às expectativas da advocacia.

Controladoria jurídica

A área de controladoria jurídica visa atender às demandas e atividades da área fim do escritório – a área jurídica. O trabalho desta área está diretamente relacionado às rotinas da área jurídica da advocacia. Com a busca crescente de produtividade e gestão, consolidação da advocacia, foco nos resultados apresentados aos clientes, com aprimoramento dos métodos e técnicas, com ou sem aumento da carteira de clientes e números de processos, impera a necessidade de criação de uma área específica, focada no olhar para a melhoria da execução de algumas tarefas correlatas e complementares à área jurídica. Esta área também pode ser designada como área de gestão processual ou área paralegal.

A composição dos colabores pode ser pessoas com perfil jurídico, advogados, bacharéis ou apenas com perfil técnico e operacional compatível com as necessidades das diversas execuções das atividades.

Os processos de trabalhos implantados no projeto de criação do software podem e devem contar com a colaboração dos integrantes desta equipe: desde o desenho estratégico das diversas funcionalidades do software, os treinamentos e a própria execução das atividades, assim que o software for implantado.

A estratégia e o bom desenvolvimento do software ajudarão a equipe a ganhar muito, se operado e pensado por colaboradores que, na prática, vivenciam diariamente as rotinas. Eles são os maiores interessados na implementação das rotinas. E eles são os técnicos mais atuantes e conhecedores, na prática, uma vez que dominam as rotinas, dominam os cadastros de pessoas, clientes, processos, além da parte documental de clientes e relatórios. Assim, com certeza, independentemente das rotinas que serão a eles incumbidas, as que forem direcionadas serão executadas com precisão e maestria.

Como os principais objetivos dessa área são proporcionar maestria e suporte para a área jurídica, visando à execução das rotinas operacionais, a área da controladoria é a mais indicada para exercer várias atividades de controle de software de gestão, atividades estratégicas e de feedbacks aos clientes.

Conclusão

Sabemos que a hora do advogado é cara. Sabemos também que a agenda desses líderes é cheia, com demandas e atividades que visam cumprir a gestão estratégia, funcional e financeira da advocacia. Assim, cabe aos líderes também fomentar e propiciar que os processos sejam estabelecidos e que as rotinas sejam cumpridas da forma mais eficiente e saudável possível. Por isso, estes líderes devem investir o quanto antes, e da melhor forma possível, nas ferramentas, como esta apresentada.

No propósito mais nobre, como o de atender bem o cliente e o de cumprir o papel do advogado na entrega do serviço ético e jurídico à sociedade, somados a como fazer isto da forma melhorada, entra a importância de uma boa implantação do software. Dedique a ele foco e firmeza para colher os resultados desejados.

Além de sugerirmos como uma das melhores práticas de gestão, validamos as técnicas e bons softwares apresentados no mercado como uma das ferramentas mais hábeis de controle e gestão para a área jurídica.

Erika Siqueira é advogada, consultora especialista em Gestão de Escritórios de Advocacia, Consultora Especialista em Gestão de Escritórios de Advocacia pela FGV São Paulo, palestrante e professora, presidente da Comissão de Gestão de Escritórios de Advocacia da OAB-DF, autora das obras: "Estratégias de sucesso para a Advocacia", "Gestão, empreendedorismo e inovação na advocacia", "Visões Femininas do Direito".

Erika também é membro da Comissão Nacional de Marketing Jurídico da ABA (Associação Brasileira de Advogados) em sua gestão 2022-2023 e, assim como a própria comissão, tem o objetivo de ajudar o advogado em sua evolução e questionamentos sobre marketing jurídico. Tem uma dúvida para o membro? Envie um e-mail para erikaasiqueira@gmail.com e aproveite este canal direto de apoio ao advogado que quer crescer eticamente.

Os Rankings na Advocacia e Seus Benefícios

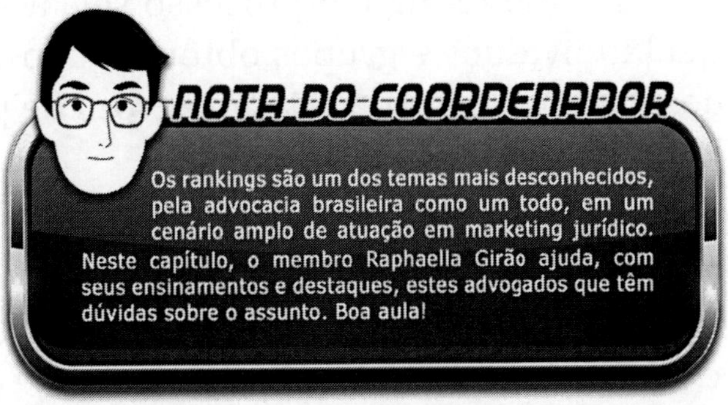

O marketing jurídico ainda é algo novo se comparado a tantos outros segmentos que aplicam essa estratégia empresarial há tanto tempo. Historicamente é difícil dizer ao certo quando o marketing surgiu. Marketing é uma terminologia recente de uma prática feita desde o início das trocas comerciais (MOTTA, 1983), e, portanto, pode ser considerado tão antigo quanto o comércio (AMBLER, 2004).

O conceito de marketing surgiu no século XX ainda muito focado nos processos produtivos e de distribuição. Foi o momento em que a economia de mercado se generalizava no mundo ocidental (CHAUVEL, 2001), e assim, o marketing foi se desenvolvendo junto à evolução do próprio mercado.

Na década de 50, começaram a existir clientes cada vez mais exigentes que passaram a ser o centro das atenções (NIQUE; LADEIRA, 2014). Isso se desenvolve ainda mais para o campo gerencial (MOTTA, 1983), sendo mais parecido com o que conhecemos hoje em dia, como algo mais estratégico. Nesse período iniciou-se a consciência de que qualquer organização existe para satisfazer as necessidades e desejos dos seus clientes.

De acordo com a definição de Kotler, conhecido como o pai do marketing, "Marketing é o processo social e gerencial através do qual indivíduos e grupos obtêm aquilo de que necessitam e desejam por meio da criação e troca de produtos e valores" (1993).

No Brasil, a década de 50 é um momento muito importante para o início dos estudos dessa ciência nas universidades brasileiras, período em que o país viveu grandes avanços industriais e tecnológicos, mas sendo na década de 60 o início da aplicação mais estratégica em departamentos de marketing mais sofisticados. Muitas multinacionais passaram a focar na área comercial de forma estratégica nessa época.

O Direito, por sua vez, é considerado quase tão antigo quanto a própria existência das sociedades humanas organizadas. Com a finalidade de diminuir a desordem desde os romanos, ele surgiu a partir da complexidade nas relações humanas.

De acordo com Luhmann, as sociedades observaram relações sociais cada vez mais complexas na medida em que se desenvolveram. Com uma população cada vez maior, criaram-

-se normas cada vez mais complexas para manter o equilíbrio das interações entre indivíduos e organizar as relações sociais. Assim, o desenvolvimento do direito ocorreu paralelamente ao desenvolvimento da própria civilização. Desta forma, na mesma medida em que o Direito regula a sociedade, por outro lado acaba se moldando a ela (1983).

Já o Direito brasileiro esteve, durante todo o período colonial, intrinsecamente ligado às leis da Metrópole, sendo assim as primeiras normas vigentes não brasileiras. Por outro lado, o ordenamento jurídico nacional teve como importante marco a Constituição do Império, outorgada em 1824.

Pouco depois, outro marco foi o surgimento dos primeiros cursos jurídicos no Brasil, em 11 de agosto de 1827, com a fundação das Faculdades de Direito de São Paulo e do Recife.

Analisado o início da existência do marketing e do Direito, é possível de fato constatar algo já adiantado, visto que, mesmo já tendo verificado que tanto o Direito quanto o marketing existem há um longo período, o marketing jurídico ainda é muito novo quando comparado a tantos outros segmentos que já se utilizavam do marketing como forma estratégica.

Enquanto em outros mercados o marketing estratégico iniciou-se no Brasil por volta dos anos 60, no segmento jurídico teve início por volta dos anos 90.

A globalização, a facilidade de acesso à informação, os meios de comunicação e interação geram demanda e alta oferta de serviços, que modificaram os aspectos competitivos no mundo empresarial e tornaram os mercados muito mais seletivos com o que se torna obsoleto. Tudo isso mais potencializado com a era digital.

Sempre existiu, mesmo que atualmente em menor grau, uma resistência a atrelar a prática do Direito a outras ciências. A advocacia, mais especificamente, sempre se mostrou bastante subjetiva, muito pautada em relações de confiança e longevidade, mas toda essa evolução tecnológica e de comunicação causou impacto no segmento jurídico, fazendo-se necessário muito mais do que advogar.

O marketing jurídico no Brasil se iniciou junto à globalização e evolui cada vez mais com a massificação dos serviços jurídicos e alto número de escritórios e profissionais. O que no passado era possível apenas com marketing de indicação, passa a não ser mais suficiente.

De acordo com uma matéria recente do Migalhas, no Brasil, em uma população de pouco mais de 200 milhões de habitantes, existem cerca de 1.300.000 advogados, ou seja, um advogado para cada 154 pessoas no país. Apesar de abranger inclusive aqueles advogados que não advogam, bem como os que não possuem escritório próprio e outros fatores que diminuem a concorrência, este ainda é um número extremamente alto quando comparado a outros países.

Na mesma medida que em outros mercados, surgiu no segmento jurídico a necessidade de destaque, diferenciação entre profissionais, criação de valor e competitividade de mercado, levando em consideração estratégias menos obsoletas e mais elaboradas. Buscar um diferencial competitivo, administrar, planejar, pensar estrategicamente o atendimento ao cliente, na comunicação e como se colocar no mercado tem sido cada vez mais imprescindível.

Algo importante de se pontuar é que, no Brasil, o Código de Ética da OAB impõe, por receio da mercantilização dos serviços advocatícios, uma série de regras ligadas à venda de serviço. Neste contexto, o marketing jurídico assume uma função mais informativa, em contraposição à sua utilização como ferramenta direta de venda. Ele auxilia na construção de reputação e autoridade, criadas a partir da entrega dos serviços jurídicos, relacionamento com o cliente e a forma como é trabalhada a imagem no mercado.

De acordo com Alexandre Motta, consultor da Inrise Consultoria em Marketing Jurídico, "Marketing Jurídico é a força motora que traça o caminho ético mais efetivo entre os recursos financeiros existentes de um escritório e os objetivos traçados pelos seus sócios".

Neste contexto, os rankings jurídicos, uma das primeiras estratégias de marketing jurídico, surgiram há cerca de 30 anos. Ao longo deste período, conquistaram grande credibilidade e se mostraram muito relevantes para o mercado, sendo um ótimo diferencial competitivo.

Cumprindo muito bem o papel estratégico de marketing e apontando os destaques do mercado de maneira informativa, os rankings auxiliam no posicionamento de mercado, relacionamento com o cliente, planejamento futuro e também com a elucidação dos pontos de melhoria da prestação de serviço jurídico. Os rankings, além de apresentarem ótimos benefícios e estarem de acordo com as restrições impostas pelo Código de Ética da OAB, também vão ao encontro da essência do marketing: entender e satisfazer desejos e necessidades dos clientes.

O que são os rankings

Rankings jurídicos, ou diretórios, são empresas especializadas de pesquisa independente, no mercado jurídico, que ranqueiam de forma detalhada as melhores áreas de atuação e profissionais de escritórios de todo o mundo.

Com um time de pesquisadores qualificados, excelente metodologia de pesquisa e critérios de avaliação muito bem estabelecidos, os diretórios têm acesso a informações sobre áreas, casos e feedbacks exclusivos de clientes e pares no mercado, o que os ajudam a chegar a um resultado mais fiel do reflexo de mercado.

Os rankings são conhecidos e respeitados pelo segmento jurídico e também fora dele. Eles munem as organizações de informações, colaborando na tomada de decisões ao selecionarem um escritório e profissionais para realização de um serviço jurídico, reduzindo tempo e custos nesse processo, além de riscos.

Quais são os rankings

Algumas empresas são especializadas em rankings, enquanto outras são empresas de comunicação que criaram uma seção voltada para pesquisa. A seguir, serão apresentados cada um dos referidos diretórios, ressaltadas suas especificidades e a sua relevância no mercado jurídico.

Chambers & Partners

Chambers & Partners é uma empresa de pesquisa independente que fornece classificações detalhadas e insights sobre os principais advogados e escritórios de advocacia do mundo.

A Chambers possui inúmeros pesquisadores que fazem análises complexas dos serviços advocatícios em 200 jurisdições. Além da análise de *submissions* (formulários de informações), esses pesquisadores fazem milhares de entrevistas com advogados e outros especialistas do mercado que possam prover informações detalhadas sobre os prestadores de serviços jurídicos.

Rankings:

- Chambers & Partners Brazil - Contentious
- Chambers & Partners Brazil - Industries & Sectors
- Chambers & Partners Brazil - Regional Focus
- Chambers & Partners Brazil – Transactional
- Chambers & Partners Global
- Chambers & Partners FinTech
- Chambers & Partners High Net Worth

The Legal 500

O The Legal 500 é uma empresa que existe há 33 anos e, por meio de uma pesquisa abrangente, analisa serviços jurídicos de escritórios do mundo todo.

A pesquisa é feita por profissionais com uma vasta experiência no mercado jurídico, analisando submissions (formulários de informações), avaliando pontos de destaque de escritórios de advocacia de mais de 150 jurisdições, com feedbacks de 300.000 clientes, além de entrevistas com os principais advogados de áreas de prática.

Todos os anos o Legal 500 faz revisões e atualizações para trazer uma visão mais adequada do mercado jurídico global.

Law Business Research

Com mais de 400 profissionais, a Law Business Research é uma empresa de serviços de informação que alimenta o setor jurídico global com inteligência, análises exclusivas e dados de desempenho, fornecendo conhecimento e insights por meio de ferramentas e plataformas.

A empresa, que foi fundada em 1996, associou-se em 2018 ao Globe Business Media Group com o intuito de se tornar líder em fornecimento de informações para o mercado jurídico global, e em 2021 completou seus produtos adquirindo o *Docket Navigator*, que fornece análises e conteúdo de litígios de Propriedade Intelectual e Antitruste nos Estados Unidos.

Com um histórico de informar e conectar profissionais do mercado jurídico, a Law Business Research passou, de uma editora jurídica tradicional, para uma empresa de informações focada em tecnologia, fornecendo dados e conhecimento que o mercado precisa.

Rankings:

- Latin Lawyer (Latin Lawyer 250, Latin Lawyer Elite, LACCA)
- GAR (Global Arbitration Review)
- GBRR (Global Banking Regulation Review)
- GCR (Global Competition Review)
- GDR (Global Data Review)
- GIR (Global Investigation Review)
- GRR (Global Restructuring Review)
- IAM
- WTR (World Trademark Review)

- WWL (Who's Who Legal)

Euromoney

A Euromoney há 50 anos é a principal revista do mundo financeiro atacado. Ela foi lançada em 1969 para cobrir o surgimento dos mercados e capitais internacionais.

Com uma equipe de jornalistas especializados, a empresa faz uma cobertura oficial de bancos, mercados de capitais, investimentos, câmbio, tesouraria e pagamentos, fintech e finanças sustentáveis em todo o mundo.

Além das notícias com informação de valor que fornecem ao mercado uma visão dos principais profissionais responsáveis pelo impulsionamento dos mercados financeiros globais, a empresa possui pesquisas e prêmios de benchmark com classificações detalhadas em várias indústrias e setores de negócios.

Rankings:

- IFLR 1000 (International Financial Law Review)
- ITR (International Tax Review)

Leaders League

A Leaders League, fundada em 1996 em Paris, é uma agência internacional de pesquisa de serviços empresariais com foco em: Jurídico, Private Equity & Serviços Financeiros, Capital Humano, Inovação e Marketing e Gestão de Patrimônio e AM.

Composta por 150 profissionais, a empresa organiza uma série de eventos em capitais globais, produz rankings internacionais e conteúdo de notícias para o mercado jurídico, financeiro, tecnologia e RH. Com uma rede de informações atualizadas, análises aprofundadas e insights que são disseminados por meio de revistas, relatórios de inteligência de mercado e eventos, a Leaders League auxilia os tomadores de decisão. As pesquisas, seu grande foco, são especializadas e abrangem toda a cadeia de negócios.

Análise Editorial

A Análise Editorial foi criada por três jornalistas, com experiência conquistada nas maiores redações do país, com o objetivo de produzir editoriais com informações relevantes para o mercado jurídico brasileiro.

Com uma equipe formada por profissionais de múltiplos talentos, a Análise é a primeira empresa jornalística brasileira voltada exclusivamente à pesquisa e produção de publicações especializadas, com anuários e edições especiais.

O conteúdo apresentado é desenvolvido a partir de dados e análises profundas dos principais setores da economia do país, com inventários inéditos e profundidade de informações que mune o tomador de decisão e formador de opinião no Brasil.

Rankings:

- Análise Advocacia
- Análise Advocacia Mulher
- Análise Advocacia Regional

Os rankings pertencentes às empresas acima se dividem em abrangentes, específicos e individuais. Os abrangentes possuem várias áreas de prática; já os específicos são focados em apenas uma área do Direito; por fim, os individuais são rankings de profissionais (advogados).

Rankings abrangentes:

- Chambers Brazil
- Chambers & Partners Global
- The Legal 500
- Latin Lawyer
- Leaders League
- Análise Advocacia

Rankings específicos:

- Chambers & Partners FinTech
- Chambers & Partners High Net Worth
- GAR (Global Arbitration Review)
- GBRR (Global Banking Regulation Review)
- GCR (Global Competition Review)
- GDR (Global Data Review)
- GIR (Global Investigation Review)
- GRR (Global Restructuring Review)
- IAM Patent
- WTR (World Trademark Review)
- IFLR 1000 (International Financial Law Review)
- ITR (International Tax Review)
- Análise Advocacia Regional

Rankings individuais:

- LACCA
- WWL (Who's Who Legal)
- Análise Mulher

Como funcionam

Cada ranking possui sua própria metodologia de pesquisa, com diferentes critérios, fluxos, captação de informações, formato de envio, cobertura de áreas, classificação e período de lançamento de resultados, destacando as equipes que estão fornecendo a assessoria mais inovadora e de ponta.

Muitos rankings fazem a pesquisa por meio de informações recebidas por meio de formulários (as submissions) e contatos de referência (os *referees*) que depois serão entrevistados. Mas existem também publicações, normalmente as de reconhecimento individual, que fazem pesquisa de mercado, entrevistando profissionais do segmento jurídico e considerando como destaque os escritórios e especialistas *top of mind* (mais lembrados).

O fluxo de pesquisa por formulários envolve: o início da pesquisa; escolha das estratégias, casos e contatos; preenchimento dos formulários; revisão e envio dos arquivos; entrevista com os contatos enviados; entrevista com sócios; e resultados.

As submissions são formulários que devem ser preenchidos com várias informações. Para os rankings especializados, as informações são enviadas em um único formulário, enquanto que para os rankings abrangentes, são enviadas separadamente em um formulário para cada área de prática, sendo que as divisões de áreas mudam de diretório para diretório.

As perguntas dos formulários variam, mas algumas das informações em comum são:

- informações sobre o escritório;
- informações sobre a área de prática em questão;
- apresentação da equipe e dos profissionais;
- lista detalhada de casos recentes (últimos 12 meses).

Já os referees são contatos de clientes (os mais recomendados a serem enviados), pares ou outros profissionais, indicados para que esses rankings possam entrevistá-los em busca de referências transparentes e verdadeiras sobre o serviço jurídico e o mercado.

Nessa entrevista, que pode ser feita por telefone ou e-mail, os pesquisadores fazem perguntas sobre o mercado, escritórios, profissionais, qualidade do serviço e preferências no atendimento, sem dizer quem indicou o entrevistado. É recomendado que os entrevistados, de forma direta ou sutil, sejam comunicados pelos advogados com quem mantêm relacionamento de que serão contatados para uma pesquisa. Esse aviso aumenta a responsividade e a chance de falarem sobre o escritório.

Algumas publicações também possuem uma etapa de pesquisa em que entrevistam sócios selecionados de alguns escritórios (o que chamamos de "*peers*") depois que os formulários já foram entregues. Esse é um ótimo momento para os profissionais falarem sobre os grandes feitos da área e darem um panorama real sobre o mercado, algo que normalmente é perguntado pelos pesquisadores.

Dois pontos de atenção para a pesquisa, que são essenciais para um bom resultado, são justamente os casos e contatos (referees). Os casos devem estar bem esclarecidos no formulário, contendo todas as informações. Os critérios de avaliação se baseiam principalmente em relevância, diferencial e inovação, então é muito importante fazer uma reflexão no momento da escolha desses casos. Em relação aos referees, o feedback positivo tem um grande peso na pesquisa, então é essencial ter em mente os contatos que realmente gostam do trabalho do escritório e sejam de fácil acesso, para que consigam responder a pesquisa.

Muitos resultados são avaliados também com base na consistência de informações de qualidade. Uma área que entra no ranking ou que sobe de posição, normalmente é observada por um ou dois anos com bons resultados, para só ser reconhecida no terceiro ano. Isso também vale para quedas de posição, em que a área provavelmente está apresentando resultados não tão bons em dois anos ou mais de pesquisa.

Dentre os rankings que recebem submissions e referees, existem variações de perguntas e de números de casos e contatos. Alguns rankings recebem até 20 casos, outros até dez casos. Alguns solicitam até 20 contatos, outros permitem que sejam enviados mais.

É importante lembrar que sempre que uma pesquisa se inicia, os critérios ficam disponíveis para consulta e é de grande importância checá-los, pois alguns detalhes podem mudar de um ciclo para outro.

Vale ressaltar ainda que as pesquisas são anuais, feitas em ciclos, então normalmente esses resultados demoram cerca de um ano para ser divulgados, já que as empresas possuem um processo interno de avaliação e fluxos que envolvem várias etapas.

Os rankings possuem diferentes datas de início e fim de cada ciclo e se distribuem ao longo do ano. Alguns rankings divulgam os resultados de todas as áreas em um único momento do ano, outros divulgam separadamente em períodos diferentes.

Como escolher os rankings certos

Com a grande quantidade de guias já presentes no mercado, é importante que os escritórios os selecionem bem, questionando em quais faz sentido participar ou por quais devem começar. As estratégias variam e precisam estar alinhadas com os objetivos de negócios do escritório e análises internas.

Uma vez que os rankings estão relacionados à ajuda de construção de reputação e autoridade, é importante que o escritório mantenha em mente os seus objetivos em relação a alguns pontos como: a(s) área(s) de atuação; se a atuação é regional ou nacional; profissionais de destaque; e o tempo de dedicação da equipe para com os rankings, porque para alguns tipos de negócios, setores e regiões, os rankings têm uma diferença maior. É essencial ponderar como o escritório quer ser visto e reconhecido pelo mercado, qual o foco dele em ser referência, suas prioridades e como estão seus concorrentes diretos.

Se o escritório é especializado, é importante estar presente nos rankings especializados relacionados à área de prática em questão. Por exemplo, para um escritório especializado na área tributária, faz mais sentido, em um primeiro momento, que dedique tempo e esforços em rankings voltados para essa área, como o ITR (International Tax Review).

É interessante pensar que se a equipe ainda não tem tanto tempo para se dedicar a todos os rankings, faz sentido iniciar pelos mais relevantes para o negócio, e aos poucos ir incluindo outros que façam sentido de acordo com as estratégias traçadas e com o fluxo já absorvido pelo time. Caso a equipe disponha de tempo e dedicação, é recomendado participar de todos os rankings relevantes para as principais áreas, incluindo as específicas e regionais de rankings abrangentes. Apesar de ser bem disputado com escritórios *full service*, os rankings abrangentes têm iniciado uma tendência, apesar de ainda recente, de olhar também para escritórios especializados, já que representam cerca de 70% dos escritórios do país.

Por exemplo, a pesquisa da Chambers antes englobava toda a América Latina e recentemente iniciou um guia com pesquisa exclusiva para o mercado brasileiro, o Chambers Brazil, entendendo que o país possui uma grande quantidade de particularidades por conta de sua extensão, contando com diferentes regiões e destaques em cada uma delas, além da grande quantidade de escritórios especializados.

Outro ponto importante a ser levado em consideração é que a maior parte dos rankings, principalmente os abrangentes, consideram consistência de qualidade de trabalho algo relevante na pesquisa. Assim, quanto antes iniciar os envios, já se conquista um diferencial, que é ser visto pelos pesquisadores. É muito positivo estar no radar desses pesquisadores mostrando quem é o escritório, todo o trabalho que tem sido feito e sua evolução, sendo positivo também o conhecimento do mercado e como se está perante ele.

Por fim, na hipótese de se tratar de um escritório full service com atuação nacional, há mais necessidade de estar presente em suas principais áreas de atuação em rankings abrangentes como Chambers Brazil, Legal 500 e Latin Lawyer, bem disputados pelas *big firms* no Brasil.

Muitas vezes a escolha feita por um diretor jurídico pode levar em consideração resultados de rankings, às vezes até para um possível desempate entre escritórios. Esse é um dos grandes objetivos dos rankings, munirem as organizações de informações para tomadas de decisão.

Credibilidade dos rankings

Antes do início do processo de submissão, é fundamental checar a credibilidade dos rankings no mercado e ter certeza antes de atrelar o nome do escritório a uma publicação.

Existem empresas "caça-níqueis" que não possuem credibilidade no mercado por não ter comprometimento em refletir a verdade sobre ele. Uma pesquisa séria leva em consideração muitos fatores que os "caça-níqueis" não levam.

Como saber se um ranking é "caça-níquel"? Primeiro sinal de que um ranking é "caça-níquel" é procurar entender se é necessário pagar para que o resultado beneficie o escritório e os profissionais na pesquisa. Justamente para que a pesquisa seja confiável, ela deve conter critérios de avaliação que levarão a um resultado mais fidedigno. O pagamento estar ligado ao resultado mostra que qualquer empresa que pague será ranqueada, e não as que possuem maior destaque.

É possível notar também pelo e-mail e site, que muito provavelmente serão menos intuitivos e explicativos, alguns chegando a ter muito pouco cuidado com a apresentação, logo distorcida e textos em fontes diferentes, nada parecidos com os rankings renomados.

A análise do histórico de resultados daquele ranking também diz muito sobre ele. É imprescindível avaliar se o trabalho em anos anteriores espelha a verdadeira imagem do mercado e se faz sentido com o que outros rankings renomados nomeiam. Caso os resultados da pesquisa estejam muito diferentes, é provável que não seja confiável.

Parte comercial dos rankings

A despeito da existência dos rankings "caça-níqueis", algo que não deve com eles ser confundido é a parte comercial de rankings. Todos os rankings com credibilidade possuem a parte comercial.

É muito comum alguns rankings disponibilizarem serviço de assinatura periódica, que possibilita que o escritório tenha uma série de benefícios como acesso a considerações que antecedem a pesquisa, acesso a informações restritas, logotipo para uso comercial e selo exclusivo da premiação daquele ano.

Como esses rankings possuem muita visibilidade em seus sites, também é possível investir em um perfil mais completo. O perfil básico já está incluso para profissionais e escritórios reconhecidos, mas o investimento possibilita inserir uma série de informações adicionais e foto, que ficam disponíveis na plataforma.

Alguns rankings, como o Chambers, também comercializam um documento contendo uma série de informações sobre a pesquisa, com feedbacks personalizados como índice de respostas de referees, comentários das entrevistas com clientes e pares e outros dados. Essas informações auxiliam no momento de traçar as melhores estratégias para melhorias internas em relação a atendimento e serviços, e, consequentemente, em um bom ranqueamento em anos seguintes. Esse arquivo também possibilita que o escritório entenda de forma mais clara e precisa onde estão os pontos de atenção e oportunidades de melhorias do escritório e em relação ao processo de submissão.

Algo também comercializado por alguns rankings é a placa física de reconhecimento.

Existem outros serviços também ligados à visibilidade que a marca dá, como espaços de anúncio na revista física da Análise Editorial.

Neste contexto, os valores de perfis, assinaturas e outros serviços variam e a decisão da compra deve sempre estar alinhada aos objetivos do escritório.

O papel do profissional de marketing

Como já citado, é essencial que os escritórios tenham estabelecido o objetivo de negócio e ponderem por quais rankings faz sentido começar, de acordo com as estratégias determinadas. É necessário tempo e dedicação ao processo, até porque um dos objetivos é que esse posicionamento seja refletido no mercado.

Além de ser importante enviar uma submission completa, é necessário também estratégia ao fazê-la, lembrando de incluir informações essenciais aos olhos dos pesquisadores e atenção nos pontos citados como relevantes para os critérios de pesquisa, como os casos e contatos de referência (referees). Os campos devem conter informações que abordem pontos marcantes da trajetória do escritório, áreas e profissionais, mostrando sua experiência e consistência ao longo de anos de trabalho, tudo de forma clara e objetiva.

Para uma boa submissão, é recomendado sempre o apoio de profissionais de marketing que entendam o método de pesquisa e auxiliem os advogados a focarem seu tempo no que realmente demanda atenção deles: fornecimento de algumas informações internas do escritório e das equipes, destaques e grandes acontecimentos, referees e casos relevantes.

O que é responsabilidade do especialista de marketing:

- saber as metodologias e critérios dos rankings;
- ajudar a traçar uma estratégia de rankings para o escritório, de acordo com seu negócio;
- indicar quais os rankings que o escritório deve participar de acordo com alinhamento estratégico de posicionamento de mercado, garantindo segurança ao atrelar o nome do escritório a uma publicação com credibilidade no mercado;
- manter no radar o processo da pesquisa e suas etapas como início, prazo final, entrevistas e resultado;
- preencher o formulário;
- solicitar as informações necessárias ao escritório;

- fazer ajustes específicos que destaquem pontos estratégicos;
- enviar o formulário para o ranking;
- manter boa relação com os pesquisadores;
- auxiliar na definição de data e horário em uma possível entrevista, caso o profissional seja selecionado;
- orientar e preparar o advogado para a entrevista;
- comunicar o resultado da publicação ao escritório e ao mercado.

Como o escritório quer ser visto pelo mercado e outros pontos são levados em consideração quando falamos em estratégias. O responsável de marketing, além de ajudar em todo o processo, coleta as informações e as inclui no formulário focando no destaque e diferencial do escritório.

Quais os benefícios dos rankings

Os rankings jurídicos trazem muitos benefícios aos profissionais da advocacia e ao mercado. Munindo-os de informações e oferecendo insights e dados importantes, auxiliam as organizações nas tomadas de decisões estratégicas e na formação de opiniões.

Um dos principais objetivos dos diretórios é dar credibilidade e atestar a qualidade dos serviços jurídicos, ajudando na diferenciação e nivelamento dos escritórios e especialistas em um mercado com tantos profissionais.

Em um país tão grande e com um segmento tão saturado, os rankings também dão oportunidade de destaque e maior visibilidade para muitos escritórios especializados e regionais, qualificados, possibilitando a conquista de respeito e espaço e incentivando seu crescimento. Economicamente, essa questão é muito positiva para o país, já que estabelece um parâmetro de qualidade, motivando crescimento de negócios e qualificação dos serviços advocatícios.

Um reconhecimento é um diferencial competitivo que ajuda na construção de boa reputação e autoridade, tanto do escritório como da área de prática e seus profissionais. Dando destaque profissional, os resultados de rankings podem ser incluídos em propostas, apresentação institucional e outras reuniões em que atestam a qualidade dos serviços.

A pesquisa é um ótimo parâmetro para que o escritório possa entender como está no mercado, seus concorrentes, relação com clientes e ter a oportunidade de identificar pontos positivos e pontos a serem melhorados. Ajudando a entender se o escritório está no caminho certo para alcançar os objetivos de negócio estabelecidos, os resultados e os processos de pesquisa auxiliam no direcionamento de novas estratégias.

Com feedback de pares e clientes, o escritório tem a chance de melhorar tanto a qualidade dos serviços em relação à qualidade técnica e atendimento, quanto alinhamento de valores e entendimento de posicionamento de mercado, munindo-se de informações para análise de concorrentes e da evolução do próprio escritório ao longo de anos.

A essência do marketing está muito atrelada a um importante objetivo dos rankings: entender as necessidades e desejos dos clientes para poder satisfazê-los. O processo de pesquisa apresenta um grande benefício em relação à compreensão de visão do cliente. Esses pontos de atenção observados a partir da pesquisa melhoram o relacionamento com o cliente. Ele ganha voz na pesquisa, entendendo que o escritório está disposto a melhorar, além de ser aberto um canal de comunicação em que ele pode diretamente falar com o profissional com quem mantem contato, estreitando ainda mais o relacionamento e criando fidelidade.

Os resultados ajudam também na evolução e melhoria do processo do próprio preenchimento dos formulários, como enviá-los mais completos, de forma estratégica, melhorando a escolha de casos, referees e descrições dos campos. O preenchimento correto é muito importante e tem grande influência no resultado.

Um ponto interessante referente ao escritório ser reconhecido, é que faz com que o mercado volte sua atenção e passe a saber quem é, o que faz, qual área é focado, criando assim autoridade no assunto e reconhecimento dos pares, fazendo o escritório ser visto como referência.

Diante de toda a análise, pode-se concluir que os rankings são uma ótima estratégia de marketing jurídico. Eles trazem diversos benefícios em relação à conquista de reconhecimento, atestando a qualidade profissional, destacando-se no mercado e ajudando na captação de clientes, bem como em seu processo, ao permitir a autoanálise e a melhora do relacionamento com o cliente. Desta fora, permite que o escritório tenha uma real visão de posicionamento de mercado e possa traçar estratégias mais precisas focadas no crescimento do negócio.

Raphaella Girão é formada em Publicidade e Propaganda pela Universidade Presbiteriana Mackenzie, com especialização em Marketing Digital pela Escola Superior de Propaganda e Marketing - ESPM. Com mais de seis anos de experiência no mercado jurídico, incluindo rankings, relatório de operações, eventos e redes sociais, teve passagem pelo Veirano Advogados. Atualmente trabalha na Winb, agência de marketing jurídico, como coordenadora de redes sociais, onde atende mais de 25 clientes gerenciando a elaboração de planejamento estratégico para posicionamento e relacionamento com o cliente, além de acompanhamento do dia a dia e monitoramento de resultados.

Raphaella também é membro da Comissão Nacional de Marketing Jurídico da ABA (Associação Brasileira de Advogados) em sua gestão 2022-2023 e, assim como a própria comissão, tem o objetivo de ajudar o advogado em sua evolução e questionamentos sobre marketing jurídico. Tem uma dúvida para o membro? Envie um e-mail para raphaella.correa@outlook.com e aproveite este canal direto de apoio ao advogado que quer crescer eticamente.

Democratização do Acesso à Justiça: Visual Law, Legal Design e Justiça 4.0

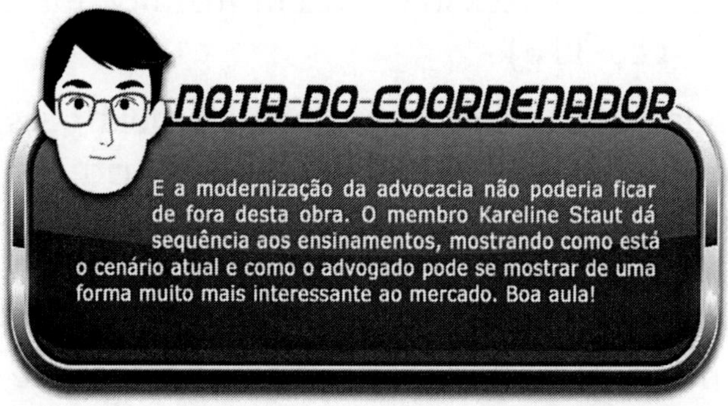

A linguagem jurídica compreensível e o acesso à ordem jurídica justa

O acesso à justiça é um direito fundamental garantido pela CF em seu art. 5º, inciso XXXV. Nas palavras de Cappelletti e Garth, acesso à justiça nada mais é que "o sistema pelo qual as pessoas podem reivindicar seus direitos e/ou resolver seus litígios sob a proteção do Estado".

Cappelletti e Garth (1988, p.12) destacam que o acesso à Justiça pode ser encarado "como o requisito fundamental – o mais básico dos direitos – de um sistema jurídico moderno e igualitário que pretende garantir, e não proclamar os direitos de todos".

"A problemática do acesso à justiça não se limita ao acesso aos órgãos judiciais. Não se trata apenas de acesso à justiça enquanto instituição estatal, e sim de viabilizar o acesso à ordem jurídica justa" (WATANABE, 2019, p. 13).

Portanto, "a ideia de acesso à justiça, que tomou relevo sobretudo no bojo do Estado Social, não implica, porém, apenas possibilitar o acesso à justiça como instituição estatal, mas também viabilizar o acesso à ordem jurídica justa" (GRINOVER, 1996, p. 115-116).

Devemos pensar na ordem jurídica pela perspectiva do consumidor e do destinatário das normas jurídicas. A possibilidade de todos terem acesso, sem restrições, à tutela jurisdicional constitui uma das grandes preocupações da sociedade contemporânea. Hoje, a perspectiva que prevalece é a do Estado e do ocupante do poder. A ética que predomina é da eficiência técnica, e não da equidade e do bem-estar da coletividade.

Contudo, não há como desconsiderar a existência de inúmeros obstáculos que tendem a refletir diretamente na capacidade de efetividade do direito. Nesse sentido, cabe mencionar que o próprio hermetismo da linguagem jurídica pode figurar como um instrumento de cerceamento do amplo acesso à Justiça.

Nesse sentido, é possível assinalar que, no Brasil, além dos obstáculos diretamente relacionados às desigualdades sociais, o próprio tecnicismo da linguagem e o uso das formalidades excessivas dos ritos judiciários corroboram para o afastamento do cidadão comum das instâncias do Judiciário e, por conseguinte, do pleno acesso à Justiça.

A linguagem rebuscada da legislação e seu distanciamento da linguagem coloquial, além de impedir a necessária comunicação entre os jurisdicionados, por vezes também implica em dificuldade de compreensão por parte dos próprios profissionais da área jurídica. Um exemplo disso foi o caso de um julgamento, em que o magistrado de Barra Velha, comarca de Santa Catarina, teria proferido a seguinte ordem: "Encaminhe o acusado ao ergástulo público" (Jornal Folha de São Paulo, 23/1/2005, com adaptações). A sofisticação da linguagem por parte do magistrado impossibilitou que sua ordem fosse cumprida de imediato, dada a ausência de compreensão por parte dos servidores do Poder Judiciário acerca do sentido e significado da expressão "ergástulo" – palavra arcaica usada como sinônimo de cadeia. Quando o juiz descobriu que nem seus subordinados entendiam o que ele falava, decidiu substituir os termos difíceis e requintados e os em latim por palavras mais simples e compreensíveis.

Seguindo esse mesmo tipo de abordagem com linguagem mais compreensível, a Defensoria Pública do Estado do Pará lançou o Manual de Direitos do Cidadão na Abordagem Policial. A ideia partiu de uma demanda exposta por movimentos sociais, em decorrência de algumas abordagens policiais que possivelmente violaram os direitos humanos.

Medidas como educação em direitos e simplificação da linguagem jurídica, para que cada vez mais cidadãos possam se valer subversivamente da linguagem do poder na luta por emancipação, vêm sendo amplamente discutidas atualmente e contribuem para o acesso à Justiça.

Um outro exemplo seria o caso em Nova Iorque, do guia visual do vendedor ambulante chamado "Poder do vendedor!", tornando os regulamentos e direitos da cidade acessíveis e compreensíveis. O guia foi criado depois de observar que o código da cidade de Nova Iorque era "intimidador e difícil de entender por alguém", ainda mais para alguém cuja língua materna não é o inglês. O guia "*Vendor Power*" decodifica as regras e regulamentos para os 10.000 vendedores ambulantes de Nova Iorque, que possuem diferentes nacionalidades, para que eles possam entender seus direitos, evitar multas e ganhar uma vida mais digna.

Conforme indicado acima, o material informativo jurídico não é uma categoria restrita. Governo e entidades privadas empregam a universalidade dos recursos visuais de várias maneiras para explicar as leis, variando desde direitos de voto à legislação trabalhista, saúde e segurança, transporte e trânsito, leis e outros intermediários.

Por derradeiro, medidas como essas, que foram mencionadas anteriormente, tornam-se necessárias para gerar conhecimento e condições para superação de problemas sociais e estruturais da sociedade brasileira, identificando e combatendo situações de opressão e violação de direitos humanos, além de alçar os indivíduos à condição de verdadeiros cidadãos.

"A acessibilidade da linguagem jurídica nasce do princípio democrático" (NETO, 1981). Desse modo, é possível vislumbrar a necessidade de que o Direito seja mais acessível, principalmente em termos de compreensão do que diz ou quer dizer. Por se estruturar em uma linguagem altamente técnica, o discurso jurídico abre mão de sua acessibilidade. Neste sentido, a linguagem jurídica funciona como um mecanismo de exclusão. Impede que qualquer um que não a domine seja capaz de acessar a informação contida em seus discursos. Pretende ser comunicativa, à medida que se supõe bem escrita, entretanto confunde o falar/escrever bem com o falar/escrever difícil. O sentido fica retido em inúmeros termos técnicos e estruturas de estilo rebuscado.

"A linguagem é extremamente eficiente em 'proteger' o universo jurídico do acesso de grande parte da população. Magistrados, advogados, promotores e outros do ramo do direito têm utilizado a linguagem jurídica de maneira tão específica que, a despeito de qualquer argumento a favor, só tem servido para negar o acesso ao universo jurídico à maioria da população. Os pareceres, sentenças, petições etc. são de escritos de uma forma tal que se torna complicado o entendimento desses textos por alguém que não faça parte do meio jurídico. E esse parece ser mesmo o propósito dos produtores desse texto: dificultar a compreensão para quem não teve a sorte ou a oportunidade de fazer parte da 'casta jurídica'" (SANTANA, 2012, p.16). Desta forma, ao criar espaços em que o sentido não pode ser apreendido do discurso que se lê ou que se ouve, a casta jurídica assegura a manutenção do poder representado pelo Direito.

Vê-se, deste modo, que a linguagem, além de monopolizar uma parte do poder nas mãos da classe jurídica, garante a ela um grande prestígio social. "Este tipo de linguagem desnecessariamente erudita e rebuscada implica em perceber um sistema Judiciário (com todos os seus atores) elitista e pouco democrático" (SADEK, 2001). Atualmente, a linguagem rebuscada e inacessível viola os princípios constitucionais do acesso à Justiça e da publicidade. É um exercício de poder para mostrar erudição e autoridade.

Essa falta de compreensão do direito pelos cidadãos é tratada pelo o escritor alemão Franz Kafka em sua obra "O processo" (2008), na qual descreve a alienação e a desesperança de um homem num mundo que não consegue compreender, para que se submetesse às leis sem questionar, pela impossibilidade de se defender do desconhecido. Esta obra descreve a situação atual ora apontada, apesar de ter sido escrita há mais de uma década.

É importante ressaltar que o uso da linguagem jurídica simplificada poderia trazer ampliação do acesso à justiça para os jurisdicionados, no âmbito dos juizados especiais, criados pela Lei n.º 9.099/95, principalmente para as partes que não possuem advogado. Existem alguns princípios nos quais se fundamentam os Juizados Especiais, como o da informalidade e o da simplicidade. De acordo com tais princípios, a preocupação do operador do sistema deveria ser a realização da justiça de maneira simples e objetiva, e nessa lógica, a utilização de linguagem inacessível representa um grande obstáculo.

Tudo isso nos leva à seguinte problemática: em que medida a linguagem jurídica impacta a universalização do acesso à Justiça?

É preciso se preocupar com o entendimento que o indivíduo tem da forma como lhe são transmitidas as mensagens dos saberes linguísticos e jurídicos. É importante ressaltar que o acesso à Justiça não significa somente o acesso ao processo, apesar de reconhecer que até mesmo para a obtenção deste, os jurisdicionados já enfrentem problemas como custos elevados, lentidão na solução das lides e extremo formalismo e burocracias jurídicas.

O processo de comunicação é sempre a via de mão dupla, mas cabe ao produtor do texto se preocupar com o que enuncia, ou seja, o êxito do processo de comunicação depende dos sujeitos do discurso, mas quem se enuncia deve produzir um texto que atenda às demandas comunicacionais do seu público-alvo.

Assim, o discurso jurídico deve primar por ser mais acessível e eliminar as barreiras impostas pelos entraves da linguagem jurídica que distancia o indivíduo da jurisdição. Esse entrave existente na linguagem jurídica é conhecido, tradicionalmente, como "juridiquês", o que afasta o cidadão do seu direito e é responsabilidade do magistrado e de outros profissionais do Direito tentar tornar seu texto mais acessível.

O Visual Law e Legal Design como ferramentas de acesso à Justiça

Com o intuito de emitir mensagens transparentes aos jurisdicionados, diversos movimentos, campanhas e reformas, têm sido realizados contra o "juridiquês". Os serviços judiciais deverão ser radicalmente desenhados.

Existe uma linguagem jurídica que é mais universal do que o texto, que pode se comunicar através das barreiras linguísticas e culturais: é a linguagem das imagens visuais.

A comunicação visual da lei fornece um meio de transmitir o conteúdo, significado e implicações da lei e da análise jurídica em documentos legais e comunicações multimodais que são acessíveis e compreensíveis, não apenas para aqueles com formação jurídica ou altamente alfabetizados, mas também para aqueles cujas habilidades linguísticas são básicas, de modo que uma linguagem elitizada os impediria de receber ou entender o aconselhamento jurídico, direitos, ou requisitos contidos na comunicação.

Neste contexto, surge o conceito relativamente novo do *Visual Law*, ou simplesmente, Direito Visual, que ganha espaço em diferentes setores, de forma que essa linha de pensamento coloca o usuário no centro da linguagem jurídica.

O termo surgiu aproximadamente em 2001, por meio de uma pesquisa de PhD de Collette R. Brunschwig, na Universidade de Zurique, em seguida propagado e utilizado por Helena Haapio, na Finlândia, e popularizado pela norte americana Margaret Hagan, da Universidade de Stanford. No Brasil o Direito Visual é embrionário, está presente no país desde 2019. De forma simplificada, o Visual Law é um "design jurídico que surge para tornar os sistemas e serviços jurídicos mais centrados no ser humano, utilizáveis e satisfatórios" (STAUT DE AGUIAR, 2020).

Dois temas são fundamentais para entender o Visual Law: 1. *Legal Design*: estratégia de projetar, estruturar e redigir serviços jurídicos com foco no interlocutor; reformulação dos serviços jurídicos com foco na resolução do problema do destinatário final, seja ele o juiz, as partes, os promotores etc. 2. Design Gráfico: que são técnicas e elementos visuais que favorecem a compreensão do usuário. Por fim, a junção desses dois fatores dá origem ao Visual Law, que utiliza técnicas visuais e de linguagem para facilitar a comunicação nos documentos jurídicos.

O *Visual Law* é o Direito contado por meio de ilustrações e técnicas, em que os elementos visuais são poderosos e indispensáveis instrumentos de comunicação. A utilização de ferramentas como imagens, vídeos, infográficos, pictogramas, fluxogramas, gráficos, *links*, *bullet points*, linhas do tempo, QR Code, *storyboard*, *story mapping*, *storytelling* e até gamificação tem a capacidade de revolucionar o modo de prestar serviços jurídicos (STAUT DE AGUIAR, 2021).

Já não é o suficiente oferecer mais informações ou simplesmente melhorar o acesso: o verdadeiro desafio é a compreensibilidade do conteúdo. Podemos ter acesso às informações, mas ainda sermos incapazes de decodificá-las ou de perceber sua importância. Já está bastante claro que o público em geral não entende o idioma jurídico e que a comunicação vem se tornando cada vez mais visual e rápida.

Alguns tribunais brasileiros já estão facilitando a linguagem jurídica por meio do Visual Law. Podemos ver essa nova visão na 5ª Vara do Trabalho de João Pessoa com o Projeto Design TRT. O projeto é uma forma de comunicação moderna e inovadora que aproxima o judiciário à sociedade. A iniciativa é pioneira na Paraíba e já está sendo bem recebida por outros estados, ressaltando que é um tipo de trabalho voltado para o cidadão, com a finalidade de ganhar tempo e fazer com que as pessoas vejam de uma forma mais rápida o resultado do processo.

Além disso, o TRT da 14ª região implementou os recursos de Visual Law nas atas de correição. Essa iniciativa vai ao encontro de um viés humanizado em tornar qualquer pessoa o sujeito ativo para melhor compreensão dos resultados de uma correição. A importância do projeto é para que a Justiça seja cada vez mais clara e eficiente na democratização do acesso à informação.

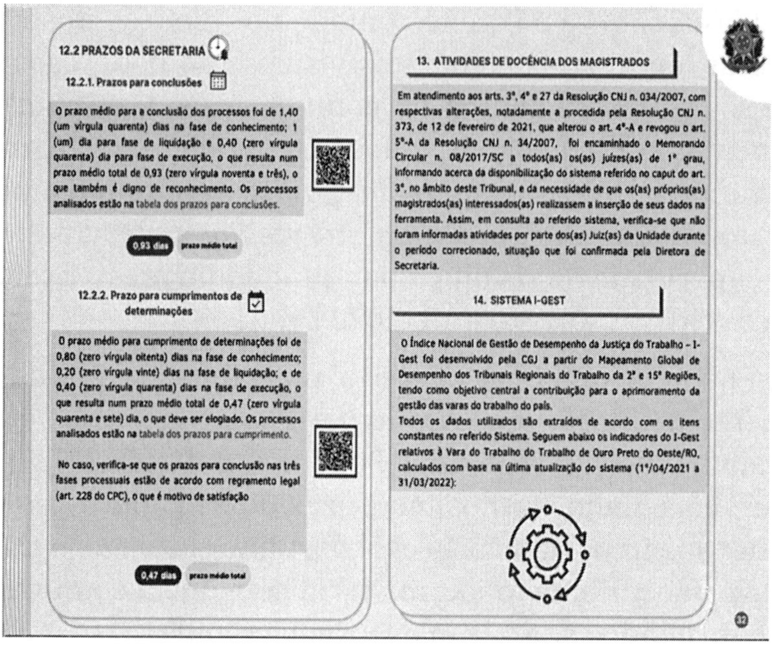

12.2 PRAZOS DA SECRETARIA

12.2.1. Prazos para conclusões

O prazo médio para a conclusão dos processos foi de 1,40 (um vírgula quarenta) dias na fase de conhecimento; 1 (um) dia para fase de liquidação e 0,40 (zero vírgula quarenta) dia para fase de execução, o que resulta num prazo médio total de 0,93 (zero vírgula noventa e três), o que também é digno de reconhecimento. Os processos analisados estão na tabela dos prazos para conclusões.

0,93 dias prazo médio total

12.2.2. Prazo para cumprimentos de determinações

O prazo médio para cumprimento de determinações foi de 0,80 (zero vírgula oitenta) dias na fase de conhecimento; 0,20 (zero vírgula vinte) dias na fase de liquidação; e de 0,40 (zero vírgula quarenta) dias na fase de execução, o que resulta num prazo médio total de 0,47 (zero vírgula quarenta e sete) dia, o que deve ser elogiado. Os processos analisados estão na tabela dos prazos para cumprimento.

No caso, verifica-se que os prazos para conclusão nas três fases processuais estão de acordo com regramento legal (art. 228 do CPC), o que é motivo de satisfação

0,47 dias prazo médio total

13. ATIVIDADES DE DOCÊNCIA DOS MAGISTRADOS

Em atendimento aos arts. 3°, 4° e 27 da Resolução CNJ n. 034/2007, com respectivas alterações, notadamente a procedida pela Resolução CNJ n. 373, de 12 de fevereiro de 2021, que alterou o art. 4°-A e revogou o art. 5°-A da Resolução CNJ n. 34/2007, foi encaminhado o Memorando Circular n. 08/2017/SC a todos(as) os(as) juízes(as) de 1° grau, informando acerca da disponibilização do sistema referido no caput do art. 3°, no âmbito deste Tribunal, e da necessidade de que os(as) próprios(as) magistrados(as) interessados(as) realizassem a inserção de seus dados na ferramenta. Assim, em consulta ao referido sistema, verifica-se que não foram informadas atividades por parte dos(as) Juiz(as) da Unidade durante o período correcionado, situação que foi confirmada pela Diretora de Secretaria.

14. SISTEMA I-GEST

O Índice Nacional de Gestão de Desempenho da Justiça do Trabalho – I-Gest foi desenvolvido pela CGJ a partir do Mapeamento Global de Desempenho dos Tribunais Regionais do Trabalho da 2ª e 15ª Regiões, tendo como objetivo central a contribuição para o aprimoramento da gestão das varas do trabalho do país.

Todos os dados utilizados são extraídos de acordo com os itens constantes no referido Sistema. Seguem abaixo os indicadores do I-Gest relativos à Vara do Trabalho do Trabalho de Ouro Preto do Oeste/RO, calculados com base na última atualização do sistema (1°/04/2021 a 31/03/2022):

Outro exemplo pode ser encontrado no Tribunal Regional do Trabalho da 6ª Região, onde há uma iniciativa piloto: no julgamento de recurso de alguns processos, foi incluído um resumo na forma de esquema gráfico juntamente com o acórdão publicado. O acórdão, no entanto, manteve a tradicional formatação e elementos legais indispensáveis, vindo o esquema gráfico como um adicional para facilitar a compreensão do resultado do julgamento. Para tornar a comunicação jurídica mais acessível para os cidadãos, em sintonia com a promoção de acessibilidade e a transparência, em Pernambuco, o TRT6 acompanha a tendência de ampliação da utilização de novas ferramentas audiovisuais para facilitar a comunicação.

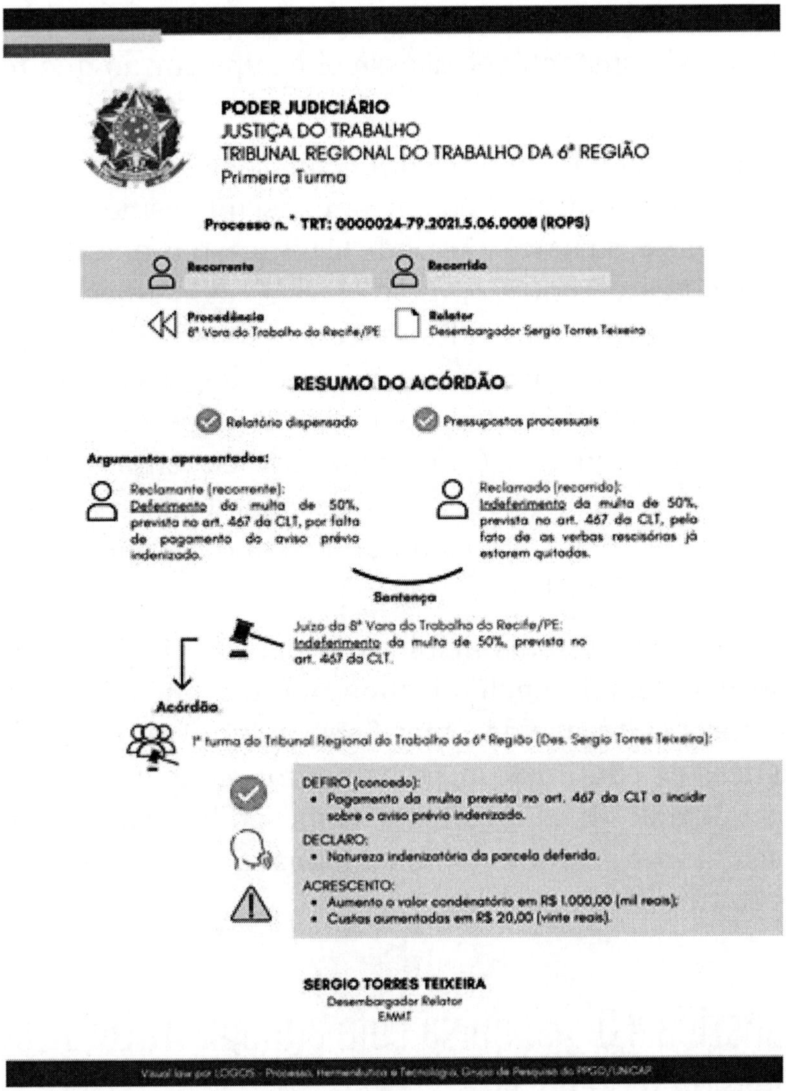

Para que as mudanças de paradigmas, como os exemplos acima, realmente ocorram de forma contínua, Richard Susskind (2013) acredita que deveremos redesenhar os serviços judiciais. Em suma, devemos colocar em prática uma "nova configuração de pessoas, processos, tecnologias e espaços físicos que sejam centrados no usuário", e garantir que a nova estrutura seja sustentável, acessível e superior ao que temos atualmente.

Vamos imaginar, por exemplo, um caso de uma parte que não entende o contrato, mas mesmo assim assina, é racional entender que essa parte não pode fazer uso das possibilidades oferecidas nesse contrato, muito menos agir de acordo com ele. Tais obscuridades e falta de compreensão causam reclamações, disputas e processos judiciais desnecessários, portanto resultando em custos desnecessários, perda de tempo e sentimento de injustiça. O desenho jurídico tenta ajudar nesse sentido. "Na melhor das hipóteses, não consistem em meras ilustrações, mas uma fusão de ideias de direito e design" (HAAPIO; PLEWE; DE ROOY, 2017).

As imagens visuais inspiram o pensamento criativo sobre a lei e podem preencher lacunas na comunicação por meio da memória cultural e da experiência coletiva, auxiliada pelas heurísticas de continuação, fechamento e conclusão da psicologia da Gestalt. Os elementos visuais são linguagens universais facilitando a comunicação com analfabetos e com dificuldades culturais e linguísticas.

Justiça 4.0: pesquisa com a magistratura sobre uso de Visual Law

O Conselho Nacional da Justiça (CNJ) implementou o "Programa Justiça 4.0 – Inovação e efetividade na realização da Justiça para todos", objetivando promover o acesso à Justiça por meio de ações e projetos desenvolvidos para o uso colaborativo de produtos que empregam novas tecnologias e inteligência artificial. O programa efetivou o Juízo 100% Digital (Resolução CNJ n.º 345/2020) que deverá prestar atendimento remoto por telefone, por e-mail, por videochamadas, por aplicativos digitais ou por outros meios de comunicação que venham a ser definidos pelo tribunal. Essa iniciativa busca propiciar o diálogo entre o real e o digital com incremento da governança, da transparência e da eficiência do Poder Judiciário, realizando uma aproximação com o cidadão, além de reduzir despesas.

Neste cenário de Justiça 4.0, surgiu, em 2020, o grupo de pesquisa VisuLaw (primeiro grupo de pesquisa em Visual Law do Brasil). O grupo VisuLaw é composto por advogados, professores, estudantes e designers de diversos estados brasileiros, cujo objetivo é saber o que a Magistratura pensa a respeito do uso de elementos visuais em petições. Em 2021, o grupo realizou a pesquisa com a Magistratura federal, e, no ano de 2022, prosseguiram com a pesquisa, para conhecer a visão da Magistratura estadual em relação ao tema, o próximo passo é alcançar os ministros do STJ e STF.

Em resumo, a pesquisa questiona aspectos relevantes para a prática da advocacia, indagando os(as) magistrados(as), entre outros pontos, sobre os maiores problemas nas petições; as características que tornam uma peça processual mais agradável para a leitura e análise; e, além disso, os elementos visuais que não devem ser utilizados em petições. Nas pesquisas com os magistrados federais e estaduais, aproximadamente 77% entendem que o uso de elementos visuais facilita a análise da petição, desde que o uso seja moderado, ou seja, sem excessos. O levantamento confirma que as técnicas devem ser usadas de forma moderada para garantir uma comunicação clara, compreensível e sem ruídos. De acordo com o estudo de 2022, para aproximadamente 72% dos magistrados, alguns dos maiores problemas nas petições atualmente são o número excessivo de páginas e redação prolixa. Por fim, constatou-se que mais de 70% dos juízes brasileiros são favoráveis ao Visual Law.

Sobre essa ótica da linguagem simples, clara e mais objetiva, em 2015, o desembargador Luiz Fernando Boller, da 2ª Câmara de Direito Comercial do Tribunal de Justiça de Santa Catarina, determinou a um advogado a emenda de petição inicial vinculada à ação de revisão de contrato bancário, de forma a reduzir a peça de 40 para, no máximo, 10 laudas.

Já em 2022, a juíza de Direito Larissa Cerqueira de Oliveira, titular da 2ª Vara do Foro de Presidente Epitácio (SP), criticou uma petição de 60 páginas e sugeriu o uso de técnicas de Visual Law. Para a magistrada, petições prolixas não apenas ofendem a "celeridade processual" como também a "qualitativa produtividade do Judiciário".

Visual Law não é "banalização do Direito", é melhorar a comunicação e a linguagem jurídica

O design oferece uma maneira de repensar e melhorar as experiências do Direito para as pessoas. Isso tanto para a perspectiva daquele usuário que precisa utilizar o sistema legal para lidar com um problema ou ter acesso à justiça, quanto para o ponto de vista do profissional jurídico. Aqui não estamos falando em "banalização do Direito" e sim em melhorar a comunicação e linguagem e otimizar a acessibilidade ao Direito, tornando-o mais colaborativo e democrático.

Muitos juízes, profissionais do Direito e advogados ainda evitam usar recursos visuais em qualquer documento legal. Espera-se que os atores do judiciário resistam à mudança para incluir conteúdo altamente visual em petições, decisões, contratos e outros documentos legais porque o uso de recursos visuais não é familiar, exige qualificação em criação visual e design gráfico, potencialmente caro e demorado, e, portanto, no início da adoção de conteúdo visual, eles provavelmente precisarão contratar pessoal de apoio, como os *legal designers*, para realizar o design e a diagramação.

Todavia, toda transformação e mudança requer esforços e dedicação. É preciso incentivar os operadores do Direito, que devem, pelo menos, considerar se tornarem mais alfabetizados na avaliação de recursos visuais, não apenas por suas obras jurídicas e opiniões judiciais, mas simplesmente para serem capazes de avaliar e confrontar os dispositivos visuais oferecidos por outros.

Observa-se, portanto, que existem novos horizontes de oportunidades para os profissionais do Direito, mas que, por outro lado, são exigidas habilidades e competências inovadoras, colaborativas e digitais, por isso, são necessárias mudanças na educação jurídica. Desse modo, ir do monológico ao colaborativo significa redesenhar o ensino jurídico, com a implementação de metodologias ativas que estimulem um aprendizado colaborativo, transversal e interdisciplinar. Do outro lado, a implementação do Visual Law nas faculdades para impulsionar o conhecimento jurídico de forma criativa e inovadora aos alunos, pode prepará-los para as necessidades da contemporaneidade.

Ressalta-se que o Visual Law vem ganhando credibilidade e regulamentação. Recentemente o Conselho Nacional de Justiça – CNJ, por meio da Resolução n.º 347/2020, que dispõe sobre a Política de Governança das Contratações Públicas no Poder Judiciário, recomendou de forma expressa a utilização de "visual law" (art.32, parágrafo único da Resolução n.º 347/2020). E, ainda em 2020, houve o Provimento 59/2020 (TJMA): conforme o art. 4º, a política de gestão de riscos deverá contar com capacitação e treinamento sobre ética e integridade, com emprego de técnicas de Visual Law. Já em 2021, houveram: a Portaria 2/2021 (JFBA), tratando que, de acordo com o art. 3º, as partes poderão utilizar recursos de Visual Law em processos que tratam de benefícios previdenciários envolvendo segurados especiais. E a Portaria Conjunta 91/2021 (TJDFT): em resumo, o art. 5º, XII, na criação de materiais e documentos recomenda a adoção, de forma complementar e quando pertinente, de elementos não textuais, como infográficos e fluxogramas. Além do provimento n.º 45/2021 (TJES), que dispõe sobre o tratamento e proteção de dados pelos delegatários dos serviços extrajudiciais de notas. O documento recomenda o uso de Visual Law em avisos de privacidade. Em 2 de junho de 2021 foi publicada a Instrução Normativa n.º 55/2021, do Departamento Nacional de Registro Empresarial e Integração, que veio incorporando a utilização de técnicas de Visual Law nos atos submetidos a registro nas Juntas Comerciais.

Considerações finais

O acesso à ordem jurídica justa supõe, ainda, um corpo adequado de juízes, com sensibilidade o bastante para captar não somente a realidade social vigente, mas também as transformações sociais a que está submetida a sociedade moderna.

O acesso à Justiça adequado às necessidades do país deve ser possibilitado a todos, e os obstáculos que surjam, de ordem econômica, social ou cultural, devem ser removidos. Justiça gratuita, assistência judiciária, meios alternativos de solução de conflitos, informação, orientação e acessibilidade da linguagem jurídica, são serviços que se prestam para essa remoção de obstáculos.

É necessário, pois, um acesso à ordem jurídica justa, com a observância do princípio do devido processo legal e seus derivados, e com a preocupação da correta aplicação do direito substancial e da verificação de sua adequação aos anseios sociais.

Atores até então excluídos desse mercado, os chamados consumidores da justiça, estão percebendo as vantagens na busca de seus direitos e terão uma participação ativa na chamada evolução disruptiva que estamos vivenciando.

O conceito de "Acesso à Justiça" e suas diversas ondas renovatórias nada mais são do que um movimento jurídico para que as regras processuais e o direito material estejam em constante evolução e atendendo aqueles para os quais foi criado: os consumidores da justiça.

Percebe-se então que o profissional jurídico deve ser capaz de entender e atuar em um novo cenário do Direito, no qual o Direito aliado à tecnologia e ao design não se torna um futuro distópico e sim uma realidade presente, a qual está disponível para auxiliar na criação de uma justiça mais produtiva e acessível.

A comunicação jurídica deve acompanhar as mudanças culturais e deve auxiliar a população na compreensão de seus direitos, focando a experiência do usuário. O Visual Law e o Legal Design são instrumentos para permitir a evolução da comunicação jurídica mais satisfatória e centrada no humano, no usuário.

O documento jurídico permanece com suas técnicas, porém, de forma mais organizada e, também mais visual, sem palavras rebuscadas e elitizadas, para que seja compreensível pelo receptor da mensagem. Dessa forma, o uso dessas práticas torna o acesso à informação jurídica mais igualitário e satisfatório. Assim, a utilização de Direito Visual é uma importante ferramenta de acesso à ordem jurídica justa.

Kareline Staut de Aguiar: advogada. Legal Designer. Mestranda em Direito Público (Estácio-RJ). Pós-graduada em Direto do Trabalho (EBRADI). Especialista em Marketing (PUC-MG). Certificação em Visual Law (Future Law). Professora do Laboratório de Inovação - ESA/RO. Coautora do 1º livro sobre Visual Law do Brasil - Revista dos Tribunais.

Kareline também é membro da Comissão Nacional de Marketing Jurídico da ABA (Associação Brasileira de Advogados) em sua gestão 2022-2023 e, assim como a própria comissão, tem o objetivo de ajudar o advogado em sua evolução e questionamentos sobre marketing jurídico. Tem uma dúvida para o membro? Envie um e-mail para contato@juris4-0.com.br e aproveite este canal direto de apoio ao advogado que quer crescer eticamente.

Metaverso e a Advocacia

NOTA DO COORDENADOR

E, à medida que o Direito evolui no dia a dia dos advogados, itens como Realidade Virtual e Metaverso começam a se tornar relevantes como peças funcionais e fundamentais no marketing jurídico. Para falar sobre o assunto, o membro Wilson Furtado assina este capítulo de nosso livro. Boa aula!

Levando em conta que escrevo estas linhas no ano de 2022, você já deve ter ouvido falar, em algum momento, sobre o metaverso. Em 2021, o metaverso se tornou um dos tópicos mais comentados na rede mundial de computadores, pois Mark Zuckerberg (cofundador e criador do Facebook) divulgou não apenas o grupo Meta, mas ainda os grandes investimentos em realidade virtual. Devido a esse fato noticiado por Mark Zuckerberg, o metaverso se tornou, de algum modo, comum no cotidiano da sociedade. Aumentaram-se os investimentos em ambiente virtual, viu-se o crescimento exponencial das NFTs (Non-Fungible Token), *tokens* não fungíveis e a criação de inúmeras empresas nesse "novo universo". Em face a tudo isso, surge também a advocacia no metaverso.

Com a explosão do metaverso, surge também o primeiro escritório de advocacia na realidade virtual, o Grungo Colarulo, em Nova Jersey, nos Estados Unidos da América (EUA). Não apenas nos Estados Unidos, mas também no Japão e no Reino Unido, os escritórios de advocacia já começaram a se preparar para uma possível atuação dentro deste novo mundo virtual.

Em fevereiro de 2022, o escritório de advocacia ArentFox Schiff anunciou que havia se tornado o primeiro grande escritório de advocacia dos Estados Unidos a "juntar-se ao metaverso" adquirindo um terreno na *Decentraland*, fato que destacou a seriedade com que os advogados estão levando uma das últimas tendências tecnológicas.

Quando se trata do metaverso, um culto à obsessão está em jogo. Os clientes que lidam com esse mundo são bem diferentes, pois são movidos pelas infinitas possibilidades da tecnologia. As ramificações legais são um segundo pensamento – se tanto.

Deve ser dito que é raro que um sócio sênior de um escritório de advocacia saiba como lidar com esta nova realidade, mas não estamos dizendo que não podem aprender sobre o metaverso. Uma geração mais recente de advogados está mais bem preparada para entender essa mentalidade, o impulso de clientes de "dinheiro novo", a tecnologia disponível e como funciona.

Podemos dizer que falamos com milhares de advogados nos últimos anos e que os mesmos são extraordinariamente brilhantes, porém, com um fator limitante: sua dedicação ao seu ofício. Isso significa que eles não têm tempo de levantar a cabeça para ver o que está por vir. Todas essas tecnologias emergentes impactarão suas práticas de alguma forma, bem como os negócios relacionados ao Direito. No mínimo, os advogados precisam da oportunidade de se concentrar nos quatro grandes ângulos: inteligência artificial (IA), *blockchain*, fluxo de trabalho e a bagagem de tecnologia emergente geral. Há uma infinidade de lugares para aprender sobre essas coisas, mas incluiremos alguns dos clássicos, como alertas do Google, tópicos do Twitter e revistas como a *Wired*, que deve ser um item básico para todos.

Pode ser dito que o metaverso é um conceito de universo em linha, em três dimensões (3D), que combina inúmeros ambientes virtuais. Pode-se imaginar o metaverso como uma interação futura da rede mundial de computadores. O metaverso possibilita aos seus usuários trabalho, encontros, jogos e socialização em ambientes tridimensionais.

Deve ser mencionado que o metaverso, todavia, não existe totalmente, entretanto algumas plataformas de metaverso têm elementos semelhantes. Nos dias atuais, são os jogos de videogames que possibilitam aos seus usuários uma experiência mais próxima do conceito de metaverso. Os desenvolvedores aumentaram os limites dos jogos por meio de eventos e com a criação de complexas economias virtuais.

Existem, atualmente, certos aspectos do metaverso em mundos virtuais de jogos. Jogos como *Roblox* e *Fortnite* ou ferramentas de socialização profissional como o *Gather* e o *AntsBox (MyHive)* reúnem inúmeros elementos de nossas vidas em mundos virtuais. Apesar de esses aplicativos não serem o metaverso, eles possuem similitudes. Portanto, de certa forma, o metaverso ainda não subsiste, de fato.

Além do apoio para jogos ou redes sociais, pode ser mencionado que o metaverso combinará economias, identidade digital, governança descentralizada, entre outras funcionalidades. Nos dias atuais, o processo de criação e recursos de propriedade de itens e moedas valiosos permitem a elaboração de um metaverso único e unificado. Todos esses recursos provêm à blockchain (cadeia de blocos) o potencial para alimentar esta tecnologia fenomenal no futuro.

Quando surgiu o metaverso?

A palavra metaverso foi utilizada pela primeira vez no livro de ficção científica "*Snow Crash*", do escritor norte-americano Neal Stephenson, publicado no ano de 1992 e inspirado em livros *cyberpunks* que foram publicados antes, como os do escritor William Gibson, porém, que criou um estilo bem distinto por meio de uma narrativa de estrutura caótica e possuindo referências a assuntos pouco explorados no gênero, como linguística, filosofia, cientologia, antropologia e história. Na obra fictícia, o personagem Hiro Protagonist trabalha como um entregador de pizzas na vida real. Porém, no mundo virtual, o personagem se disfarça de *hacker* samurai. Neal Stephenson denominou essa realidade digital, em seu livro, de "metaverso".

Diversas outras obras fictícias trabalham com esse conceito de metaverso, como, por exemplo, o livro "*Ready Player One*", escrito pelo romancista norte-americano Ernest Cline e publicado no ano de 2011. Na história, os personagens passam muitas horas em um *videogame* de realidade virtual para escapar da vida difícil. O diretor Steven Spielberg dirigiu uma adaptação do livro para o cinema no ano de 2018.

Uma das empresas pioneiras a tentar dar vida a esse mundo virtual foi a Liden Lab, que criou e lançou o jogo *Se-*

cond Life, no ano de 2003. O Second Life, que ainda pode ser utilizado, permite criar um ambiente virtual tridimensional que se aparenta com a vida real, ou seja, o mundo físico. Os usuários ainda podem dar origem a avatares e se relacionar uns com os outros.

Mesmo tendo uma quantidade enorme de usuários, o Second Life não conseguiu se fixar como uma tecnologia revolucionária com a possibilidade de mudar a rede mundial de computadores. A principal motivação teria sido a ausência de uma economia digital em que os usuários pudessem ter ganhos financeiros. Nos dias atuais, pode ser dito, sem sombra de dúvidas, que isso já é uma realidade. E o mundo das criptomoedas, com a tecnologia blockchain, pode se constituir primordial nessa empreitada.

Como funciona o metaverso?

Mesmo sabendo que quiçá sejam precisos certos equipamentos para ascender ao metaverso, não existindo nenhuma espécie determinada de tecnologia em específico, existe uma vasta alteração no modo como podemos atuar com o mundo virtual.

Isso se dá, pois, na prática, há a impressão de estarmos em sua totalidade inseridos nesse universo digital, em uma convergência da realidade aumentada com a virtual. Ou melhor, as telas de smartphones, computadores e tablets seriam trocadas por uma experiência 3D, em que haveria a possibilidade de se relacionar com objetos e informações diversas.

Pode ser afirmado que tudo seria possível de ser realizado no metaverso?

Nada pode ser dito, atualmente, com certeza de como vai funcionar na prática este mundo virtual conhecido por metaverso, já que o mesmo ainda não existe na forma descrita pelo fundador do Facebook (agora Meta).

Pode ser afirmado que todos os usuários do metaverso teriam os seus próprios avatares e logo poderiam, portanto, trabalhar, ter contato com amigos, construir e decorar uma casa, adquirir roupas e acessórios, ir a concertos e até mesmo realizar viagens. Tudo por meio virtual, obviamente.

Teria a possibilidade, por exemplo, de encontrar os amigos para assistir a um filme no cinema ou visitar uma exposição de arte que apenas podem ser visitadas ou assistidas no metaverso. E, no momento de entrar em um sítio virtual, em vez de acessá-lo pelo computador ou smartphone, daria para entrar nele.

O ponto primordial é que você possa ascender a esse mundo da realidade virtual por meio de seu smartphone, computador ou console de videogame. No metaverso você poderá ser, em tese, quem desejar e fazer o tiver vontade, como viajar, pilotar caças supersônicos, dançar em uma festa com amigos que estão em diversas localidades do mundo, jogar uma partida de qualquer esporte com seu ídolo, e assim por diante.

O objetivo é que o metaverso também possua a sua própria economia, bem como suas moedas, de modo que os seus usuários possam comprar, vender e negociar imóveis virtuais, itens diversos, acessórios para os seus avatares e outros.

Atente-se quanto às principais tecnologias de realidade que compõem o metaverso:

Realidade virtual (VR)

A realidade virtual (VR, na sigla em inglês) nada mais é que um ambiente tridimensional, elaborado por computadores, que se aparenta com o mundo físico e possibilita uma grande interação entre os usuários. Para usar essa tecnologia nos dias de hoje, é preciso utilizar óculos especiais equipados com fones de ouvido e sensores.

Realidade aumentada (VA)

Já a realidade aumentada combina visões do metaverso e mundo físico. De forma distinta do VR, a realidade aumentada coloca elementos virtuais no mundo físico. Um excelente exemplo de VA é o jogo *Pokémon Go* da Niantic, Nintendo e The Pokémon Company, em que as pessoas podem jogar usando as câmeras dos smartphones para capturar as criaturas virtuais em um mapa baseado no mundo real. Existem ainda óculos especiais que mostram informações nas lentes.

O que os advogados podem fazer no metaverso

Sempre há inovações e grandes novidades sobre o metaverso, e ao estudar o mercado com vários advogados, é possível atestar que diversos têm o interesse em lançar iniciativas no metaverso muito em breve. Apesar de estarmos presenciando neste momento ambientes poligonais e avatares mais cartunescos, pode ser dito que o potencial para os escritórios de advocacia já é fenomenal e exponencial.

Imagine um mundo, muito parecido com o que temos agora, mas apenas virtual. É quase tão imersivo e interativo. Em seguida, extrapole todos os problemas, questões, benefícios e desafios que temos atualmente na vida real e pense sobre onde os advogados desempenham um papel. Será semelhante. No início, grande parte do envolvimento dos advogados será em torno de questões de propriedade industrial (PI) e direitos autorais. Logo em seguida, ocorrerão divergências contratuais e de seguro, mas essas questões podem ser interessantes devido à natureza da plataforma em que o metaverso será construído. Como deve contar com blockchain e contratos inteligentes, essas disputas provavelmente podem ser mais fáceis de resolver em um nível inferior, deixando os advogados para resolver questões mais complexas.

O metaverso possibilita oferecer novas experiências aos clientes

Tanto os clientes quanto os próprios advogados já se encontram cansados de videochamadas/videoconferências no Zoom, Google Meet, Microsoft Teams e afins. O metaverso, em resumo, afasta essa lógica e possibilita ofertar novos experimentos aos clientes. Fazer um convite com um cliente para uma reunião no *Horizon Workrooms* da empresa Meta (ex-Facebook), apenas para demonstrar, é uma experiência que absolutamente ficará guardada na lembrança dele.

É bem possível que, no futuro, onde agora as pessoas se comunicam por meio de software de videoconferência bidimensional como o Zoom, os advogados possam prestar seus serviços aos clientes remotamente, bem como obter acesso aos tribunais e se encontrarem no metaverso como se estivessem na mesma sala, embora, na verdade, estejam em continentes diferentes.

O metaverso possui mais recursos para fidelizar os clientes

Realizar o primeiro atendimento a clientes no metaverso quiçá não seja a melhor opção, tendo em vista que muitos não sabem como funciona e, por isso, não conseguem acessar com facilidade. No entanto, pode ser uma excelente ferramenta e muito eficaz para fidelizar clientes que já validaram os serviços oferecidos pelo escritório de advocacia e, portanto, estarão mais tendenciosos a utilizar o metaverso e suas inúmeras oportunidades.

O metaverso possibilita cocriar soluções para problemas jurídicos

Profissionais do mercado advocatício e seus clientes podem falar entre si, dividir insights e gerar soluções para problemas e questões jurídicas como se estivessem no mesmo espaço físico. Em suma, sistemas de metaverso como o da Spatial, utilizam o espaço ao seu redor para elaborar locais de trabalho 3D imersivos, interativos e extremamente colaborativos.

Essas constituem somente três possibilidades de explorar o metaverso na advocacia. A qualidade do trabalho técnico e o trato com o cliente não podem ser descuidados e persistirão relevantes no futuro, porém, esse novo ambiente virtual já oferta recursos que irão contribuir para que os escritórios de advocacia se mantenham competitivos no mercado jurídico tão exigente.

De que modo o metaverso influencia o mundo jurídico?

Em regra, nas empresas brasileiras aguarda-se que este mundo virtual tenha uma adesão bastante elevada, tendo em vista que o Brasil nada mais é que um dos países mais conectados com a internet do mundo. Portanto, no mundo jurídico não poderia ser diferente.

Deve ser dito que a pandemia mostrou, sem sombra de dúvidas, uma grande adesão de órgãos e da própria sociedade à vida virtual, tendo como exemplo as audiências por videoconferência e a grande alteração, no Brasil, para o uso somente de processos eletrônicos em todos os tribunais.

Se presumirmos que estamos nos movendo cada vez mais para um mundo digital, todas as nuances que cercam esse espaço se tornarão cada vez mais importantes. Comece com inteligência artificial (IA). Os algoritmos serão cada vez mais capazes de tomar decisões por nós. Sim, isso inclui grande parte do trabalho legal por aí. Esses algoritmos começam de forma simples, mas se tornarão muito mais complexos, liberando-nos de algumas decisões ou trabalho.

Empilhe nisso o blockchain, o que significa que IA e blockchain podem trabalhar em conjunto para começar a fazer alguns fluxos de trabalho automatizados bastante impressionantes. Quando nos movemos para o metaverso, seja para diversão, seja para negócios, tudo pode ser quantificado, por exemplo: uma casa, sapatos, arte, ingressos para um show e outros, sempre por meio de um token não fungível (NFT) que usa uma blockchain.

Os processos estarão cada vez mais alavancando dados e teremos a IA para tomar decisões que dependerão menos da intervenção humana. Eu sei que isso pode parecer assustador, e é por isso que, à medida que isso avança, precisamos das melhores mentes jurídicas para entender as implicações, mas mantendo uma mentalidade progressista para guiar o caminho que está por vir. Não desejamos apenas replicar tudo o que temos no mundo real, mas tentamos evoluí-lo para o melhor que pudermos humanamente.

Deste modo, pode ser dito que a advocacia, neste novo mundo digital, é uma realidade a cada momento mais próxima.

Desafios da advocacia no metaverso

Com este novo mundo virtual, novos desafios nascem para o mercado jurídico, tendo em vista que vamos conviver com um novo momento social. Diante disso, haverá novos desafios para os advogados no metaverso, tanto para a elaboração de novos regramentos, como também para desempenhar suas atividades profissionais.

1- Decodificação de emoções

Tratando-se de atuação no mercado advocatício, atualmente a quantidade de dados tratados é imensa. Neste mundo virtual do metaverso, pode ser afirmado que os dados ditos sensíveis serão, portanto, ainda maiores, pois os avatares que representarão os usuários neste mundo irão apresentar emoções e expressões que serão, obviamente, nossos dados também. Deste modo, os advogados no metaverso terão que, como inspiração, tanto lidar com essas emoções, quanto atender os seus clientes.

2- Propriedade intelectual

Um ponto muito importante é o que se refere ao NFT (Non-Fungible Token), ou token não fungível, que já mencionamos acima. Muitos estudiosos dizem que esses tokens não fungíveis facilitam a proteção ainda maior das obras tuteladas pelo direito da propriedade intelectual.

Mesmo assim, um ponto bem relevante é quanto ao questionamento que permeará os advogados no metaverso no que diz respeito aos avatares e às demais criações dentro desse novo mundo virtual. As criações dentro do metaverso serão de titularidade de quem?

3- Validação de contratos

O metaverso tem por fito facilitar que os contratos sejam firmados. Entretanto, como poderá ser validada a existência e veracidade desses contratos? Inicialmente, pode ser provável que muitos equívocos ainda venham a ocorrer e os advogados no metaverso serão os responsáveis por ter que lidar com esses passos pioneiros.

4- Outros questionamentos

Ademais, todas as áreas do Direito terão que enfrentar grandes desafios no metaverso e os advogados terão que encontrar uma solução jurídica.

Possibilidades para advogados no mundo virtual - metaverso

É possível compreender que há inúmeras possibilidades para a advocacia no metaverso. Assim, com o crescimento da utilização de realidades virtuais, haverá novas áreas de atuação, bem como um novo modo de vida que nasce. Deste modo, os regramentos de convívio tendem a ser transformados.

Como os operadores do direito devem se preparar para estas tecnologias?

Os advogados devem, em algum momento, poder acessar bancos de dados jurídicos em suas telas, invisíveis para o cliente. O software de inteligência artificial (IA) de linguagem natural pode ouvir a conversa, fornecendo informações contextuais como precedentes e análises.

Tecnologia semelhante pode ser usada por agências de consultoria, com funcionários não advogados instantaneamente se tornando especialistas em áreas desconhecidas, acessando grandes bancos de dados de casos de direito do consumidor e ajudando clientes muito mais rápido do que antes, sempre auxiliados pela IA, mas também fornecendo uma (inter)face humana tranquilizadora.

Também é possível imaginar que a IA mais recente poderia ser usada para tornar os avatares muito mais realistas, de modo que uma versão digital do usuário apareceria em vez das representações desajeitadas de hoje. Neste futuro mundo digital, você pode se parecer mais ou menos como realmente é, sentado em uma mesa e se relacionando com um colega ou cliente em todo o mundo, e ambos sentirão que estão fisicamente presentes na reunião.

Imagine que a tecnologia de aprendizado de máquina, como o *deep fake*, que tem sido usado para sobrepor imagens de vídeo em imagens genuínas para criar falsificações realistas, pode ser usada para produzir avatares que se parecem de forma convincente com você.

Usar essa tecnologia com intenção benigna pode significar que você a alimenta com um vídeo legítimo de si mesmo, com o objetivo de aplicar o resultado ao seu avatar digital. Então, do ponto de vista de um cliente ou colega, eles podem sentir que estão sentados na sala com você.

O banco JP Morgan produziu um livreto de pesquisa no qual os autores descreveram o metaverso como "uma convergência perfeita de nossas vidas físicas e digitais, criando uma comunidade virtual unificada onde podemos trabalhar, brincar, relaxar, fazer transações e socializar". Nossos cérebros são levados a acreditar que estamos realmente nele "adicionando uma camada tridimensional imersiva à web, criando... experiências autênticas e naturais".

O banco previu também que o metaverso tinha "a promessa de facilitar a acessibilidade a partir do conforto do lar, rompendo fronteiras e democratizando o acesso a bens, serviços e experiências essenciais".

Desde então, outros estudiosos previram papéis para a tecnologia em diversas áreas.

Em um nível mais pessoal, você pode imaginar ir a um casamento, digamos, do outro lado do mundo sem sair de sua sala de estar e sentir que você estava lá – e outros sentiriam que você estava lá também – compartilhando, assim, o dia feliz.

Quando dizemos que a lei mudou muito nos últimos anos, pode ser que ainda não tenhamos visto nada.

Para se preparar para adentrar o mundo da tecnologia e, posteriormente, começar a advocacia no metaverso, o primeiro passo é investir na automação do escritório de advocacia. Quem não utiliza as tecnologias que possuímos hoje, dificilmente vai saber lidar com um mundo virtual. Assim, o processo de educação tecnológica nos advogados e advogadas tem que começar o quanto antes.

Para tanto, investir em softwares do segmento jurídico, em softwares de gerenciamento de clientes, de peticionamento eletrônico, de jurisprudência, de doutrina etc. é essencial. Ademais, utilizar as diversas redes sociais para a divulgação também é indispensável nos dias de hoje.

Alguns escritórios que já se encontram no metaverso o usam, essencialmente, para o marketing jurídico. Porém, algum advogado que não faz uso de marketing jurídico no Instagram, por exemplo, saberá ter uma atuação adequada nesse novo mundo virtual?

Por derradeiro, deve ser lembrado que não é porque sua advocacia sempre foi de um modo, que ela não possa mudar, pois o mundo muda a todo momento e, portanto, a advocacia também. Prepare-se para atuar bem no futuro da profissão como advogado.

Advocacia no metaverso no Brasil

Mesmo diante dos olhares todos voltados para uma possível vida virtual, a advocacia no metaverso no Brasil ainda possui algumas barreiras. Para alguns estudiosos, escritórios de advocacia brasileiros ainda não são permitidos, pelo Código de Ética, para existirem no metaverso.

No entanto, o Código não impede que o advogado ou o escritório de advocacia possua uma presença nesse novo mundo virtual.

Ademais, especialistas em Direito Digital pensam que ainda é cedo para afirmar que a advocacia brasileira enfrentará barreiras para adentrar o metaverso.

Wilson Furtado: advogado militante, administrador de empresas pela Universidade Federal da Paraíba, MBA em Gestão Empresarial pela Fundação Getúlio Vargas, professor, palestrante, empresário, Bacharel em Direito pelo UNIPÊ, especialista e mestre em Direito Internacional pela Faculdade de Direito da Universidade Clássica de Lisboa. Foi doutorando em Direito Empresarial pela mesma Universidade. Autor de livros e artigos.

Wilson também é membro da Comissão Nacional de Marketing Jurídico da ABA (Associação Brasileira de Advogados) em sua gestão 2022-2023 e, assim como a própria comissão, tem o objetivo de ajudar o advogado em sua evolução e questionamentos sobre marketing jurídico. Tem uma dúvida para o membro? Envie um e-mail para wilson@juristas.com.br e aproveite este canal direto de apoio ao advogado que quer crescer eticamente.

Terminando a Jornada - Código de Ética - Principais Pontos de Cuidado no Marketing Jurídico

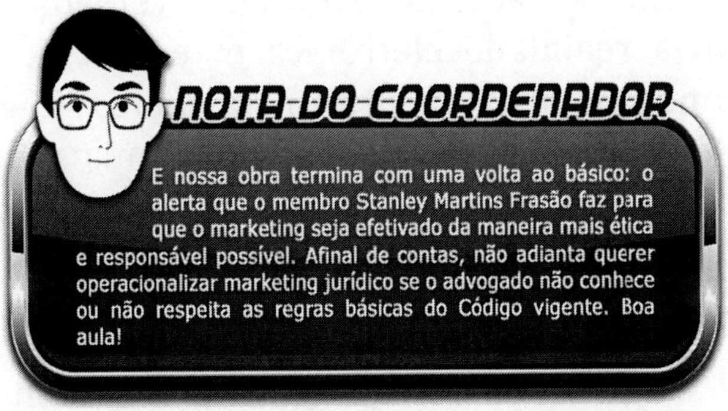

A publicidade na advocacia foi exaustiva e nacionalmente debatida, culminando com a edição do atual Código de Ética e Disciplina (2015), vigente desde 1º de setembro de 2016.

O pleito de muitos profissionais da advocacia motivou a repensar o assunto publicidade, tendo o Conselho Federal ouvido quem respondeu à pesquisa no site da OAB. Foram quase 18.000 advogados, em um universo de mais de 1.300.000 advogados inscritos, e também todos que estiveram nas Audiências Públicas visando à atualização do Provimento 94/2000, que dispunha sobre a publicidade, a propaganda e a informação da advocacia.

Sobre a apresentação do atual Código de Ética e Disciplina feita pelo presidente à época, Marcus Vinicius Furtado Coêlho, vale destacar dois parágrafos:

> • o Código de Ética e Disciplina da OAB editado em 2015 destina-se a conciliar os princípios da conduta dos advogados com os desafios da atualidade, estabelecendo os parâmetros éticos e os procedimentos a serem seguidos e harmonizando as exigências morais da profissão com os avanços políticos, sociais e tecnológicos da sociedade contemporânea;
>
> • a publicidade na advocacia é versada em face da nova realidade eletrônica e tecnológica, considerando os instrumentos inexistentes há vinte anos. Permite-se a utilização da telefonia e da internet como veículos de publicidade, com as cautelas e o disciplinamento que a profissão reclama.

E é no artigo 39 do Código de Ética e Disciplina da OAB que encontramos a diretriz da publicidade profissional do advogado:

> • "Art. 39. A publicidade profissional do advogado tem caráter meramente informativo e deve primar pela discrição e sobriedade, não podendo configurar captação de clientela ou mercantilização da profissão."

E o primar pela discrição e sobriedade, "significa dizer que não pode adquirir o tom peculiar à propaganda de produtos" (MEDINA). E sobre isso precisamos ficar atentos, afinal a nossa tradição está baseada no modelo francês de publicidade, de caráter meramente informativo (art. 39/CED), pautado pela discrição. Esqueçam qualquer referência do que é visto nos Estados Unidos ou mesmo em filmes americanos, porque fazem propaganda.

Precisamos citar os artigos 40 e 41 do Código de Ética e Disciplina da OAB, que indicam os meios proibidos de publicidade, sendo estes pontos de atenção para advogados, administradores, sócios e titulares das espécies de sociedades de advogados e, claro, dos profissionais de marketing jurídico:

> - "Art. 40. Os meios utilizados para a publicidade profissional hão de ser compatíveis com a diretriz estabelecida no artigo anterior, sendo vedados:
>
> I - a veiculação da publicidade por meio de rádio, cinema e televisão;
>
> II - o uso de outdoors, painéis luminosos ou formas assemelhadas de publicidade;
>
> III - as inscrições em muros, paredes, veículos, elevadores ou em qualquer espaço público;
>
> IV - a divulgação de serviços de advocacia juntamente com a de outras atividades ou a indicação de vínculos entre uns e outras;
>
> V - o fornecimento de dados de contato, como endereço e telefone, em colunas ou artigos literários, culturais, acadêmicos ou jurídicos, publicados na imprensa, bem assim quando de eventual participa-

ção em programas de rádio ou televisão, ou em veiculação de matérias pela internet, sendo permitida a referência a e-mail;

VI - a utilização de mala direta, a distribuição de panfletos ou formas assemelhadas de publicidade, com o intuito de captação de clientela.

• Parágrafo único. Exclusivamente para fins de identificação dos escritórios de advocacia, é permitida a utilização de placas, painéis luminosos e inscrições em suas fachadas, desde que respeitadas as diretrizes previstas no artigo 39.

• Art. 41. As colunas que o advogado mantiver nos meios de comunicação social ou os textos que por meio deles divulgar não deverão induzir o leitor a litigar nem promover, dessa forma, captação de clientela."

Outro dispositivo que deve ser citado é a vedação imposta pelo CED prescrita no art. 42:

• "Art. 42. É vedado ao advogado: (...); IV - divulgar ou deixar que seja divulgada a lista de clientes e demandas."

O Código de Ética e Disciplina também é claro sobre a participação de advogados em programas de televisão ou de rádio, de entrevista na imprensa, de reportagem televisionada ou veiculada por qualquer outro meio, para manifestação profissional:

- "Art. 43. O advogado que eventualmente participar de programa de televisão ou de rádio, de entrevista na imprensa, de reportagem televisionada ou veiculada por qualquer outro meio, para manifestação profissional, deve visar a objetivos exclusivamente ilustrativos, educacionais e instrutivos, sem propósito de promoção pessoal ou profissional, vedados pronunciamentos sobre métodos de trabalho usados por seus colegas de profissão."

- "Parágrafo único. Quando convidado para manifestação pública, por qualquer modo e forma, visando ao esclarecimento de tema jurídico de interesse geral, deve o advogado evitar insinuações com o sentido de promoção pessoal ou profissional, bem como o debate de caráter sensacionalista."

A vedação (art. 43) "por qualquer outro meio" é ampla o bastante para incluir as mídias e redes sociais.

O Código de Ética e Disciplina sobre a publicidade profissional ainda traz:

- "Art. 44. Na publicidade profissional que promover ou nos cartões e material de escritório de que se utilizar, o advogado fará constar seu nome ou o da sociedade de advogados, o número ou os números de inscrição na OAB."

- "§ 1º Poderão ser referidos apenas os títulos acadêmicos do advogado e as distinções honoríficas relacionadas à vida profissional, bem como as instituições jurídicas de que faça parte, e as especialidades a que se dedicar, o endereço, e-mail, site, página eletrônica, QR code, logotipo e a fotografia do escritório, o horário de atendimento e os idiomas em que o cliente poderá ser atendido."

- "§ 2º É vedada a inclusão de fotografias pessoais ou de terceiros nos cartões de visitas do advogado, bem como menção a qualquer emprego, cargo ou função ocupada, atual ou pretérito, em qualquer órgão ou instituição, salvo o de professor universitário."

Como dito pela professora Juliana Pacheco, em seu livro "Marketing Estratégico para Advogados", Ed. Juruá, 2019, p. 24, "FOCO NO QUE É PERMITIDO!!!".

O Código de Ética e Disciplina, em seus artigos 45 e 46, indica, de forma cristalina, os meios admissíveis de publicidade, inclusive no que se refere à internet ou a outros meios eletrônicos:

- "Art. 45. São admissíveis como formas de publicidade o patrocínio de eventos ou publicações de caráter científico ou cultural, assim como a divulgação de boletins, por meio físico ou eletrônico, sobre matéria cultural de interesse dos advogados, desde que sua circulação fique adstrita a clientes e a interessados do meio jurídico."

- "Art. 46. A publicidade veiculada pela internet ou por outros meios eletrônicos deverá observar as diretrizes estabelecidas neste capítulo."

- "Parágrafo único. A telefonia e a internet podem ser utilizadas como veículo de publicidade, inclusive para o envio de mensagens a destinatários certos, desde que estas não impliquem o oferecimento

> de serviços ou representem forma de captação de clientela."

O exercício da advocacia exige conduta compatível com os preceitos do Código de Ética e Disciplina, do Estatuto, do Regulamento Geral, dos Provimentos do Conselho Federal e com os princípios da moral individual, social e profissional (Art. 1º CED).

As sociedades de advogados e a sociedade individual de advocacia devem também obedecer ao Código de Ética e Disciplina da Ordem dos Advogados do Brasil (§ 2º, artigo 15 da Lei n.º 8.906/1994 e art. 76 CED).

O Capítulo VIII do CED trata "Da Publicidade Profissional", que, conforme o professor Paulo Roberto de Gouvêa Medina, em seu livro "Comentários ao Código de Ética e Disciplina da OAB", p. 107, Forense, 2016, esclarece:

> "A epígrafe do presente capítulo, por si só, delineia o sentido das suas disposições. É de publicidade que se trata – e não de propaganda. O termo publicidade tem sentido mais restrito que o vocábulo propaganda. Quando se fala em publicidade, cogita-se, apenas, de tornar público ou divulgar algo que se deseja fazer conhecido e aceito pelo público. Já a propaganda envolve uma ação de propagar ou promover a propagação, por meio de anúncio ou mensagem, em forma de texto, música, filme ou outro meio análogo, para divulgar a qualidade de produto, serviço, atividade etc. Em monografia especializada, Jerry Kirkpatrick salienta que 'O objetivo da propaganda é vender produtos', para, depois, observar, citando Ludwing von Mises, que 'A propaganda de

> negócios deve ser atrevida e espalhafatosa'. Nada de semelhante deve ocorrer com a divulgação dos serviços de advocacia."

A importância do marketing jurídico para advogados e as espécies de sociedades de advogados é ponto pacífico e necessário, tanto que o Conselho Federal da OAB abriu consulta pública sobre publicidade na advocacia, quando, a partir de 1º de setembro de 2019, os advogados puderam opinar sobre os novos limites para a publicidade na advocacia e sugerir alterações visando atualizar o Provimento 94/2000, que trata sobre o tema. Em 11 de outubro de 2019, perante a Seccional da OAB de Santa Catarina ocorreu a primeira Audiência Pública em busca dos novos limites da publicidade na advocacia, com a participação do então secretário-geral adjunto da OAB Nacional, Conselheiro Federal Ary Raghiant Neto, que foi o responsável por coordenar o trabalho que atualizou o Provimento 94/2000, que trata sobre o tema da publicidade, nascendo o Provimento 205/2021.

O trabalho foi hercúleo, composto por 14 audiências públicas presenciais e 68 telepresenciais, nas Seccionais da OAB.

Palavras do Conselheiro Federal e Coordenador Ary Raghiant Neto, ao apresentar o texto da proposta de um novo Provimento da Publicidade na Advocacia ao Conselho Federal da OAB: "O que se espera com a aprovação desse texto – que certamente será aprimorado pelo Pleno do CFOAB – é reduzir o grau de incertezas e dúvidas que a redação do Provimento n.º 94/2000, com conceitos indeterminados, proporciona à grande maioria dos advogados e advogadas, especialmente da Jovem Advocacia, bem como permitir a utilização de ferramentas tecnológicas para que o profissional possa alcançar seu público-alvo. A proposta traz conceitos objetivos, condutas vedadas, a possibilidade de pagamento de anúncios, e, ainda, cria o Comitê Regulador do Marketing Jurídico, com a finalidade de atualizar os critérios sobre a propaganda, publicidade e informação na advocacia, para evitar justamente que as transformações tecnológicas tornem o novo texto rapidamente algo obsoleto, como ocorreu com o Provimento n.º 94/2000."

E o Provimento n.º 205/2021, que dispõe sobre a publicidade e a informação da advocacia, de 15 de julho de 2021, regula o Código de Ética e Disciplina, como ensina o professor MEDINA (Comentários ao Código de Ética e Disciplina da OAB, p. 115, 2ª Ed., GZ Editora, 2022): "A publicidade profissional do advogado deve obedecer, pois, a princípios e regras contidas nas normas de tríplice natureza: o Estatuto (que é lei federal), o Código de Ética e Disciplina (que é diploma normativo aprovado pelo Conselho Federal da OAB) e o Provimento por este colegiado maior adotado (que é regulamento daquela parte do Código)".

O próprio artigo 1º do Provimento 205 é claro neste sentido:

- "Art. 1º - É permitido o marketing jurídico, desde que exercido de forma compatível com os preceitos éticos e respeitadas as limitações impostas pelo Estatuto da Advocacia, Regulamento Geral, Código de Ética e Disciplina e por este Provimento."

Há profissionais habilitados que tratam do assunto e a conclusão é unânime, o marketing jurídico é de suma importância para as espécies de Sociedades de Advogados, porque mais que uma questão de sobrevivência no mercado jurídico é a comprovação da famosa fórmula "quem não é visto, não é lembrado".

Mas a importância dos relacionamentos não deve ser esquecida ou deixada em segundo plano, afinal, sem uma rede de relações, a geração de receitas poderá não ocorrer e o marketing jurídico não contribuirá.

Aliás, a Lei n.º 14.365, de 2 de junho de 2022, que alterou a Lei n.º 8.906 (EAOAB), trouxe o acréscimo do § 8º, que indica que o relacionamento entre advogados poderá gerar receitas:

- "§ 8º. - Consideram-se também honorários convencionados aqueles decorrentes da indicação de cliente entre advogados ou sociedade de advogados, aplicada a regra prevista no § 9 do art. 15 desta Lei." (NR)

Não há investimento substancial no universo dos advogados e das espécies de sociedades de advogados, quer seja pela falta de cultura, pelo custo/benefício ou pela regulamentação do tema pela OAB, que mantém o princípio básico da não mercantilização da advocacia, e também sintoniza todos, independentemente do poder econômico, na mesma prateleira.

Advogados e espécies de sociedades de advogados devem obedecer à legislação da OAB que rege o assunto, Lei n.º 8.906, de 4 de julho de 1994 (Estatuto da Advocacia e da OAB) e seu Regulamento Geral, o Código de Ética e Disciplina (2015), em vigor a partir de 1º/09/2016, e o Provimento 205/2021, que dispõe sobre a publicidade e a informação da advocacia, podendo trabalhar os modelos ideais de marketing personalizado, buscando êxito nos resultados.

A Lei n.º 8.906, Estatuto da Advocacia e da OAB, declara que o advogado é indispensável à administração da justiça e que, no seu ministério privado, o advogado presta serviço público e exerce função social (art. 2º., § 1º.), devendo ser lembrado o festejado e citado por todos os advogados o artigo 133 da Constituição Federal:

- "Art. 133. O advogado é indispensável à administração da justiça, sendo inviolável por seus atos e manifestações no exercício da profissão, nos limites da lei."

Assim, a publicidade para os advogados e espécies de sociedades de advogados guarda relação direta com o comando do art. 37, § 1º da Constituição Federal:

- "Art. 37. § 1º A publicidade dos atos, programas, obras, serviços e campanhas dos órgãos públicos deverá ter caráter educativo, informativo ou de orientação social, dela não podendo constar nomes, símbolos ou imagens que caracterizem promoção pessoal de autoridades ou servidores públicos."

Muitos insistem em mercantilizar a profissão, inclusive fazendo inclusões de conteúdos persuasivos em sites, cartões de visita, dentre outros, o que configura infração ética.

O ex-presidente da OABMG, Conselheiro Federal, Antônio Fabrício de Matos Gonçalves, sobre o assunto assim se pronunciou: "o respeito ao Código é essencial para alcançarmos o respeito de nossos pares e da sociedade".

É bom registrar que o uso de expressão fantasia, em substituição à razão social, registrada na OAB, pelas espécies de sociedades de advogados é vedado, conforme prescrição do artigo 16 da Lei n.º 8.906/1994, artigo 2º, § 1º do Provimento 112/2006 e artigo 2º, I, do Provimento 170/2016, constituindo infração disciplinar (art. 34, II, Lei n.º 8.906/1994).

O Provimento n.º 200/2020 do Conselho Federal regulamenta o disposto nos arts. 47-A e 58-A do Código de Ética e Disciplina da OAB, no tocante à celebração de Termo de Ajustamento de Conduta (TAC) diante da prática de publicidade irregular no âmbito da advocacia e das infrações ético-disciplinares, hipóteses relativas à publicidade profissional (art. 39 a art. 47 do CED) e às infrações disciplinares puníveis com censura (art. 36 do EAOAB).

Mas somente poderá ser celebrado o TAC se o advogado ou estagiário que, detentor de regular inscrição nos quadros da OAB, não tiver contra si condenação transitada em julgado por representação ético-disciplinar, ressalvando-se as hipóteses de reabilitação.

E o TAC não se aplica às hipóteses em que ao advogado ou estagiário seja imputada a prática de mais de uma infração ético-disciplinar ou conduta que caracteriza violação simultânea de outros dispositivos do Estatuto da Advocacia e da OAB, além daqueles referidos no art. 1º do Provimento 200/2020, bem como os processos éticos-disciplinares com condenação transitada em julgado.

O advogado ou o estagiário ao requerer a celebração do TAC obrigar-se-á a cessar a conduta infringente, reparar o dano eventualmente causado, fazer cessar os efeitos da infração, quando for o caso, bem como a se abster de praticar a mesma conduta no prazo fixado no TAC, ficando suspenso o procedimento ou o processo ético-disciplinar instaurado, pelo prazo de três anos, após o qual será arquivado definitivamente, sem anotações nos assentos profissionais.

Havendo descumprimento dos termos celebrados, o TAC perderá seus efeitos e o processo disciplinar retomará seu trâmite e durante o prazo de suspensão previsto no TAC não fluem os prazos prescricionais.

O advogado ou estagiário que tiver sido beneficiado com celebração de um TAC nos três anos anteriores à conduta a ser apurada, não poderá firmar outro TAC.

O Termo de Ajustamento de Conduta poderá desafogar os Tribunais de Ética das Seccionais da OAB, permitindo uma ação mais rápida e eficiente da OAB no combate aos casos de propaganda irregular.

O Conselho Federal da OAB também está atento contra a atividade ilegal de *startups* e em defesa da advocacia. A Lei Federal n.º 8.906/1994 é clara ao prescrever em seu artigo 34, inciso IV:

> • Art. 34. Constitui infração disciplinar:
>
> "IV – angariar ou captar causas, com ou sem a intervenção de terceiros;"

É certo que o citado artigo 39 do CED é o comando que ordena como se procede na advocacia a publicidade e impede a propaganda, conforme ensinamento do professor Medida acima.

Encontramos no Código de Ética e Disciplina dois dispositivos que se alinham e estão subordinados à norma federal (Lei n.º 8.906):

> • "Art. 5º. O exercício da advocacia é incompatível com qualquer procedimento de mercantilização."
>
> • "Art. 7º. É vedado o oferecimento de serviços profissionais que implique, direta ou indiretamente, angariar ou captar clientela."

O especialista e consultor em marketing jurídico, Alexandre Motta, em seu livro "O Guia Definitivo do Marketing Jurídico", Ed. Letras Jurídicas, p. 189, 2017, assim chamou a atenção: "Se o advogado entender que hoje, dentro do Código de Ética atual, existe a possibilidade de atuação de, no mínimo, 50 ações de marketing, ele acaba entendendo que, às vezes, atuar apenas em uma fatia do marketing jurídico é talvez não conseguir os resultados exigidos para que um plano alcance o sucesso. Fica aqui, portanto, o aviso: marketing digital é um pedaço do marketing jurídico, mas não é ele por completo".

O que precisamos é nivelar a ADVOCACIA, que é única, por cima e para isso a fiscalização deve ser profissionalizada, evitando-se o corporativismo e assegurando aos advogados e espécies de sociedades de advogados a segurança necessária, com os mesmos direitos e obrigações.

Trata-se de imperiosa necessidade, diante das violações constantes à legislação que rege os advogados e as espécies de sociedades de advogados, razão pela qual a criação de um "Comitê Regulador do Marketing Jurídico" pelo Provimento 205, que poderá sim também contribuir para o aprimoramento do instituto, na crença de que assim teremos uma trilha única de respeito à nossa legislação, para tanto:

- estudem a legislação da OAB sobre publicidade, Código de Ética e Disciplina e o Provimento 205 do Conselho Federal da OAB;
- não violem os regramentos da OAB, evitem um Termo de Ajustamento de Conduta (TAC) ou um Processo Ético Disciplinar na suposta ilusão de que terá benefício profissional ou econômico;
- a ajuda de um profissional na área de marketing jurídico é sugerida, mas pesquise se o profissional

> escolhido obteve êxito em seus trabalhos anteriores. Antes de contratar um profissional, verifique se sua equipe está disposta a cumprir as metas que forem traçadas por ele.

É preciso que os advogados, administradores, sócios e titulares das espécies de sociedades de advogados tenham a consciência de que o descumprimento das regras estabelecidas não gerará novos clientes; ao contrário, emergirão processos disciplinares.

Termino citando Robert Noyce: "Se a ética é pobre no topo, este comportamento é copiado para todos os níveis da empresa".

Stanley Martins Frasão: advogado, mestre em Direito Empresarial, sócio de Homero Costa Advogados, diretor executivo do CESA - Centro de Estudos de Sociedades de Advogados, diretor-presidente da Fundamar - Fundação 18 de Março.

Stanley também é membro da Comissão Nacional de Marketing Jurídico da ABA (Associação Brasileira de Advogados) em sua gestão 2022-2023 e, assim como a própria comissão, tem o objetivo de ajudar o advogado em sua evolução e questionamentos sobre marketing jurídico. Tem uma dúvida para o membro? Envie um e-mail para stanleyfrasao@homerocosta.adv.br e aproveite este canal direto de apoio ao advogado que quer crescer eticamente.

Conclusão

Uma das premissas e razões pelas quais decidi assumir a presidência da Comissão Nacional de Marketing Jurídico da ABA, foi poder levar a maior quantidade de informações necessárias ao mercado jurídico, e acredito que este livro, mais do que tudo, atinge esse objetivo, tornando-se um mapa de visões diferentes e diferenciadas sobre o marketing jurídico atual, mas que se complementam em uma visão ampla, viajando desde o começo da carreira e em como se portar, até assuntos avançados como realidade virtual e metaverso.

Se o advogado leitor entender que estes consultores e advogados que aqui estão, compartilhando seus conhecimentos pela simples vontade de abrir a "mente jurídica" para questões importantes do marketing, são os profissionais que ajudam a crescer milhares de escritórios no Brasil todo, entenderá, então, o potencial que esta obra tem para poder alavancar a carreira de quem quer se ajudar.

Esta é, definitivamente, uma grande coleção de ensinamentos reais e verdadeiros que os membros da comissão dedicaram à advocacia brasileira.

E em nome de todos esses membros, desejo que esta jornada de conhecimento tenha sido de extrema valia para sua vida, carreira e advocacia de sucesso.

Bom crescimento!

Alexandre Motta

Presidente da Comissão Nacional de Marketing Jurídico da ABA

Sócio-fundador do Grupo Inrise

Referências

2020 Edelman-LinkedIn B2B Thought Leadership Impact Study. Edelman Business Marketing e LinkedIn. Disponível em <https://www.edelman.com/sites/g/files/aatuss191/files/2019-11/GLOBAL%202020%20 Edelman-LinkedIn%20Thought%20Leadership%20Study.pdf>.

ADOLPHO, Conrado. **Os 8Ps do Marketing Digital – O Guia Estratégico de Marketing Digital**. 1ª ed. São Paulo: Novatec Editora, 2011.

AGUIAR, Kareline Staut de. **Democratização do acesso à Justiça, linguagem jurídica e Direito Visual**. Revista Fórum de Direito na Economia Digital - RFDED, Belo Horizonte, ano 5, n.º 8, p. 79-94, jan./dez. 2021.

https://www.trt6.jus.br/portal/noticias/2021/07/21/visual-law-iniciativa-piloto-usa-linguagem-grafica-para-facilitar-compreensao-de. Acesso em 07/10/2021.

AJNSZTAJN, Mike. **Você entrega valor ou vapor?** Blog: Anjos do Brasil. 24/10/2018. Disponível em: <https://www.anjosdobrasil.net/blog/propostas-que-fazem-a-diferenca-voce-entrega-valor-ou-vapor?> Acesso em: 08 ago. 2022.

AMBLER, T. **The new dominant logic of Marketing: views of the elephant**. London: Centre for Marketing of London Business School, 2004. Working Paper, n. 04-903.

ANUÁRIO Análise Advocacia. São Paulo: Análise Editorial, 2021. 328 p.

AZEVEDO, Bernardo. **Visual Law: como os elementos visuais podem transformar o Direito**. São Paulo: Editora Revista dos Tribunais, 2021.

_____. **O que os advogados podem fazer no metaverso**. Disponível em: <https://bernardodeazevedo.com/conteudos/o-que-os-advogados-podem-fazer-no-metaverso>. Acesso em: 13 ago. 2022.

BERTOZZI, Rodrigo; BUCCO, Renata. **Marketing Jurídico. Poder das Novas Mídias & Inteligência Artificial**. 2. ed. Revista e Atualizada. Juruá Editora. Curitiba: 2017. 118 p.

BINDMAN, Dan. **What the metaverse means for lawyers**. Disponível em: <https://www.legalfutures.co.uk/blog/what-the-metaverse-means-for-lawyers>. Acesso em: 21 ago. 2022.

BOMFIM, Tomás. **Interações digitais – usos sociais da internet em perspectiva etnográfica.** Disponível em <https://www.puc-rio.br/ensinopesq/ccpg/pibic/relatorio_resumo2013/relatorios_pdf/ccs/COM/COM-Tom%C3%A1s%20Bomfim.pdf>. Acesso em: 20 out. 2021.

BRASIL. Ministério do Planejamento, Orçamento e Gestão. Secretaria de Planejamento e Investimentos Estratégicos - SPI. **Indicadores de programas: Guia Metodológico/Ministério do Planejamento, Orçamento e Gestão, Secretaria de Planejamento e Investimentos Estratégicos**. Brasília: MP, 2010.

BRIDGER, Darren. **Neuromarketing: como a neurociência aliada ao design pode aumentar o engajamento e a influência sobre os consumidores**. 1ª ed. 2ª reim. São Paulo: Autêntica Business, 2019.

BUENO, Bárbara M. A. **Endomarketing: uma ferramenta estratégica de gestão**. Fundação Educacional do Município de Assis - FEMA - Assis, 2013.

CAPPELLETTI, Mauro; GARTH, Bryant. **Acesso à justiça**. Porto Alegre: Fabris, 1988.

CASTRO, Johnatan. **Metaverso: o que é esse novo mundo virtual?** Disponível em: <https://blog.nubank.com.br/metaverso-o-que-e/>. Acesso em: 21 ago. 2022.

CHAUVEL, M. A. **The History of Marketing Thought and "The Great Transformation" of Polanyi: How to Conciliate Social and Economic Interests**. In: BALAS .

CHINEM, Rivaldo. **Assessoria de Imprensa. Como fazer**. 2ª ed. São Paulo: Summus Editorial, 2003, p. 11, p. 15.

CNJ implementa o Programa Justiça 4.0 e efetiva o Juízo 100% Digital. Disponível em: <https://www.trt21.jus.br/noticias/noticia/cnj-implementa-o-programa-justica-40-e-efetiva-o-juizo-100-digital>. Acesso em: 2 ago. 2022.

CÓDIGO DE ÉTICA E DISCIPLINA CAPÍTULO VIII DA PUBLICIDADE PROFISSIONAL

Disponível em: <https://www.oabes.org.br/arquivos/eleicoes/sociedade-do-advogado/codigo-de-etica.pdf>. Acesso em: 8 set. 2022.

CHAUVEL, MA e vem depois de BALAS. O Completo fica CHAUVEL, M. A. The History of Marketing Thought and "The Great Transformation" of Polanyi: How to Conciliate Social and Economic Interests. In: BALAS CONFERENCE, 2001. San Diego. Anais... San Diego, 2001.

CORREGEDORIA do TRT-14 inova e implementa recursos de visual law nas atas de correição. Disponível em: <https://portal.trt14.jus.br/portal/noticias/corregedoria-do-trt-14-inova-e-implementa-recursos-de-visual-law-nas-atas-de-correicao>. Acesso em: 1 ago. 2022.

DALE, Carnegie. **Como fazer amigos e influenciar pessoas**. 53ª edição. Companhia Editora Nacional, 2016. 158 p.

DICK, Philip K. **Minority Report**. 1ª ed. Editora Gollancz, 2009. Idioma: Inglês, p. 12.

DOMO. **Data never sleeps 9.0**. Disponível em < https://www.domo.com/learn/infographic/data-never-sleeps-9>. Acesso em: 23 out. 2021.

DORAN, George. **There's a S.M.A.R.T. way to write management's goals and objectives**. Disponível em: <https://community.mis.temple.edu/mis0855002fall2015/files/2015/10/S.M.A.R.T-Way-Management-Review.pdf>. Acesso em: 2 ago. 2022.

ECCO International Communications. **International Research by ECCO**. Disponível em <https://ecco-network.com/news/news_item/?permalink=international-research-by-ecco-corona-doesnt-change-top-ceos-communications-habits>. Acesso em: 19 ago. 2022.

ENTREVISTA de Elizabeth Beattie com Joseph Raczynski. Lawyers & the Metaverse. Disponível em: <https://www.thomsonreuters.com/en-us/posts/legal/lawyers-metaverse/>. Acesso em: 21 ago. 2022.

GAMONAR, Flavia. **Unique stories: como criar conteúdo no LinkedIn pode fortalecer sua marca pessoa, atrair oportunidades e destacar o que torna você único**. São Paulo: DVS Editora, 2019.

GIARDELLI, Gil. **Você é o que você compartilha**. 1ª edição. Editora Gente, 2016. Idioma: Português, p. 20.

GODIN, Seth. **Isso é Marketing – Para ser visto é preciso aprender a enxergar**. Edição Revisada. Atlas Books Editora, 2019.

GOFFMAN, Erving. **The Presentation of Self in Everyday Life**. Nova Iorque: Anchor Books, 1959.

GRINOVER, Ada Pellegrini. **O processo em evolução**. Rio de Janeiro: Forense Universitária, 1996.

INSTRUÇÃO NORMATIVA **55/2021**. Disponível em: <https://www.in.gov.br/en/web/dou/-/instrucao-normativa-drei-n-55-de-2-de-junho-de-2021-324805409>.

JONES, Greg V., **The Know, Like, Trust**. EUA: Velocity Publishing, 2016.

JUIZ da 5ª VT usa ferramenta de inovação tecnológica Visual Law para simplificar decisões judiciais. Disponível em: <https://www.trt13.jus.br/informe-se/noticias/juiz-usa-ferramenta-de-inovacao-tecnologica-visual-law-para-simplificar-decisoes-judiciais-1>. Acesso em: 7 out. 2021.

KAFKA, Franz. **1883-1924. O processo**/Franz Kafka; tradução de Marcelo Backes. Porto Alegre: L&PM, 2008.

KISO, Rafael. **Como funciona o Algoritmo do LinkedIn e como fazer posts de qualidade com base nele**. Disponível em: <https://www.linkedin.com/pulse/como-funciona-o-algoritmo-do-linkedin-e-fazer-posts-de-rafael-kiso>. Acesso em: 20 out. 2021.

KOTLER. Philip. **Marketing 4.0**. Rio de Janeiro: Sextante, 2017.

_____. **Os 10 pecados Mortais do Marketing. Sintomas e soluções**. Rio de Janeiro: Sextante, 2019.

_____. **Princípios de marketing**. Rio de Janeiro: Prentice-Hall, 1993.

_____. KARTAJAYA, Hermawan; SETIAWAN, Iwan. [tradução de André Fontenelle]. **Marketing 5.0. Tecnologia para humanidade**. 1.ed. Rio de Janeiro: Sextante, 2021.

KOZINETS, Robert V. **Netnografia: realizando pesquisa etnográfica online**. Porto Alegre: Penso Editora, 2014.

KUNSCH, Margarida Maria Krohling. **Planejamento de Relações Públicas na Comunicação Integrada**. 9ª ed. Revista, Atualizada e Ampliada. São Paulo: Summus Editorial, 2003. 169 p.

LARROSSA, Luciano. **Instagram, WhatsApp e Facebook para negócios: como ter lucro através dos três principais canais de venda**. São Paulo: DVS Editora, 2021.

BRASIL. LEI DE PROTEÇÃO DE DADOS. Lei n.º 13.709, de 14 de agosto de 2018. Disponível em: <http://www.planalto.gov.br/ccivil_03/_ato2015-2018/2018/lei/l13709.htm>. Acesso em: 2 ago. 2022.

LIMA, Maraísa. **Comunicação Pós-Pandemia. Estratégias e ferramentas para transformar sua comunicação e se destacar na carreira**. 1.ed. Goiânia: Editora Interativa, 2021. 18 p.

LOUREIRO, Claudia. **O que é Decentraland (MANA) e qual a sua relação com o metaverso?** Disponivel em: <https://www.seudinheiro.com/conteudo-de-marca/o-que-e-decentraland-mana-e-qual-a-sua-relacao-com-o-metaverso/>. Acesso em: 21 ago. 2022.

LUHMANN, Niklas. **Sociologia do Direito I**. Rio de Janeiro: Edições Tempo Brasileiro, 1983.

MAIS DE 70% dos juízes brasileiros são favoráveis ao Visual Law. Disponível em: <https://bernardodeazevedo.com/conteudos/mais-de-70-dos-juizes-brasileiros-sao-favoraveis-ao-visual-law/>. Acesso em: 1 ago. 2022.

MOELLER, Susan. **LinkedIn Publishing Trends Every Marketer Must Know**. Disponível em: <https://contentmarketinginstitute.com/2017/03/linkedin-publishing-sharing-trends>. Acesso em: 23/10/19

MOTTA, F. C. P. A questão da formação do administrador. ERA - **Revista de Administração de Empresas**. FGV, Rio de Janeiro: v. 23, n. 4, Out./Dez. 1983.

MURRAY, Michael D. **Rumo a uma linguagem visual universal da lei** (13 de março de 2021). Disponível em: <SSRN: https://ssrn.com/abstract=3784979 ou http://dx.doi.org/10.2139/ssrn.3784979>. Acesso em: 7 out. 2021.

NETO, Joaquim Falcão de Arruda. **Cultura jurídica e democracia: a favor da democratização do judiciário**. In: LAMOUNIER, Bolivar; BENEVIDES, Maria Victoria.

NIQUE, W.; LADEIRA, W. **Pesquisa de marketing**. Porto Alegre: Atlas, 2014.

O BRASIL é o 2º país em número de usuários de Instagram, atrás só dos Estados Unidos. Disponível em: <https://blog.opinionbox.com/pesquisa-instagram/>.

Acesso em: 8 set. 2022.

O QUE É MARKETING: conceitos e definições. Disponível em:

<https://novaescolademarketing.com.br/o-que-e-marketing-conceito-e-definicoes/>. Acesso em: 8 set. 2022.

O QUE É METAVERSO? Disponível em:

<https://academy.binance.com/pt/articles/what-is-the-metaverse>. Acesso em: 13 ago. 2022.

OAB, 2022. **INSTITUCIONAL/QUADRO DA ADVOCACIA**. OAB Nacional. Disponível em: <https://www.oab.org.br/institucionalconselhofederal/quadroadvogados>. Acesso em: 14 abr. 2022.

PACHECO. Juliana. **Marketing Estratégico para Advogados: fácil, ético e eficaz**. Curitiba: Juruá, 2019.

_____. **Marketing Jurídico. A Estratégia da DIFERENCIAÇÃO**. Curitiba: Juruá, 2022.

PEREIRA, Aline de Souza. **Advocacia no Metaverso: quais as possibilidades para os escritórios de advocacia?** Disponível em: <https://blog.sajadv.com.br/advocacia-no-metaverso/>. Acesso em: 17 ago. 2022.

PETRY, Jacob. **Poder & Manipulação**. 1ª edição. Editora Faro Editorial, 2016. 111 p.

PORTARIA **2/2021** JFBA. Disponível em: <https://bernardodeazevedo.com/wp-content/uploads/2021/06/port-jfba.pdf>.

PORTARIA CONJUNTA **91/2021** TJDFT. Disponível em: <https://www.tjdft.jus.br/publicacoes/publicacoes-oficiais/portarias-conjuntas-gpr-e-cg/2021/portaria-conjunta-91-de-01-09-2021>.

PROVIMENTO **59/2020** TJMA. Disponível em: <https://www.tjma.jus.br/atos/cgj/geral/500429/205/pnao>. Acesso em: 7 out. 2021.

PROVIMENTO **45/2021**. Disponível em: <http://www.tjes.jus.br/corregedoria/wp content/uploads/2021/04/Provimento_045.2021_CGJES. pdf.>

PROVIMENTO **205/2021** de 21 de julho de 2021. Dispõe sobre a publicidade e a informação da advocacia. OAB Nacional. Disponível em:

<https://www.oab.org.br/leisnormas/legislacao/provimentos/205-2021>. Acesso em: 24 abr. 2022.

RESOLUÇÃO **Nº 347** de 13 de outubro de 2020. Disponível em: <https://atos.cnj.jus.br/atos/detalhar/3518>. Acesso em: 7 out. 2021.

SADEK, Maria Tereza Aina (Ed.). **Acesso à justiça**. São Paulo: Fundação Konrad Adenauer, 2001.

SECOND QUARTER Fiscal Year 2022 Results, 25 de janeiro de 2022. Microsoft Corporation. Disponível em: <https://view.officeapps.live.com/op/view.aspx?src=https://c.s-microsoft.com/enus/CMSFiles/SlidesFY22Q2.pptx?version=4a9117e1-04ff-5143-12a0-1ecfc041aa59>. Acesso em: 18 ago. 2022.

SINEK, Simon. **POR QUÊ? – Como Motivar pessoas e equipes a agir**. 1ª ed. Editora Saraiva, 2015.

SIQUEIRA, Erika. **Gestão, Empreendedorismo e Inovação na Advocacia**. Juruá Editora, 2021.

______. **Estratégias de sucesso para a advocacia**. São Paulo: LTr, 2016.

SPILLER, Eduardo Santiago; DA LUZ, João Ferreira; PLA, Daniel. **Gestão de serviços e marketing interno**. 3ª ed. Rio de Janeiro: FGV, 2007.

Statista Research Department. **Global social networks ranked by number of users 2021.** Disponível em: <https://www.statista.com/statistics/272014/global-social-networks-ranked-by-number-of-users>. Acesso em: 20 out. 2021.

SUSSKIND, R. **Tomorrow's lawyers: an introduction to your future**. Oxford: Oxford University Press, 2013.

TORQUATO, Gaudêncio. **Tratado de Comunicação Organizacional e Política**. 1ª ed. São Paulo: Pioneira Thomson Learning, 2004. 77 p.

TORRES. Cláudio. **A Bíblia do Marketing Digital: tudo o que você queria saber sobre marketing e publicidade e não tinha a quem perguntar**. 2ª Edição. São Paulo: Novatec. 201 p.

TRACY, Brian. **Metas – como conquistar tudo o que você deseja mais rápido do que jamais imaginou**. Tradução Clóvis Marques. Rio de Janeiro: Editora Best Seller, 2005. Disponível em: <https://docero.tips/doc/brian-tracy-metas-x2j90z9eek>. Acesso em: 07 abr. 2022.

USO DAS REDES SOCIAIS NO BRASIL: o poder das redes no cotidiano dos brasileiros. Disponível em: <https://webcompany.com.br/o-poder-das-redes-sociais-no-cotidiano-dos-brasileiros/>. Acesso em: 8 set. 2022.

VISUAL LAW: iniciativa piloto usa linguagem gráfica para facilitar compreensão de um julgamento. Disponível em: <https://www.trt6.jus.br/portal/noticias/2021/07/21/visual-law-iniciativa-piloto-usa-linguagem-grafica-para-facilitar-compreensao-de>. Acesso em: 7 out. 2021.

WALKER, Jeff. **A fórmula de lançamento**. Jeff Walker; tradução Eduardo Rieche – 5ª edição. Rio de Janeiro: Best Business, 2020.

WANDERSMAN, Aldo. **E se você fosse uma marca? Torne-se a primeira opção do mercado e conquiste seguidores fieis através do branding pessoal**. Rio de Janeiro: Alta Books, 2015.

WATANABE, Kazuo. Sobre o conteúdo do livro. In: Acesso à ordem jurídica justa: conceito atualizado de acesso à justiça, processos coletivos e outros estudos. Belo Horizonte: Del Rey, 2019, p. 13.

WE ARE SOCIAL; HOOTSUITE. **Digital 2021 October Global Statshot Report**. Disponível em: <https://datareportal.com/reports/digital-2021-october-global-statshot>. Acesso em: 22 out. 2021.

WEFFORT, Francisco C. **Direito, cidadania e participação**. São Paulo: TAQ, 1981. p. 3-29.

LETRAS Jurídicas

Letrasdo Pensamento

QUEM SOMOS

As Editoras LETRAS JURÍDICAS e LETRAS DO PENSAMENTO, com 22 anos no mercado *Editorial e Livreiro* do país, são especializadas em publicações jurídicas e literatura de interesse geral, destinadas aos acadêmicos, aos profissionais da área do Direito e ao público em geral. Nossas publicações são atualizadas e abordam temas atuais, polêmicos e do cotidiano, sobre as mais diversas áreas do conhecimento.

As Editoras LETRAS JURÍDICAS e LETRAS DO PENSAMENTO recebem e analisam, mediante supervisão de seu Conselho Editorial: **artigos, dissertações, monografias e teses jurídicas** de profissionais dos Cursos de: ***Graduação, de Pós-Graduação, de Mestrado e de Doutorado, na área do Direito e na área técnica universitária, além de obras na área de literatura e de interesse geral.***

Na qualidade de *Editora Jurídica e de Interesse Geral*, mantemos uma relação em nível nacional com os principais *Distribuidores e Livreiros do país*, para divulgarmos e para distribuirmos as nossas publicações em todo o território nacional. Temos ainda relacionamento direto com as principais *Instituições de Ensino, Bibliotecas, Órgãos Públicos, Cursos Especializados de Direito* e todo o segmento do mercado.

Participações em Feiras **Nacionais e Internacionais.**

NOVIDADE!!! O Autor (a) da LJ/LP terá uma página exclusiva para inserir sua biografia, fotos, vídeos e artigos de sua área e artigos em geral, para interagir com o leitor e ganhar maior visibilidade no mercado.

Na qualidade de editora prestadora de serviços, oferecemos os seguintes serviços editoriais:

✓ Análise e avaliação de originais para publicação; ✓ Redação, Revisão, Edição e Preparação de Texto; ✓ Assessoria Técnica Editorial; ✓ Cadastro do ISBN – CBL e SNEL; ✓ Ficha catalográfica – CBL e SNEL; ✓ Design e montagem da Arte de capa; ✓ Digitação e Diagramação de textos; ✓ Direitos Autorais: Consultoria e Contratos; ✓ Elaboração de sumários,de índices e de índice remissivo; ✓ Fotografia: Escaneamento de material fotográfico;	✓ Fotografia: Escaneamento de material fotográfico; ✓ Gráficas – Pré-Impressão, Projetos e Orçamentos; ✓ Ilustração: projeto e arte final; ✓ Áudio Books; ✓ Livros Digitais, formatos E-book e Epub; ✓ Organização de Lançamentos, eventos, palestras e workshops; ✓ Pesquisa Editorial CBL e SNEL. ✓ Peças Publicitárias - Banners, Cartazes, Convite de Lançamento, Folhetos, Marcadores de Página e peças em geral de divulgação e publicidade.

Nesse período a *Editora* exerceu todas as atividades ligadas ao setor **Editorial/Livreiro** do país. É o marco inicial da profissionalização e de sua missão, visando exclusivamente ao cliente como fim maior de seus objetivos e resultados.

"NOSSAS MARCAS MOSTRAM AS LETRAS DO FUTURO"

O EDITOR